中华文化与汉语教学研究文库

对外汉语常用形声字的语音特点研究

万凯艳 ◎ 著

首都经济贸易大学出版社
Capital University of Economics and Business Press
·北 京·

图书在版编目（CIP）数据

对外汉语常用形声字的语音特点研究／万凯艳著. --北京：首都经济贸易大学出版社，2020. 10

ISBN 978-7-5638-3153-1

Ⅰ. ①对… Ⅱ. ①万… Ⅲ. ①对外汉语教学-形声字-研究 Ⅳ. ①H02

中国版本图书馆 CIP 数据核字（2020）第 209078 号

对外汉语常用形声字的语音特点研究

万凯艳 著

DUIWAI HANYU CHANGYONG XINGSHENGZI DE YUYIN TEDIAN YANJIU

责任编辑 赵杰

封面设计 砚祥志远·激光照排 TEL：010-65976003

出版发行 首都经济贸易大学出版社

地　　址 北京市朝阳区红庙（邮编 100026）

电　　话 （010）65976483　65065761　65071505（传真）

网　　址 http：//www. sjmcb. com

E - mail publish@ cueb. edu. cn

经　　销 全国新华书店

照　　排 北京砚祥志远激光照排技术有限公司

印　　刷 北京九州迅驰传媒文化有限公司

成品尺寸 170 毫米×240 毫米　1/16

字　　数 248 千字

印　　张 14

版　　次 2020 年 10 月第 1 版　2020 年 10 月第 1 次印刷

书　　号 ISBN 978-7-5638-3153-1

定　　价 56. 00 元

图书印装若有质量问题，本社负责调换

前　言

笔者从事对外汉语教学若干年，深感形声字是对外汉语教学的重点和难点，尤其是形声字的整体发音和声符之间的关系更是错综复杂、模糊难辨。研究两者之间的关系，研究其共时特点和历时演变的规律，深化对外汉语语音教学，为对外汉语教师答疑解惑，使他们能够根据字音特点设计教学方法，并将其更行之有效地运用在对外汉语教学中，这是本书的写作目的。

形声字自小篆后成为汉字的主体，在现代汉字中也占有着绝对优势。在造字之初，它们的读音相同或相近，但是经过几千年的发展后许多字都发生了巨大的变化，而这些变化很多又非一种原因导致的。因此，厘清对外汉语教学中的常用形声字的历时变化规律和原因能使对外汉语教师了解形声字声符表音和不表音的缘由，让教师对这些规则谙熟于心，并据此设计出各种教学方法实施于教学环节中，这是本书写作的初衷，毕竟“知其然亦知其所以然”才能熟练运用。为教师答疑解惑，也是在间接地为教学和学生服务。

本书分为形声字与声符的共时语音特点研究和历时演变特点研究两个方面，试图通过形声字语音的演变研究探索建立和完善对外汉语教学中形声字的语音理论和方法。本书首先以《汉语国际教育用音节汉字词汇等级划分》为研究对象，抓住形声字声符示音的基本原则，从声符与整字的语音关系入手，采取定性与定量相结合的研究方法，对其所收录的 1895 个形声字加以统计分析，对声符与形声字的判定、数量、结构关系、语音关系进行静态描写。

其次，本书借助音韵学的知识，以动态演变理论为指导，从声符所在上古音的分部入手，将声符系联的谐声字组按阴声韵（9 部）、阳声韵（10 部）、入声韵（11 部）三个角度进行历时动态描写和源流演变分析，用国际音标标示其上古、中古、近代、现代的读音，并描写和揭示形声字演变的情况和规律。在具体论述中，本书中每一个韵部的形声字分析分为三个方面：①韵部历时演变概述；②在本韵部的对外汉语中涉及的声符以及由此声符构成的形声字的数量、特点；③与声符读音相异的形声字的历时演变分析。

最后，本书对形声字与声符的读音演变规律加以总结并提出一些对外汉语教学方面的建议。在研究中笔者发现，形声字与声符的读音差异有很多种原因。有的是因为在上古时代，形声字与声符的读音已经不同部或同部不同等，出现了差异；有的是因为形声字和声符由于声母的影响或者形声字、声符多音多义而彼此之间出现差别；还有的是因为方言、少数民族语言或口语音等引起了形声字与声符之间的语音差别；等等。因此，在对外汉语教学中，教师应该熟知这些知识，针对不同的情况对这些形声字与声符进行归类，采用不同的方法对学生进行解释、教学。

在这次写作中，语料繁杂，整理任务繁重。首先，非常感谢在写作过程中导师张民权教授的指导。他帮助我修改错误的地方，叮嘱我要认真整理，严谨为文，这种精益求精的治学态度使我终身受益。此外，也要感谢师弟赵晓庆。当我遇到问题寻求他的帮助时，他总是耐心地为我解答，帮我寻找资料。当然也要感谢我的家人为我分担家事，让我能够专心写作。还有其他良师益友的帮助，也让我在学术的道路上勇往直前。

但是，由于本人学术修养和学术能力有限，本书还存在诸多疏漏，有很多地方还需进一步探讨。“落木无边江不尽，此身此日更须忙”，希望在以后的研究中，能够越做越好。

目录

CONTENTS

第一章 绪 论

第一节 选题缘由和目的

形声字自小篆后成为汉字的主体，在现代汉字中也占有着绝对优势。形声字由形符和声符构成，一般认为，在造字之初形声字与声符的读音相同或相近，因此，形声字也可称为谐声字，由同一声符组成的一系列形声字也被称为谐声字组，这些形声字之间的关系被称为谐声关系。谐声，侧重于指形声字与声符之间的语音联系，同一声符系联的形声字之间的语音关系。清代段玉裁曾提出“一声可谐万字，万字而必同部，同声必同部”[①] 的论断，得到了很多专家学者的认同，成为形声字历时语音研究的理论基础，亦即上古语音系统构拟的基本原则。

在对外汉语教学中，形声字教学也是重中之重。对外汉语教学常用形声字（以《汉语国际教育用音节汉字词汇等级划分》中的汉字为材料）占汉字总量的66.3%左右。可是，如何将形声字更系统化、科学化地教给学生一直是学界讨论的热门话题，众说纷纭，尚未得到很好的解决。笔者认为，重视形声字的语音特点，利用声符与整字之间的语音关系是完善形声字教学的重要方面。因为声符是形声字的重要组成部分，是形声字读音的直接或间接体现者，它在形声字中的地位不亚于形符，许多学者甚至认为高于形符，比如，黄德宽认为，声符有较强的示音功能，在形声结构中处于主导和核心地位[②]；万业馨认为，形符和声符互相补充，“严格地说，是形符对声符的补充”[③]。

对留学生的调查研究也证明，很多留学生重视汉字的语音，把“见字不知音”列为阅读方面的最大困难，因为很多表音文字国家的学生有“按音求

---

① 段玉裁：《说文解字注》，中华书局2013年版，第825页。

② 黄德宽：《开启中华文明的管钥——汉字的释读与探索》，北京师范大学出版社2011年版，第97页。

③ 万业馨：《汉字与汉字教学研究论文集》，北京语言大学出版社2012年版，第20页。

字”的思维定式。[①] 所以，揭示声符与形声字的语音规律是提高形声字教学效率的有效方法之一。因为声符能直接或间接地表示整字的读音，有利于学生更好地掌握形声字。

但是，形声字的语音教学在教学中的运用并不是很乐观。因为形声字与声符的读音虽然在造字之初相同或相近，但是，在经历了几千年的历史演变之后，发生了错综复杂的变化。现代形声字中，有的声符与形声字在声、韵、调各方面完全相同，有的声、韵相同调不同，有的韵相同但声和调不同，等等。究其原因，是形声字中的声符示音能力的减弱。1995 年，李燕、康加深统计“声符总体表音度”的结果为66.04%，准确表音（声符与整字读音完全一致）的只占 19.4%。因此，很多对外汉语教师在教学中很茫然：那些与声符读音不一致的形声字原本的读音是什么？在历时演变的各个时期经历了哪些变化？声符的读音是怎样与形声字读音一步步远离的？形声字历时演变的复杂性使一些教师不能在现时层面根据声符的读音判定形声字整字的读音，知其然而不知所以然，以致在教学中无法准确对形声字与声符的语音关系作出原因阐释。

对外汉语教师是对外汉语教学中至关重要的一个环节，是汉语与学生之间的桥梁和纽带。教师只有对汉语的语音、词汇、汉字等谙熟于心，才能在课堂上根据语言环境灵活运用。因此，为教师答疑解惑，让他们不仅知道形声字与声符的共时关系，也知道二者之间的历时演变情况和规律，也是在间接地为教学和学生服务。

音韵学是一门研究古代汉语各个历史时期声、韵、调系统及其发展规律的传统学科，是古代汉语的一个重要组成部分。可以说，音韵学是对外汉语语音教学的根源和基础。虽然音韵学与对外汉语教学的研究任务和目的不同，但是我们可以将音韵学的研究成果应用于对外汉语教学中，为对外汉语教师解答“所以然”“何以如此”的问题。

因此，利用音韵学的研究成果，对形声字与声符追本溯源，探讨二者在各个历史时期的语音演变情况和规律，并结合形声字的现代语音特点，完善对外汉语形声字的语音研究系统，为对外汉语教师和教学服务，是本书撰写的缘由和目的。这样一来，教师便可以在理解、把握形声字与声符的共时与历时的语音联系的基础上，结合教学内容，在课堂中更有效地指导学生认知、对比、记忆形声字，帮助学生了解汉字文化的语音信息，逐步建立和掌握利用声符学习形声字的能力。

---

① 石定果、万业馨：对外汉字教学的调查报告，《语言教学与研究》，1998 年第 1 期，第 39 页。

第二节 研究意义、思路、方法和对象

一、研究意义

本书从形声字的声符与整字的语音关系入手，探讨形声字的历史语音演变，展现对外汉语教学中常用形声字声符与整字的历史语音演变联系和规律，以丰富和加深形声字语音的研究内容。虽然在几千年历时演变中，声符与形声字的谐声关系产生了纷繁复杂的变化，但由声符构成的形声字组有自己相对独立的演变轨迹和方式，而且在繁复的变化背后遵循着某种规律，如果将形声字在历史中的演变情况和缘由展示并分析出来，将成为对外汉语教师运用形声字语音特点的依据和基础，可以有效提高汉字教学的效率。

我们期望本书能进一步完善形声字教学理论，成为对外汉语教师可资借鉴的文史资料。在几千年的历史演变中，有的形声字声符与整字读音完全相同，有的读音接近，有的差别很大，有的甚至完全不同。这些现象从共时层面很难解释，给很多教师造成教学上的困难。另外，形声字的研究主要是历史音韵学的学者在做，他们大多将谐声材料用来研究上古音系统，对其历史演变一般只做共性规律的概括，很少具体研究个性特点。因此，这些研究对对外汉语教学缺乏指导意义和针对性，无法直接应用。

本书将研究范围界定在对外汉语的常用形声字中，研究每组声符与形声字现代特点及其自上古到现代的谐声演变历程（上古音依据王力先生的语音构拟），分析每组声符与谐声字的具体特点，面向对外汉语教学概括谐声字的声韵转化规律和原因，区分共性与个性特点，便于对外汉教老师理解和掌握，服务于对外汉语教学。①

二、研究思路

本书以对外汉语常用形声字和声符作为研究对象，首先从共时层面分析声符与形声字之间的语音关系。然后，以声符及其组成的谐声字组为研究点，利用国际音标将谐声字组在上古、中古、近古、近代、现代的语音的音值标示出来，归纳和分析其历时演变规律。

---

① 谐声，即形声，学界研究和文献中多有混用，为方便行文，本书未统一。《说文》，即《说文解字》，学界常简称，文献也有混用，不影响阅读，为保持文献原貌，本书未全部统一。

三、研究方法

（一）定性与定量相结合的方法

本书借鉴音韵学、汉字学的研究成果，对《汉语国际教育用音节汉字词汇等级划分》中收录的1895个形声字展开定量定性分析，定量指研究范围界定于这些形声字中，定性指所做的是形声字的语音特点研究，既包括形声字的静态语音特点，也包括形声字的动态语音变化特点。

（二）溯源法

本书以《广韵》、《中原音韵》、清代音韵十三辙，以及王力先生在《汉语史稿》与《汉语语音史》中对上古音的构拟为参考，以上古韵部为单位，列举声符与整字韵母不同的形声字组从上古到现代的三个方面的语音演变，探讨形声字与声符语音变异的原因。

（三）历时与共时相结合的方法

首先，本书对现代形声字声符的特点、与形声字的谐声关系进行共时层面的研究；其次，对声符的谐声字组进行历时的语音演变轨迹研究，将共时与历时结合起来，期望更全面地展示对外汉语形声字的语音特点。

（四）以动态演变的理论为指导

本书基于对汉字语音发展理论的认识，坚持汉字语音动态演变的历史观，通过查找形声字在上古、中古、近古、近代、现代不同时期的语音情况，从而动态地揭示汉字语音的演变轨迹。

四、研究对象

目前，对外汉语教学以《汉语水平词汇与汉字等级大纲》[①]（以下简称《汉字等级大纲》）和《汉语国际教育用音节汉字词汇等级划分》（以下简称《等级划分》）为教学标准范围。它们是对外汉语教学总体设计、教材编写、课堂教学、语言测试的基本依据。本书的研究材料来源于《等级划分》中的形声字。《等级划分》一共包括普及化等级汉字900个，中级汉字900个，高级汉字900个，“高级附录”汉字300个，共3000个汉字。

选取《等级划分》作为研究材料的理由主要有三点。

（一）汉字选取和等级划分字库范围更广，依据更科学

相比《汉字等级大纲》，2010年出版的《等级划分》是在汉语国际教育的背景下应运而生的，是在社会语言生活发生了巨大变化、对外汉语教学逐步走向国际的时代背景下产生的。因此，它更重视动态口语语料，偏重普通

① 刘英林：《汉语水平词汇与汉字等级大纲》，北京语言大学出版社1992年版。

话口语，关注汉字覆盖率，这是《等级划分》最鲜明的特点。《等级划分》最重要、最核心的选材依据是30多亿字次的当代大型动态语料库，另外包括各种针对性的词典、词表、字表。其中，“对话体动态语料300字覆盖率为72.80%，900字覆盖率达到92.10%，1800字覆盖率达到98.21%，2700字覆盖率达到99.59%，3000字覆盖率高达99.75%”①。

（二）将“音节”引入划分标准，注重语音功能

《等级划分》第一次将“音节”作为划分标准，使音节和汉字、词汇三个功能元素“多中心、三轨并行”，改变了以前重词汇、汉字，轻音节的模式。对于当今汉语国际化推广来说，具有很强的实用性、针对性和多用途适应性。

（三）相比其他字表，具有更大的优势

首先，1988年颁布的《现代汉语常用字表》是针对中国人设计的常用字表，其中含常用字2500字，次常用字1000字。② 对于留学生来说，字量过大；没有对汉字进行分级，对留学生的汉语学习来说缺乏针对性、科学性和指导性。

其次，1992年出版的《汉字等级大纲》是以词汇为主、汉字为辅的二维基准模式，是一种规范性的水平大纲，多年来一直被对外汉语教学工作者参考和使用。但是，《汉字等级大纲》毕竟编纂时间太久远，在计算机技术不断进步、汉语逐渐国际化的今天逐渐显现出劣势：选取的语料偏书面语，口语语料选取得少，不符合“口语交际使用”的实际；观念不够新，不能适应形势发展的要求；过多地重视词汇，缺少汉字、音节、词汇的关联和统一。

因此，本书选取《等级划分》中的形声字作为研究对象。因为它更符合对外汉字教学的实际内容，能更好地体现出留学生学习中的难点和重点。

第三节　关于形声字、声符的研究综述

一、形声字的研究综述

形声字的概念最早是由东汉许慎提出的。他在《说文解字》中说“形声者，以事为名，取譬相成，‘江’‘河’是也”。段玉裁诠释为：“以事为名，

① 刘英林、马箭飞：探寻汉语国际教育新思维，载《汉语国际教育用音节汉字词汇等级划分》，北京语言大学出版社2010年版。

② 《现代汉语常用字表》随着2013年《通用规范字表》的出版已停止使用。因本书写作开始于2011年，因此这里还将《现代汉语常用字表》作为一个参照文本。

谓半义也；取譬相成，谓半声也。'江''河'二字以水为名，譬其声为'工''可'，因'工''可'之声而成其名。其别于指事、象形者，指事、象形独体，形声合体。"① 因此，形声字的定义从字面上理解就是由形符和声符组成的合体字。其中包括三个必备元素：形符、声符、合体字。形符表示这个汉字的义类，声符表示这个汉字造字之时的读音，合体字要求形声字的声符和形符是成字部件。

关于形声字起源的看法，历代学者众说纷纭，进行过种种研究，成果显著。其中，裘锡圭的"假借说"认同度和接受度最高，即形声字来源于假借字，是"在假借字上加注意符或者在表意字上加注音符"② 而产生的。裘锡圭认为，形声字的产生方式大概有四种：①在表意字上加注音符。例如"鸡(鷄)"初文是象形字，后来加注了音符"奚"，再后来象鸡的形符又被换成了"鸟"旁，就成了一般的形声字。②把表意字字形的一部分改换成音符。例如："何"是负荷之"荷"的本字（"荷"的本义是荷叶，表示负荷之"荷"是假借用法），"何"的表意初文是"象人肩荷一物"，后来荷物人形简化为一般的"人"旁，象所荷之物的形符改成相近的"可"，就成为从"人""可"声的形声字。③在已有的文字上加注意符。例如"取"字引申而有娶妻的意思，后来加注"女"旁分化出"娶"字来专门表示这个引申义。④改换形声字偏旁。例如"振起"的"振"引申而有"赈济"的意思，后来就把"振"的"手"旁改成"贝"旁，分化出"赈"专门表示这种意义。

形声字系统的人为的有意识的整理源自许慎。王宁先生认为，许慎的《说文解字》在人为调节的基础上，第一次把这个构形系统整理和描写出来。从小篆起，汉字有了一批可以表示意义和声音的成字构件，成为形声字构形的基础。"凡同义的字，用声符别词，如'根''枝''条''标'……都从'木'，而用声符来区别；'玩''完''冠、'顽'……都从'元'声，而用义符来区别。""这种形声字大约占汉字总数的87%以上……这样汉字形成了以形声系统为中心的构形体系。"③

形声字是能产性最高的造字法，也是汉字中数量最多的结构类型。罗卫东在《春秋金文构形系统研究》中提出，形声字在古文字的最后阶段中占据了绝对优势（85.69%），到宋代楷书中义音合成字的比例是81.12%。④ 到了今天，汉字也是以形声为主的文字。张斌在《现代汉语》中提到，"形声字在

① 段玉裁：《说文解字注》，中华书局2013年版，第763页。
② 裘锡圭：《文字学概要》，商务印书馆2004年版，第5页。
③ 王宁：《汉字学概要》，北京师范大学出版社2001年版，第55-57页。
④ 罗卫东：《春秋金文构形系统研究》，上海教育出版社2005年版，第50页。

现代汉字中占大多数，在《现代汉语通用字表》中的7000个汉字中，形声字有5631个，已占80%左右。有学者估计，在现在6万个左右的汉字中形声字可能超过95%。”①

本书要研究的形声字指现代汉字中的简化字。首先，现代汉字指现代阶段使用的汉字，是记录现代汉语用的字，一般认为是五四运动（1919年）之后的白话文用字。其次，简化字指1956年《汉字简化方案》发布后的汉语简体字。因为本书是为对外汉语教学服务的，对外汉语教学中使用的是简体字。

形声字研究自许慎以来成果丰硕。但大多集中在本体研究中，尤其是繁体字的研究上。本书的研究内容是简化形声字，包括古今通用的和现代通用的汉字。本书侧重于形声字的应用研究，以实用性、应用性原则为主。

二、声符的研究综述

（一）概述

声符亦有人称之为音符、声旁等，是与形符相对立而建立的一个概念，通常被笼统地理解为形声字中提示读音的部分。本书认为，声符就是“形声字中具有独立形体、在一定程度上部分或全部反映整字读音的部件”。黄德宽认为，“形声字的声符作为结构要素的组成，对汉字的发展具有深远影响。它的形成，标志着汉字由以形表意向记音表意的结构方式的重大转变，对汉字体系的形成和完善产生了决定性的影响。因此，声符研究是研究形声结构乃至整个汉字体系的重要课题”②。一般研究认为，形声字中的形符和声符同等重要，甚至形符比声符重要。但是，也有一些学者认为，在形声字结构中，声符是形声字的主要部件。比如，万业馨认为：“形声结构由声符和意符组合而成，两者是互相补充的关系（严格地说，是意符对音符的补充）。”③ 黄德宽强调：“从形符与声符各自的特点看，形符的不稳定、不定型及表意的不明确，使之只能处于配角地位，而声符的相对稳定性和单一性，其较强的表音功能，足以决定它在形声结构中的主导和核心地位。”④

（二）前人对形声字声符所做的研究

系统地对声符进行研究开始于20世纪60年代，主要集中在以下几个方面。

1. 对形声字表音度的测查上。声符的表音度，又称为有效表音率，对于

① 张斌：《现代汉语》，上海复旦大学出版社2002年版，第67页。

② 黄德宽：古汉字形声结构声符初探，《安徽大学学报（哲学社会科学版）》，1989年第3期。

③ 万业馨：《万业馨汉字与汉字教学研究论文集》，北京语言大学出版社2012年版，第29页。

④ 黄德宽：《开启中华文明的管钥——汉字的释读与探索》，北京师范大学出版社2011年版，第97页。

形声字语音特点的研究是一个至关重要的问题，是研究的基础和依据。如果表音度很低，学界就没有研究的必要；如果数据是乐观的，那么，在教学中我们便可以将之列为一项可以借鉴、参考和利用的内容。

表音度的测查开始于1965年叶楚强的《现代通用汉字读音的分析统计》一文。① 他统计了《新华字典》（1962年版）中778个“字中字”（即声符）共构成的7504个形声字，最后得出的结果是，在现代汉字中，声符能准确表音的占了形声字声符的23.6%。在《新华字典》所收的形声字中，有14.7%的字可以按照其声符准确读音，有23.6%的声符与所在汉字整字的声母、韵母相同。

1978年，周有光先生发表《现代汉字中声符的表音功能问题》一文，以《新华字典》（1971年版）中的8075个汉字作为研究对象，对“声符的有效表音率”进行统计，最终认定“现代汉字声符的有效表音率是39%”。这一数据引起了对形声字中声符表音能力的否定，但是，这一数据的获得存在不科学性：周先生把部首以外的半边一概视作声符，包括能表音的和不能表音的。这个“声符”的包含范围比较大，包括形式类似声符而实际不是的。而且，含“声符”的汉字不仅有形声字，还有一部分会意字。因此39%不是现代汉字形声字声符的表音率。

1995年，李燕、康加深等对“声符表音度”的研究在对象和方法上有了一定的进步。首先，他们采取了字源分析的原则确定了形声字的标准，对《现代汉语通用字表》中的7000个通用汉字进行考察，排除了会意字等非形声的合体字，以及《说文》《广韵》中省声、省形的形声字，使形声字的内容更加纯粹，得出形声结构的汉字共有5631个。然后从这些形声结构的汉字中整理出1325个声符。另外，他们根据声、韵、调的不同地位区别对待：只有调同的计0.1分，声同或韵同的计0.45分，声与调同或韵与调同的计0.55分，声、韵都同的计0.9分，声、韵、调全同的计1分，声、韵、调全不同的不计分。根据这种算法，得出现代形声字的总体表音度：表音度=各种表音类型的总分除以形声结构数（含多音的形声结构）×100%。得出“声符总体表音度”约为66.04%。

其后，王小宁于1999年发表《从形声字声符的表音度看现代汉字的性质》一文，他的贡献在于对测试出的794个声符的“声母发音部位”“声母发音方法”“韵母中介音”“韵母主要元音”“韵尾”“声调”六个参数进行研究，只要声母发音部位、声母发音方法相同，韵母主要元音相同或相似，或者韵母主要元音和韵尾相同，声母发音部位和声母发音方法中有一项相同的就算相似，并将相似度分为5级，得出声符的有效表音率为66.4%。与李燕、

① 叶楚强：现代通用汉字读音的分析统计，《中国语文》，1965年第3期，第201-205页。

康加深的结果接近。

2013年，胡韧奋、曹冰、杜健一在《现代汉字形声字声符在普通话中的表音度测查》① 一文中，根据聚类分析方法对《现代汉语常用字表》中的2305个形声字建立基本分类体系：将声调与整字的关系分为“相同”和“不同”两个类型，声母、韵母和整字的关系改分为“相同”“相似”“不同”三个类型，其中声母“相似”考虑到了其发音部位、发音方法对发音的影响，而韵母“相似”则从介音、韵腹和韵尾三个维度进行考量。最后得出的结果是：声、韵、调都相同的具有完全表音作用，占32.49%；声韵同调不同的具有极大表音作用，占16.79%；韵同声似、声调同韵相似、韵同声不同的具有较大标音作用，占7.16%。

这些研究成果有一些共同点：①选用简化后的现代汉字进行研究。汉字在漫长的历史演变中整体面貌变化很大，很多形声字中的形符或声符到现在已经变成了记号或者不再有表义表音的作用，因此，再沿用以前的说法已不能客观地说明当前汉字的真实情况。②注重定量研究。中华人民共和国成立以后，汉字的表音度成为显著的问题。搞不清楚这个，就无法谈及认识现代汉字的面貌。因此，无论是起初的《新华字典》还是后来的《现代汉语常用字表》，研究者都在利用材料试图对汉字声符与整字的关系做出准确描述。③引入统计的方法。无论是最初的简单统计到设定分析参数，还是引入模糊数学、聚类分析的方法，先进技术与思维的运用使数据的获得越来越精确。其中李燕、康加深表音度的计算方法最为客观、全面，能较好地反映形声字声符的表音情况。④对形声字的分类、声符与整字关系的分类、声符对表音度影响的分类越来越细致。从起初的形声字、会意字杂糅在一起，到后来的形声结构的确定，形声字的分类和范围找到了更科学的方法；区分声韵调对表音度的不同作用、声母韵母的不同结构和发音部位方法对表音度的影响，使研究数据的可信度越来越高，分析的准确度也越来越高。

2. 形声字声符的数量、现状、功能、语音演变等共时、历时研究。声符是形声字的重要构成部分，是形声字的主要特征之一。声符的数量因形声字的数量和范围而有所变化。例如，叶楚强对《新华字典》（1962年版）进行统计整理出7504个形声字，按读音分类，得出778个声符；周有光把汉字中的部首（偏旁）之余的部分，都视作声符，声符的声韵母与声符所在字的读音相同的，都认为其具有表音功能。由此统计，《新华字典》（1971年版）中共有声符1348个，其中具有表音功能的有效声符共408个；李燕、康加深以

① 胡韧奋、曹冰、杜健一：现代汉字形声字声符在普通话中的表音度测查，《中文信息学报》，2013年第2期，第41-46页。

《现代汉语通用字表》为研究对象，以具备形声结构为标准，在7000个通用字中确定了5631个形声字，进而整理出1325个声符。

声符的历时研究着重于研究形声字与声符的谐声关系。谐声，是从声符与形声字读音联系的角度命名的，指形声字与其声符读音相同或相近。许慎关于形声字的定义是对形声字与其声符关系最早的说明，但是，真正进行谐声关系探索的是南唐的徐锴，他在《说文系传》中有124处对形声字及其声符加以说明。例如，“舀，抒臼，从臼爪声。臣锴曰：会意也。爪向下取之也。滔、韬、稻之类音近舀者皆从此”；“臽，小阱也。从人在臼上。臣锴曰：若今人作阬以臽虎也。会意。陷、萏、啗、阎之类声近臽者从此”。[①] 南宋吴棫多次利用《说文》中的谐声材料来研究古音学。比如：“皮，蒲波切，肤也。《说文》波、坡、颇、跛，皆以皮得声。”[②] 可见，吴棫已看到了形声字谐声与语音之间的关系，并且利用谐声偏旁推求古音。谐声材料运用最为充分的当推段玉裁。他对《说文解字》的谐声字进行了全面而系统的研究，并且将其提高到了理论的层次，阐发了“同谐声必同部”的理论，指导后人更合理、科学地建立古韵部。之后，姚文田、江有诰及20世纪之后的董同龢、李方桂、王力等都对谐声字进行了更为深入的研究和探讨。但是，这些研究更多地被运用在古音系统的建立和推测上。本书试图利用形声字与声符的谐声关系为对外汉语教学和教师服务，期望以声符为线索，展现形声字历时演变中的语音差异并探究常用形声字语音变化的原因和规律，为对外汉语教师分析形声字的语音特点服务，提高教师利用形声字语音教学的意识。

表音是形声字最主要的功能，但是形声字的声符研究不仅着重表音功能，还有表意功能，这项研究最早可以追溯到汉代的《说文解字》和《释名》。

最著名的是王圣美的“右文说”。沈括在《梦溪笔谈》卷十四中记载如下：“王圣美治字学，演其义以为右文。古之字书，皆从左文。凡字其类在左，其义在右。如木类，其左皆从木。所谓‘右文’者，如戋，小也。水之小者曰浅，金之小者曰钱，歹而小者曰残，贝之小者曰贱。如此之类，皆以戋为义也。”[③] “右文说”阐述的是形声字与其声符在训诂上的关系，虽然有很多的局限性，但是对后世产生了深远的影响，对声符的研究有开创之功。但本书囿于篇幅，对声符的表意功能不作探讨，仅集中精力于声符与形声字的语音关系上。

3. 形声字声符的应用研究。声符的应用研究包括小学、中学的汉语教学，

---

① 徐锴：《说文系传》，中华书局1987年版，第145页。

② 吴棫：《韵补》，中华书局1987年版，第38页。

③ 沈括：《梦溪笔谈》，张富祥译注，中华书局2009年版，第161页。

也包括对外汉语教学。本书侧重研究的领域是对外汉语教学。在对外汉语教学中，许多学者结合心理学、调查报告等多种手段探讨形声字声符在留学生习得汉语中的影响和教学策略。主要的研究成果有以下几点。

（1）留学生在汉语学习中很重视字音的学习，读音方面的困难多于书写方面。石定果、万业馨的《关于对外汉字教学的调查报告》中把学过三年以上汉语的学生分为A、B、C三组，其中，汉字圈国家学生（日本、韩国）为A组，非汉字圈国家学生（东南亚一带）为B组，非汉字圈国家学生（西亚和欧洲一带）为C组，发放调查问卷进行调查。结果显示，77%的学生认为“见字不知音”是其读音方面的最大困难，尤其是C组学生，因为母语使用拼音文字，所以他们习惯于将语音作为联系语词和文字的纽带，而汉字的表音方式使他们十分苦恼。留学生对字音的重视程度超出了调查者的想象，“留学生初学汉字时的困扰主要在于，遇到一个汉字时没有任何语音线索可以利用”①。因此，石定果、万业馨强调在教学中不能过多地强调形义关系，也要强化“因声求义”。

（2）探讨形声字声符与整字的关系。冯丽萍从对外汉语教学角度对《汉语水平词汇与汉字等级大纲》中所收的汉字进行了封闭性研究。根据影响形声字识别的因素，对2905个汉字中的1920个形声字从13个参数（形声字、形声字等级、声旁、声旁是否成字、声旁或整字是否多音、声旁与整字读音关系、规则性、构字数、所构音节数、友字数、敌字数、声旁位置、声旁等级）入手进行统计分析，得到“声旁与整字读音完全相同（不包括声调）的规则字在全部形声字中所占的比例只有37%”的结论，并在文中指出“标识读音的形声字声旁并不像表面看起来那么简单，声旁表音有着很多的例外、很多的干扰”②。

（3）探讨声符在留学生习得汉字中的作用和习得规律。

①形声字的声符在整字的语音识别中具有重要的线索作用，留学生在习得汉字时有意识地利用声符的表音特点。陈慧、王魁京通过实验发现，外国学生能比中国小学生更快地意识到汉语形声字声旁具有表音作用。③ 冯丽萍④、江新⑤在实验中均发现，留学生对规则形声字（声符与整字读音相同）

① 江新：外国学生形声字表音线索意识的实验研究，《世界汉语教学》，2001年第2期，第69页。

② 冯丽萍：对外汉语教学用2905汉字的语音状况分析，《北京师范大学学报（社会科学版）》，1998年第6期，第94-101页。

③ 陈慧、王魁京：外国学生识别形声字的实验研究，《世界汉语教学》，2001年第2期，第75-80页。

④ 冯丽萍：对外汉语教学用2905汉字的语音状况分析，《北京师范大学学报（社会科学版）》，1998年第6期，第94-101页。

⑤ 江新：外国学生形声字表音线索意识的实验研究，《世界汉语教学》，2001年第2期，第69页。

的语音识别成绩普遍好于非形声字，特别是不规则形声字（声符与整字读音不同），说明规则声符对语音识别起到了促进作用，而不规则声符有干扰作用；声符的语音提示作用对不熟悉的低频字更加明显；规则性意识有一个逐步发展的过程，它以识字量的增长和汉字知识的积累为前提。

②声符在留学生习得汉字的过程中激活的不仅仅是整字的读音，还包括整字的语义特征。“汉字语音与意义之间存在密切联系”这一点早在 1998 年就被艾弗森（Everson）通过实验证实过。他以 20 名母语为拼音文字系统的汉语初学者为被试，让他们对计算机屏幕上呈现的 46 个已学过的汉语词进行认读，认读后写出每个汉语词的英文意思。结果发现，对词的正确读音与对词的意义识别之间的相关非常显著。[①] 据此推论，将汉语作为外语来学习的初学者不只依靠视觉方式记忆汉字，也考虑利用语音学习汉字。李俊红对一组小班留学生[②] 5 人（女 1 人，男 4 人）利用个案研究的方法测查非母语汉语学习者在学习形声字的过程中对形声字整字及其声符之间的意义联结。结果发现，声符的读音除了可以提示形声字的读音外，对形声字的意义认知也有很大影响。由此得出“汉字声旁的亚词汇加工不仅仅是一个纯粹的语音事件，同时也是一个语义事件”[③]。这是由声符的“示意”特点决定的。声符所表示的是隐含的、深层的词源意义，而形符表示的是外露的、表面的词汇意义。

③利用语音学的知识解释声符与形声字发音之间的差异。比如张熙昌(2007)[④] 在《论形声字声旁在汉字教学中的作用》中利用“相关声母、韵母之间转化”的理论解释这种现象。声母之间声母若发音部位相同，发音方法稍异的声母之间会相互转化，比如“跑、接、草”等。还有一种声母之间发音方法相同，发音部位稍异的也可能转化，比如“脏、疮、诗”等。而韵母中韵腹（或）韵尾相同而介音不同的韵母之间也可能转化。比如“站、点、钻”韵母是“an/ian/uan”的相互转化。运用语音转化规律阐述声符与形声字的关系的研究一般都是从现代语音共时的层面入手的，过于粗疏，失之泛泛而谈。

4. 认知语言学的实验结果和语音学知识的总结，均对对外汉语教学产生了一些启示。首先，教师要重视形声字的教学。虽然形声字的比例在下降，但是仍然是现代汉字的主体。其次，教师要培养学生利用声符示音的语音线

① Everson M E. Word recognition among learners of Chinese as a foreign language: Investigating the relationship between naming and knowing, *the Modern Language Journal*, 1999 (2), p195.

② 生源来自于 DSICP（Duke Study In China Program）的 2005 年秋季班。

③ 李俊红：声符对于形声字意义认知的效应——DSICP 学生声符与形声字意义认知自主联结测查报告，《语言教学与研究》，2009 年第 1 期，第 22 页。

④ 张熙昌：论形声字声旁在汉字教学中的作用，《语言教学与研究》，2007 年第 2 期，第 21-28 页。

索学习汉字的意识，形成正确的汉字观念。[①] 再次，应注重利用形声字与声符之间的联系设计好的教学方法。万业馨根据对学生的调查分析，认为对外汉字教学中应采纳先教形声字，然后分析归纳的教学手段。[②] 冯丽萍[③]认为，在汉字教学的不同阶段，应该选择不同的汉字，帮学生分层次地掌握系统的汉字规律。比如，在汉字教学的初期，可选择一批频率高、较规则、理据强的汉字开展教学。张熙昌认为，可以利用声旁与形声字的多种联系归类教学，集中识记。表音效果好、构字能力强的归一类，声母、韵母有转化关系的归一类，具有类推示音功能的归一类。

这些教学方法都是一些宏观上的概括，我们看到，具体到教学内容中，利用声符进行形声字教学的方法很少，究其原因，一方面是形声字声符示音能力的减弱，另一方面则是对外汉语教师面对这种现象的一种无奈。笔者认为，如果想要促使教师重视、利用形声字语音特点进行教学，必须要将形声字与声符的语音差异原因解释清楚，这样教师才可能根据自己的理解按照课堂的需求灵活安排教学。如果对其语音差异的原因不甚了解，那就谈不上应用了。

在分析声符与形声字语音差异的历史演变中，本书主要探讨的是声符及由声符构成的谐声字组韵母系统的演变情况和原因。因为如果全面论述声母、韵母、声调的变化，篇幅将过大，笔者精力和时间不够。而且，在语音的演变中，韵母的演变最为复杂，也是对外汉语教师和学生最为困惑的地方。声母和声调的演变不加探讨。

---

① 冯丽萍：对外汉语教学用 2905 汉字的语音状况分析，《北京师范大学学报（社会科学版）》，1998 年第 6 期，第 94-101 页；李运富：汉字的特点与对外汉字教学，《世界汉语教学》，2014 年第 3 期，第 356-366 页。

② 万业馨：略论形声字声旁和对外汉字教学，《世界汉语教学》，2000 年第 1 期，第 62-69 页。

③ 冯丽萍：外国留学生汉字语音的识别规律与汉字教学原则，《唐山师范学院学报》，2002 年第 4 期，第 4-7 页。

第二章　对外汉语形声字的共时研究

第一节　形声字及声符的判定标准

一、形声字的判定标准

形声字的概念“以事为名，取譬相成”是依据许慎在《说文解字》中阐述的“六书”确立起来的，一直沿用至今，也就是说，形声字的标准是在以小篆为通用字形的时代建立起来的。历代研究者大多按这个定义考察形声字的各种特性。一般来说“形声字”无论是从许慎的定义，还是从形声字的形成过程来看，在结构上都必须具备三个要素：①由两个或两个以上部件构成的合体字；②有形符（或称义符）；③有声符。

但是，随着几千年来字形、字音、字义的历史演变，小篆时代确立的形声字演变到现代发生了错综复杂的变化，主要有以下几种情况。

（一）从现代字形中能看出形声结构

在现代字形中仍具备形声结构的三要素。

这种情况又可分为两类进行讨论。第一类是字源上的形声字在历时演变后形声结构未遭到破坏，比如：抬、堡、闷。又或是虽然形符、声符简化后有变化，但是形符仍可表意，声符仍可表音，比如，“购、构、沟”繁体字中是以“冓”为声符，而简化后统一更换为以简体字“勾”为声符仍可表音，因此仍视为形声字。再比如，“吃”，原有两个形声字。“口吃”的“吃”以“气”为声符，“吃东西”的“吃”以“契”为声符。但是简化后合为一字以“乞”为声符，仍视为形声字。而一些汉字中的形符或声符已变为记号，不具备表意或示音的功能，则不属于这一类，比如：礼（禮）、赵（趙）、凤（鳳）。

第二类是字源上虽不是形声字，但是经过汉字的历时演变和简化在现代汉字字形中具备形声结构的三要素，其构成部件有明显的示音作用。比如，“毕”和“块”两个字，从字源的角度说都属于象形字：“毕”繁体字写作

“畢”，“块”繁体字写作“塊”；简化后，构件“比”与整字“毕”声韵母读音相同，“夬”与整字“块”韵母和声调相同。按照教学实用性标准，这两个字都被视为形声字。

（二）只有从繁体字的结构中才能看出形声结构

这种情况也分为两类。第一类是现代汉字仍然是合体字，但是声符不示音或者形符不表意。比如，“标”的声符只能从繁体字“標”中看出。“层”字的声符只能在繁体字“層”中找到。类似情况还有“体（體）、团（團）、汉（漢）、过（過）”等。

第二类是形声字的原始结构因为隶变、简化等因素遭到破坏。比如，“年（秊）、办（辦）、更（㪅）”，这些字的现代汉字已经无法拆分，形声字结构只有在繁体字或者更久远的小篆、甲骨文中才能看出。

（三）省声、省形字

比如：余，从八，省舍声；康，庚表音，省声；考，从老，省丂声；歸，从止，婦省，𠂤声。

因为本书旨在探讨对外汉语教学中的形声字问题，本书认定的形声字不包括上面第二、三种情况。参考邓雯的《面向对外汉语教学的声符研究》，本书采取的形声字的判定范围和原则如下。

第一，形声字选取范围仅限于国家汉办、教育部社科司“汉语国际教育用音节汉字词汇等级划分”课题组2010年制定发布的《汉语国际教育用音节汉字词汇等级划分》中对外汉语教学汉字表中的3000个汉字。

第二，对形声字的认定，首先参照许慎的《说文解字》，从字源上考证形声字；其次参照倪海曙先生主编的《现代汉字形声字字汇》（语文出版社，1982年版）、钟焕懈先生主编的《形声字谱》（中国物资出版社，2010年版）以及谷衍奎先生主编的《汉字源流字典》（华夏出版社，2003年出版）三本书。

第三，形声字的字形以“现代汉字的结构中能否看出形声结构”为标准。《说文解字》是繁体字的解字分析，《现代汉字形声字字汇》是以简体形声字的声符为线索整理形声字，形声字数量全，声符脉络清晰，查找方便，但是认定的形声字范围过于宽泛。出现不确定的、难以认定的汉字再参考《形声字谱》和《汉字源流字典》进行确定，避免出现纰漏。

第四，形声字主要从现代汉字的角度确立。这是由本书的研究目的决定的。本书的直接目的是服务于对外汉语教师，最终目的是服务于对外汉语教学。汉字本来对于留学生来说就是很难的，因此，减少繁体字的干扰、尽量从现代汉字中找到形声字声符规律是本书研究的立足点。

第五，形声字的读音，以普通话语音为标准。多音字取常用音，对其在方言中以及作为生僻地名的读音不作考虑。

第六，对于一个汉字既可以看成形声字，也可以看作会意字的情况，即形声兼会意字，例如“奸”“贫”“仙”等，在本书中都当作形声字来看待。

第七，有些形声字简化过程中，声符被其他部件替换，新的部件与原来的声符无任何联系，不能示音，而且不具备类推性，则新换的部件不能看作原声符的变体或简体，简化后的该字不再被视为形声字。例如“阳”，繁体为“陽”，声符为“昜”，后替换为“日”。“日”在“阳”中无示音作用，因此“阳”不是形声字。与“陽”共用同一声符“昜”的其他形声字如“湯”“揚”“場”等字，简化后分别为“汤”“扬”“场”，声符被替换为“𠃓”，形声字组一起系联可推理出“𠃓”有 ang 的示音功能，因此“湯”“揚”“場”被认为是形声字。也就是说，如果声符被符号化后不能准确地表音，但以它为声符的一系列字都发生了一致的变化，我们仍将这些字看作形声字。又如“练”“炼”“拣”的声符原本为“柬”，后符号化为“东”，但这三个字都有 ian 的读音，所以上述三字仍视为形声字。

第八，有些汉字虽然不同源，但是汉字演变和简化后很整齐地符合本书中现代形声字的上述要求的也认为是形声字。比如“块”与“决”“快”两个字不同源，“块”的繁体字为“塊”，段玉裁注：“依尔雅释文，俗凷字。”“决”，“从水夬声”；“快”，“从心夬声”。但是在现代汉字中，“块”简化后也采用“夬”为声符，因而也被视为形声字。

二、形声字声符的判定

（一）本书所研究的声符包括成字声符和非成字声符

声符成字与否，主要依据的是《现代汉语词典》中是否将其作为正字收录，如未收录则视作非成字声符。例如：“吧”的声符“巴”“背”的声符“北”“菜”的声符“采”，这些是成字声符；“培”的声符“咅”，“逼”的声符“畐”，“逢”的声符“夆”，“澡”的声符“喿”，这些都是非成字声符。另外，现代汉字中的声符如果是某个现代汉字的繁体字形，但是《现代汉语词典》未作为正字收录，亦视为非成字声符，比如“專”作为“砖（磚）”的声符是“专”的繁体字形，那么，在本书中就认为“專”是一个独立的非成字声符。

（二）成字声符的读音

成字声符的读音以《现代汉语词典》（第5版）中的对应注音为标准，对于部分未作为正字收录的声符，则以《汉语大字典》收录的读音为准。

（三）声符为多音字的情况

有一些声符是多音字，本书选取与整字读音最为接近的读音作为该声符的读音。例如，声符“率”，有“ly51”① 和“ʃuai51”两个读音，与“摔”读音最为接近的是“ʃuai51”，那么，“ʃuai51”即“摔”字声符的读音。又如，“圣”有两个读音“ʃəŋ51”“kuai51”，与“怪”的整字发音接近的是“kuai51”，那么，“kuai51”是“怪”的声符读音。

（四）专用地名、人名的声符本身又为多音字的读音不予考虑

例如“丽”字有“li51”“li35”两种读音，其中第二种读音只用于地名（丽水，位于浙江）；又如“区”字有“ku55”“əu55”两个发音，其中第二个发音只用于姓氏，因此在本书中，将不考虑这一发音。

分析声符主要着眼于现代汉字的字形。字源上为形声字，但在历时演变之后字形变化很大、导致声符难以辨认的汉字不作为声符考虑；或者简化后的声符已经符号化，与整字在字形演变过程中不再有语音联系的不予考虑。例如“康”（声符为庚）、“童”（重省声）等。

第二节　《等级划分》中的形声字及声符的共时特点研究

《等级划分》的汉字表分为普及化等级汉字表、中级汉字表、高级汉字表、高级附录汉字表共四部分。其中，普及化等级汉字表 900 字，中级汉字表 900 字，高级汉字表 900 字，高级附录汉字表 300 字，共 3000 字。其实，据笔者统计，在这 3000 字中，去除多音字，实际的汉字量为 2860 个。

笔者对 2860 个汉字逐一分析和排查，最后确定了 1895 个现代形声字，约占总汉字的 66. 26%。声符有 804 个。

一、声符的分类、数量及构字情况

（一）成字声符与非成字声符

非成字声符 144 个，约占总声符的 17. 91%；成字声符 660 个，约占总声符的 82. 09%。显然成字声符在数量上占有绝对优势（见表 2-1）。

表 2-1　成字声符与非成字声符的比例

声符类别	数量（个）	占总字符的比例（%）
成字声符	660	82. 09
非成字声符	144	17. 91

① 为统一格式，本书都用国际音标标音。

（二）高频声符与低频声符

高频、低频声符是根据声符在汉字组字中的出现频率和能力区分的，高频声符指使用频率较高、组字能力较强的声符，比如“艮”，以其为声符组成了12个形声字“眼根跟痕恨很狠艰垦恳限银”；又如“肖”，组成了“悄哨稍梢捎消宵销削屑俏”11个形声字。高频声符能产性强、使用频率高，以其为声符组成的汉字较多。低频声符与高频声符相反，是指使用频率较低、组字能力较弱的声符，比如“子”，只构成了“字”一个汉字；又如“骨”，构成了“滑”“猾”两个汉字。

在本书中，在考察所有形声字声符的构字能力的基础上，确定“5”为高频与低频声符的分界线，如果某声符构字数量不少于5，则归为高频声符，反之为低频声符。

《等级划分》中高频声符及其组成的形声字列表如表2-2所示。

表2-2　高频声符组成的形声字

	每个声符的构字数量	声符数量	组字情况
高频声符	12	2	艮（眼根跟痕恨很狠艰垦恳限银） 圭（挂桂佳街娃鞋崖卦闺涯哇蛙）
	11	2	肖（悄哨稍梢捎消宵销削屑俏） 者（睹堵赌屠绪著诸猪煮暑署）
	10	7	分（扮粉芬吩纷颁盆贫氛份） 方（防妨房放访纺芳仿肪旁） 干（杆赶肝竿旱奸岸汗罕刊） 工（杠缸贡红虹攻巩江空扛） 交（饺绞狡郊胶较效校咬跤） 尚（常敞党赏掌躺倘趟堂淌） 隹（堆雕谁推维唯雇淮准稚）
	9	6	白（伯柏泊舶怕拍迫魄帕） 丁（顶盯钉打灯订叮亭厅） 非（辈悲匪排罪啡绯诽徘） 古（固姑故估辜苦枯沽胡） 少（炒吵抄钞妙秒沙纱砂） 占（点店粘站战沾钻帖贴）

续表

	每个声符的构字数量	声符数量	组字情况
高频声符	8	8	莫（膜漠摸模墓幕慕暮） 佥（剑俭捡检脸签险验） 且（粗姐助阻组祖租沮） 青（猜静睛精晴情请清） 昔（醋错措借腊蜡猎惜） 由（抽笛迪宙袖邮油轴） 甬（诵痛桶通勇涌踊捅） 合（鸽给哈答盒洽恰拾）
	7	13	巴（爸把吧疤芭靶爬） 各（阁格胳路络） 共（恭洪哄烘巷供拱） 亥（该孩核咳刻骇阂） 令（冷怜邻铃零龄岭） 龙（宠聋笼拢垄胧庞） 皮（彼被疲破坡披颇） 区（欧驱抠殴呕躯枢） 寺（持待等侍诗特峙） 羊（详祥洋氧样姜翔） 尧（浇挠饶绕烧晓翘） 中（冲肿种忠钟衷仲） 良（朗郎粮娘酿）
	6	26	畐（逼福幅副富辐） 辟（壁避臂譬僻劈） 不（杯否坏怀还环） 仓（苍舱疮创抢枪） 兑（锐税说阅悦脱） 曷（喝竭揭渴歇遏） 尃（博搏膊傅缚敷） 巨（柜距拒矩炬渠） 加（贺驾架嘉茄咖） 𢀖（径颈经茎劲轻） 戋（残践钱浅盏线） 每（海悔梅霉敏侮） 音（倍部陪培赔剖） 旁（傍榜镑磅谤膀） 其（基棋旗期欺斯） 乔（轿娇骄侨桥矫） 勺（的豹钓约酌灼）

续表

	每个声符的构字数量	声符数量	组字情况
高频声符			台（始抬治冶怡胎） 亡（盲望忘忙芒妄） 牙（芽雅呀鸦讶邪） 余（除途涂斜徐叙） 昜（肠畅场扬杨汤） 元（冠完玩顽园远） 俞（输偷愉愈渝逾） 乍（怎炸窄昨作诈） 喿（操澡燥躁噪臊）
	5	34	半（伴拌判胖畔） 登（澄橙凳瞪蹬） 弟（递第梯剃涕） 反（版板饭贩返） 夆（逢峰锋蜂蓬） 勾（构购狗沟钩） 果（裹颗课棵裸） 鬼（槐愧瑰魁魏） 夬（缺块快决诀） 户（妒护芦炉沪） 己（纪忌配起记） 井（耕供讲进阱） 监（蓝篮滥尴槛） 可（阿何河呵苛） 朋（崩绷棚膨鹏） 平（秤评苹萍坪） 奇（寄骑倚椅畸） 殳（股设投没役） 生（胜牲性姓星） 寿（畴祷筹铸涛） 文（坟蚊纹虔紊） 夋（俊酸峻竣骏） 西（洒晒牺贾栖） 臽（陷馅焰掐阎） 因（恩咽姻烟咽） 易（赐惕踢锡剔） 尤（就扰犹忧优） 只（积识织职帜） 支（翅技枝肢歧） 主（住注驻柱拄）

续表

	每个声符的构字数量	声符数量	组字情况
高频声符			正（证政症整征） 我（鹅饿娥哦俄） 屯（纯顿吨盹炖） 扁（骗偏篇遍编）

高频声符一共 98 个，占总声符的 12. 19%，很多高频声符本身是常用的汉字。其中，普及化等级中的高频声符字有“者”“分”“方”“干”“工”等，共 57 个，占总高频声符的 58. 16%。中级汉字有“尚”“丁”“扁”“寿”等，共 15 个；高级汉字有“莫”“肖”“兑”，共 3 个；高级附录汉字“屯”1 个；未归入字表的成字声符有“亥”“辟”等 10 个，非成字声符有“夬”“殳”“夆”等 10 个。

高频声符构成了 651 个汉字，占形声字总数的 34. 35%。也就是说，超过三分之一的形声字的发音是有规律可循的。

因为低频声符数量众多，难以一一列出。因此只能举几个例子（见表 2-3）。

表 2-3 低频声符组成的形声字

	构字数量	声符数量	例 字
低频声符	4	61	卑（碑牌脾啤） 辡（辫辩辨瓣） 辰（晨唇振震） 多（侈爹哆移） 甫（捕哺辅浦） 高（搞稿膏敲） ……
	3	90	广（旷矿扩） 贵（遗馈溃） 化（讹花货） 虍（虏虑虚） 黑（墨默嘿） 既（溉概慨） 及（级极圾） 敫（缴邀激） 九（仇究轨） 门（闷们问） ……

续表

	构字数量	声符数量	例　　字
低频声符	2	166	明（萌盟）宓（密蜜） 民（眠氓）尼（泥呢） 聂（摄慑）宾（滨缤） 孛（脖勃）串（患窜） 刍（趋皱）参（惨渗） 冬（终疼）帝（缔蒂） 商（滴摘）定（淀绽） 亶（颤擅）代（袋贷） 当（挡档） ……
	1	355	斥（诉）充（统） 成（盛）乘（剩） 川（顺）斥（拆） 尺（迟）产（铲） 尝（偿）东（冻） 董（懂）度（渡） 斗（抖）带（滞） 朵（躲）贰（腻） 尔（弥）戈（划） 更（硬）羔（糕） 丐（钙）姑（菇） 感（憾）郭（廓） ……

低频声符共有 672 个，占总声符的 88. 19%，构成的常用形声字的个数为 1201 个，占汉字总量的 66. 86%。

二、声符与整字的结构关系

形声字的结构上，一般认为形符和声符的组合方式主要有 8 种：

（1）左形右声，比如“惊”“吓”“福”“泡”“炮”等；

（2）左声右形，比如“飘”“战”“歌”等；

（3）上形下声，比如“室”“巅”“宾”等；

（4）上声下形，比如“唇”“悬”“愿”等；

（5）外声内形，比如“闷”“辫”“问”等；

（6）外形内声，比如“阁”“园”“匪”等；

（7）声占一角，比如“旗”“店”“房”等；

（8）形占一角，比如“疆”“栽”“修”等。

按照声符在整字中的位置，我们对 1895 个形声字进行考察，将其分为“声符在右”“声符在左”“声符在上”“声符在下”“声符在外”“声符在内”“声在一角”7 种情况。统计结果显示如表 2-4 所示。

表 2-4　形声字的结构分类

结构分布类型	数量	百分比	例　字
声符在右	1272	67.12%	啊（阿）、湖（胡）、饭（反）、按（安）、妖（夭）、把（巴）、讽（风）、伴（半）、炒（少）、城（成）、耻（止）、杜（土）、批（比）、俯（府）、钩（勾）、跪（危）、增（曾）、烤（考）、惨（参）……
声符在左	118	6.23%	皱（刍）、彩（采）、歌（哥）、故（古）、和（禾）、郊（交）、欺（其）、政（正）、预（予）、颜（彦）、鸦（牙）、影（景）、邮（由）、战（占）、顽（元）、欣（斤）……
声符在上	172	9.08%	盛（成）、背（北）、袋（代）、堡（保）、辈（非）、壁（辟）、柴（此）、愁（秋）、贷（代）、怠（台）、架（加）、剪（前）、警（敬）、舅（臼）、聚（取）、幕（莫）、努（奴）、盆（分）、婆（波）、垄（龙）、烈（列）……
声符在下	151	7.97%	菜（采）、苍（仓）、疲（皮）、菜（采）、晨（辰）、崇（宗）、芳（方）、管（官）、花（化）、晃（光）、旱（干）、空（工）、苦（古）、筐（匡）、莲（连）、置（直）……
声符在内	129	6.81%	遍（扁）、疯（风）、阀（伐）、阁（各）、固（古）、园（元）、阁（各）、圆（员）、阅（兑）、圈（卷）、迷（米）、厘（里）、屈（出）、固（古）、速（束）、遇（禺）、屑（肖）……
声符在外	25	1.32%	翅（支）、闷（门）、岛（鸟）、匙（是）……
声在一角	28	1.48%	衡（行）、茫（芒）、修（攸）、卸（午）、桌（卓）、裹（果）、旗（其）、冠（元）、范（㔾）、嵌（甘）、渠（巨）、捏（日）、梁（刅）、随（隋）、稽（旨）、望（亡）……

由此可见，在对外汉语常用形声字中，声符在整字中的结构分布按字数

多少可排列为“声符在右”“声符在上”“声符在下”“声符在内”“声符在左”“声在一角”“声符在外”。其中，“声符在右”的情况约占总数的67.12%，占形声字总数的三分之二以上。其次是“声符在上”的情况，约占总数的9.08%，“声符在下”的情况是7.97%，“声符在内”的情况约占总数的6.81%。

三、声符与整字的读音关系

据统计，1895个形声字中，声韵调完全相同的有584个字，约占总数的30.82%；声韵同、调不同的326个字，约占总数的17.20%；声同、韵调不同的81个，约占4.27%；声不同、韵调同的157个，约占8.28%；声韵不同、调同的168个，约占8.87%；声调不同、韵同的247个，约占13.04%；声调同、韵不同的82个，约占4.33%；声韵调全不同250个字，约占13.19%（见表2-5）。

表2-5　声符与整字的读音关系

声符与整字	声	韵	调	字数（个）	比例（%）
	+	+	+	584	30.82
	+	+	-	326	17.20
	+	-	-	81	4.27
	-	+	+	157	8.28
	-	-	+	168	8.87
	-	+	-	247	13.04
	+	-	+	82	4.33
	-	-	-	250	13.19

上面的分类概括起来，可分为三大类：①声符与形声字读音完全相同；②声符与形声字读音完全不同；③声符与形声字读音部分相同。从上面的统计中可以看出，第一种情况占30.82%，不到三分之一。第二种情况包括两类：声韵调完全不同的和只有声调不同的。因为声调不能作为独立的要素存在，所以只有声调相同的，也看作完全不同。因此，读音完全不同的共有497个，占总数的26. 23%。第三类约占总数的42.98%。

一般认为，现代形声字中声符有“表音”和“示音”两种功能。“表音”指声韵调与形声字完全相同；“示音”的意思是提示读音，表示只具有提示形声字读音的功能。从统计中可以看出，声符对形声字的示音能力还是很强的。

第三节　形声字的共时语音特点在对外汉语教学中的应用

对于留学生来说，识记汉字的读音是学习中的一大障碍。形声字声符表音和示音特点的合理利用能帮助留学生更有效地学习汉字，提高识字效率。

一、利用声符字族教学

利用同一声符的形声字组读音相同或相似的特点进行教学是一种语音网络教学的方式，常常能起到事半功倍的效果。比如：以“青”为声符的形声字组“静”“睛”“晴”“精”“情”“蜻”“请”“清”，它们的韵母读音都为［iŋ］，而且“青”也为常用字，利用这一特点可一次性地了解上述 8 个字的读音，能提高学生记忆汉字的效率，也能使学生了解汉字的读音特点，对汉字产生兴趣。当然，我们要防止“声符规律泛化”的倾向，应该将一些汉字与声符读音不同的字特别强调，比如，“猜”与声符的读音就完全不同。

二、利用高频声符的特点进行教学

在选择教学内容时，优先选择构字能力强、使用频率高的高频成字声符进行教学。在上面的统计中我们发现，在对外汉语常用形声字中，98 个高频声符中普及化成字声符有 57 个，比如“工”“干”“白”“交”“公”等，共构成 647 个汉字，占形声字总数的三分之一，因此，先学习这些常用、构形简单的声符，然后利用它们强大的组字能力开展教学能够帮助留学生更有效地学习、复习、识记汉字。这样可以由此及彼、举一反三，掌握大量的形声字。比如由“分”充当声符构成的汉字“粉”“芬”“吩”“纷”“颁”“盆”“贫”“氛”“份”等。又如由声符字“干”构成的形声字“杆”“赶”“肝”“竿”“旱”“岸”“汗”“罕”“刊”等。“分”“干”都属于普及化常用字，在留学生学习汉语的第一个学期就会学到，到了第二个学期在一定词汇量的基础上我们就可以通过这样组字的方式帮助他们记忆其他的形声字。对于一些类推能力强、示音效果较好、构字较多的非成字声符，我们也可以考虑将其运用在教学中。比如非成字声符“佥”，由它构成的形声字有“捡”“检”“脸”“险”“验”“签”“剑”“俭”等；又如“ 𢀖”，也是非成字声符，由它构成的形声字有“经”“径”“颈”“劲”“茎”“轻”等。在学习的过程中，留学生先接触到的是形声字“捡”“检”“脸”，“经”“轻”“劲”，这时教师可引导他们提取声符“佥”和“ 𢀖”，一方面帮他们识记汉字的字形，另一方面使他们有意识地类推学习其他音同或音近的形声字。

一般说来，关于先学习声符还是先学习形声字这个问题，我们应该根据使用的优先级别灵活教学。若声符是常用字，那么就先学习声符再学习由声符组成的形声字；若形声字是常用字，就先学习形声字再类推同一声符的形声字或再学习声符。当然，如果声符是非常用字，我们可以只在形声字之间进行类推学习而不学习声符。一切应从教学的实用性原则出发，谨慎选择，避免增加学习的难度，加重学生的识记负担。

对于中高年级的留学生来说，可以开设汉字课，详细讲解声符与形声字之间的语音关系，根据高频声符的构字能力归类学习、复习汉字，培养他们以声符为线索学习形声字的理性认识，这是使其掌握汉字、了解汉字语音特点和语言文化的重要方式。

三、利用声符在形声字中大多居右的结构优势识记汉字

在声符与形声字的结构中，“声符在右”的结构形式占据67.12%，占形声字总数的三分之二以上。大量的“声符在右”的情况为留学生学习、辨认、书写汉字带来了便利，易于让他们很快认知汉字的规律，有利于开展汉字教学。“声符在外”以及“声在一角”的情况极少，但是仍是汉字知识的一部分，也是学生出错最多的地方。因此，对于这一类的形声字，对外汉语教师也不能忽视，应该加强引导，避免学生产生判断上和书写上的错误。

四、教师应利用形声字声符的示音能力灵活教学

通过本章对《等级划分》中形声字的统计和分析，形声字声符完全表音的占30.82%，不到三分之一；声符具有示音功能的占总数的42.98%，合起来占到约73%的比例。这个数据是乐观的，教师应增强对形声字声符示音能力的信心，在对外汉语教学灵活采用学习策略，提高留学生形声字语音学习的能力。

但是，我们也应该注意到，某些形声字读音与声符的不同或相似也会造成学生在学习形声字时的困扰。比如，以“分”为声符构成的形声字中，“粉”“芬”“吩”“纷”“氛”“份”与声符声韵母完全相同，而“盆”“贫”“颁”韵母读音也以n结尾，但是主元音不同，声母不同。学生如果不留意的话，会记成和声符相同的读音。所以，对外汉语教师应该了解它们读音不同的原因，这也是本书后面几章从历时溯源研究试图解决的问题。

第三章　对外汉语形声字历时演变研究概述

本书在语音的历时演变方面的研究所依据的语音系统是以王力先生的研究内容和成果为依托的，在语音历时演变的规律总结和阐释上参考唐作藩、郭锡良、周祖谟等先生的研究。如果中间产生分歧，一般以王力先生的为准，笔者认为值得商榷的地方会参考别的大家的论述进行判断。

第一节　语音史的分期

学界关于语言史的分期大致相同。对于语音史的研究来说，主要以中古《切韵》中的音系为基础，推测古音，下析今音。一般来说，以《诗经》和《说文》谐声系统为代表的音系会被确立为上古音系，以《切韵》中的音系为代表确立中古音系，以《中原音韵》音系为代表确立近代音系，其他围绕这三点做语音史的研究。

综合王力、唐作藩、周祖谟、郭锡良等诸位先生的研究，笔者将语音史分为五段。

一、殷商时代为远古时期（公元前20世纪到公元前12世纪）

这个时期，语言文字已经完全摆脱了原始状态，发展到了一定水平。但是，由于文献资料的限制，无法从甲骨文中详尽地了解当时的语音面貌。

二、周秦两汉为上古时期（公元前11世纪至公元2世纪）

这个时期汉民族有了自己的共同语，先秦叫“雅言”，汉代叫“通语”。清朝以来的语音学家通过《诗经》《楚辞》《诸子百家》《说文解字》等文献著作推测出当时的语音情况。

三、魏晋南北朝至南宋前半为中古时期（公元3世纪到公元12世纪）

其中，魏晋为上古到中古的过渡阶段。晚唐五代是中古向近代的过渡时期。

无论是在魏晋南北朝的动荡时期还是在隋唐的民族大融合时期，语音都发生了很大的发展。官吏选拔的科举制度、唐诗宋词等文学作品的丰富都使人们对日常所用的语音系统前所未有地重视，使《切韵》语音体系的建立成为可能。

四、南宋后半至明清为近代时期（公元13世纪到19世纪）

这一时期，全浊声母在北方话中消失，入声也在北方话中消失，平声区分阴阳，[-m]韵尾在北方话里消失，其中，1840年鸦片战争到1919年五四运动是近代到现代的过渡期。

五、五四运动以后为现代时期

这一时期吸收许多西方的词汇和语法，增加复音词，普通话也逐步形成并得到推广。

第二节　上古语音系统

关于上古语音系统的构拟，学界目前尚无定论，以高本汉、董同龢、王力、李方桂等人的影响为最大。本书主要采用王力先生的说法。他在《汉语史稿》《汉语语音史》中对此均有论述。

一、声母系统

王力先生在《汉语史稿》与《汉语音韵》中认为，上古声母有32个，后来，在《汉语语音史》中增加了一个“俟”母，共33个。本书采用《汉语语音史》中的结论，33个声母如表3-1所示。

表3-1　上古声母语音系统

喉音	晓[x]　匣（喻三）[ɣ]　影（影）[0]
舌根音（牙音）	见[k]　溪[k′]　群[g]　疑[ŋ]
舌尖中音（舌头音）	端[t]　透[t′]　定[d]　泥[n]　来[l]
舌面音（舌上音）	章[tɕ]　昌[tɕ′]　船[dʑ]　书[ɕ]　禅[ʑ]　喻[j]　日[nz]
舌尖前音（齿头音）	精[ts]　清[ts′]　从[dz]　心[s]　邪[z]
舌叶音（正齿音）	庄[tʃ]　初[tʃ′]　崇[dʒ]　山[ʃ]　俟[ʒ]
双唇音	帮（非）[p]　滂（敷）[p′]　并（奉）[b]　明（微）[m]

二、韵母系统

在《汉语史稿》中，王力先生将古韵部分为 29 部，在他主编的《古代汉语》中分为 30 部，我们采用第二种划分方式。30 韵部类目及拟音如表 3-2 所示（以平赅上去，下同）。

表 3-2　上古韵部类目及拟音

部类目	阴声韵	阳声韵	入声韵
第一类	之部[ə]	蒸部[əŋ]	职部[ək]
第二类	幽部[u]	冬部[uŋ]	觉部[uk]
第三类	宵部[o]		药部[ok]
第四类	侯部[ɔ]	东部[ɔŋ]	屋部[ɔk]
第五类	鱼部[a]	阳部[aŋ]	铎部[ak]
第六类	支部[e]	耕部[eŋ]	锡部[ek]
第七类	脂部[ei]	真部[en]	质部[et]
第八类	微部[əi]	文部[ən]	物部[ət]
第九类	歌部[ai]	元部[an]	月部[at]
第十类		侵部[əm]	缉部[əp]
第十一类		谈部[am]	叶部[ap]

在韵部分类出现疑问或者不确定时，本书也参考段玉裁、万广泰、王念孙、江有诰等清代学者对上古韵部的分类，其中，以段玉裁的上古韵部分类为主），如表 3-3 所示。

表 3-3　段玉裁构拟的上古韵部分类

部类目	阴声韵	阳声韵	入声韵
第一部	之韵、咍韵		德韵、职韵
第二部	宵韵、萧韵、肴韵、豪韵		
第三部	尤韵、幽韵		屋韵、沃韵、烛韵、觉韵
第四部	侯韵		
第五部	虞韵、鱼韵、模韵		药韵、铎韵

续表

部类目	阴声韵	阳声韵	入声韵
第六部		蒸韵、登韵	
第七部	侵韵、盐韵、添韵		缉韵、叶韵、帖韵
第八部	覃韵、谈韵、咸韵、衔韵、严韵、凡韵		合韵、盍韵、洽韵、狎韵、业韵、乏韵
第九部		东韵、钟韵、冬韵、江韵	
第十部		阳韵、唐韵	
第十一部		庚韵、耕韵、清韵、青韵	
第十二部		真韵、臻韵、先韵	质韵、栉韵、屑韵
第十三部		谆韵、文韵、欣韵、魂韵、痕韵	
第十四部		元韵、寒韵、桓韵、删韵、山韵、仙韵	
第十五部	脂韵、微韵、齐韵、皆韵、灰韵		
第十六部	支韵、佳韵		陌韵、麦韵、昔韵、锡韵
第十七部	歌韵、麻韵、戈韵		

第三节　中古语音系统

中古语音系统主要根据《切韵》《广韵》等切韵系韵书进行归纳总结。一般认为，切韵系韵书代表了中古的语音标准，其中，《广韵》是中古时代保存最为完整、切韵系列韵书的集大成者。它继承了《切韵》“南北是非，古今通塞”的编排思想，与《切韵》的语音体系保持一致，体例也基本相同，比较直观地展示了切韵系统的音节结构和音位系统。一般认为，它反映的不是宋朝当时的读音，而是更贴近于隋唐五代的读音。本书的中古拟音和所依据的中古语音系统也参照此书。

一、声母系统

王力的《汉语史稿》采用了 35 个声母。本书将“俟”母独立出来，共

36个，如表3–4所示。

表3–4　中古声母系统及拟音

喉音	晓［x］　匣［ɣ］　影［O］　余（喻四）［j］
舌根音（牙音）	见［k］　溪［k′］　群［g］　疑［ŋ］
舌尖中音（舌头音和舌上音）	端［t］　透［t′］　定［d］　泥（泥娘）［n］ 来［l］　知［ȶ］　澈［ȶ′］　澄［d′］
舌尖前音（齿头音）	精［ts］　清［ts′］　从［dz］　心［s］　邪［z］
舌面音（正齿音）	庄［tʃ］　初［tʃ′］　崇［dʒ］　山［ʃ］　俟［ʒ］ 章［tɕ］　昌［tɕ′］　船［dʑ］　书［ɕ］ 禅［ʑ］　日［nz］
唇音	帮［p］　滂［t′］　并［b］　明［m］

二、韵母系统

依据《汉语史稿》所列《广韵》的206韵，有92个韵母，61个韵类，如表3–5所示。

表3–5　中古韵母分类及拟音

通	1. 东董送［uŋ］，［ĭuŋ］	屋［uk］，［ĭuk］
	2. 冬［〇］宋［uoŋ］	沃［uok］
	3. 钟肿用［ĭwoŋ］	烛［ĭwok］
江	4. 江讲绛［ɔŋ］	觉［ɔk］
止	5. 支紙寘［ĭe］，［ĭwe］	
	6. 脂旨至［ĭi］，［ĭwi］	
	7. 之止志［ĭə］	
	8. 微尾未［ĭəi］，［ĭwəi］	
遇	9. 鱼語御［ĭo］	
	10. 虞麌遇［ĭu］	
	11. 模姥暮［u］	
蟹	12. 齐荠霁［iei］，［iwei］	
	13. 〇〇祭［ĭɛi］，［ĭwɛi］ 14. 〇〇泰［ɑi］，［wɑi］	

续表

蟹	15. 佳蟹卦［ai］，［wai］	
	16. 皆骇怪［ɐi］，［wɐi］	
	17. ○○夬［æi］，［wæi］	
	18. 灰悔队［uɒi］	
	19. 咍海代［ɒi］（［ĭɒi］海）	
	20. ○○废［ĭɐi］，［ĭwɐi］	
臻	21. 真轸震［ĭěn］，［ĭwěn］	质［ĭět］，［ĭwět］
	22. 谆准稕［ĭuěn］	术［ĭuět］
	23. 臻○○［ĭens］	栉［ĭet］
	24. 文吻问［ĭuən］	物［ĭwət］
	25. 欣隐焮［ĭən］	迄［ĭət］
（山）	26. 元阮愿［ĭɐn］，［ĭwɐn］	月［ĭɐt］，［ĭuɐt］
	27. 魂混慁［uən］	没［uət］
	28. 痕很恨［ən］	○
山	29. 寒旱翰［ɑn］	曷［ɑt］
	30. 桓缓换［uɑn］	末［uɑt］
	31. 删潸谏［an］，［wan］	辖［at］，［wat］
	32. 山产裥［æn］，［wæn］	黠［æt］，［wæt］
	33. 先铣霰［ien］，［iwen］	屑［iet］，［iwet］
	34. 仙狝线［ĭɛn］，［ĭwɛn］	薛［ĭɛt］，［ĭwɛt］
效	35. 萧筿啸［ieu］	
	36. 宵小笑［ĭɛu］	
	37. 肴巧效［au］	
	38. 豪晧号［ɑu］	
果	39. 哥哿箇［ɑ］	
	40. 戈果过［uɑ］，［ĭɑ］，［ĭuɑ］	
假	41. 麻马祃［a］，［ĭwa］，［wa］	
宕	42. 阳养漾［ĭaŋ］，［ĭwaŋ］	药［ĭak］，［ĭwak］
	43. 唐荡宕［ɑŋ］，［uɑŋ］	铎［ɑk］，［uɑk］
梗	44. 庚梗映［ɐŋ］，［ĭɐŋ］，［wɐŋ］，［ĭwɐŋ］	陌［ɐk］，［ĭɐk］，［wɐk］
	45. 耕耿诤［æŋ］，［wæŋ］	麦［æk］，［wæk］
	46. 清静劲［ĭɛŋ］，［ĭwɛŋ］	昔［ĭɛk］，［ĭwɛk］
	47. 青迥径［ieŋ］，［iweŋ］	锡［iek］，［iwek］

续表

曾	48. 蒸拯证［ĭəŋ］	职［ĭək］，［ĭwək］
	49. 登等嶝［əŋ］，［uəŋ］	德［ək］，［uək］
流	50. 尤有宥［ĭəu］	
	51. 侯厚候［əu］	
	52. 幽黝幼［iəu］	
深	53. 侵寝沁［ĭěm］	缉［ĭěp］
咸	54. 覃感勘［ɒm］	合［ɒp］
	55. 談敢闞［ɑm］	盍［ɑp］
	56. 盐琰艳［ĭɛm］	叶［ĭɛp］
	57. 添忝掭［iem］	帖［iep］
	58. 咸豏陷［ɐm］	洽［ɐp］
	59. 銜檻金监［am］	狎［ap］
	60. 严俨酽［ĭɐm］	业［ĭɐp］
	61. 凡范梵［ĭwɐm］	乏［ĭwɐp］

第四节 近代语音系统

本书以南宋后半至清朝时鸦片战争爆发前为近代（公元 13 世纪至 19 世纪）。近代音以《中原音韵》为代表。周德清谓此书曰：“中原之音”，意思是此书反映的是汉语的标准语音，即当时北方的实际语音。但是当时的标准语音究竟是洛阳音还是北京音还存在争议。我们遵从唐作藩的观点，认为它是北京音的历史源头。[①]《中原音韵》中反映了很多字的口语读音，也有很多文白异读。

一、声母系统

由于周德清原书中没有明确给出声母数量，因此，诸家之间还存在争议。罗常培将声母数量定为 20 个，陆志韦以及王力在《汉语史稿》中定为 24 个，杨耐思与宁继福定为 21 个。因为本书近代主要依据杨耐思的拟音，故以 21 个声母为准，如表 3-6 所示。

① 唐作藩：普通话语音史话（一），《语文建设》，1985 年第 4 期，第 31 页。

表 3-6　近古声母系统及拟音（括号内为例字）

喉音和舌根音（喉牙音）	[k]（见）	[k′]（溪）	[ŋ]（疑）	[x]（晓）	[○]（影）
舌尖中音（舌音）	[t]（端）	[t′]（透）	[n]（泥）	[l]（来）	
舌尖前音（齿头音）	[ts]（精）	[ts′]（清）	[s]（心）		
舌叶音	[tʃ]（之）	[tʃ′]（痴）	[ʃ]（十）	[ʒ]（日）①	
唇音	[p]（帮）	[t′]（滂）	[m]（明）	[f]（非）	[v]（微）

二、韵母系统

《中原音韵》中韵母有46个，分为19韵部，诸家大体一致。本书依据杨耐思对《中原音韵》韵母的考证，46个韵母如表3-7所示。

表 3-7　近古韵母分类及拟音

第一类	东钟［uŋ］,［iuŋ］
第二类	江阳［aŋ］,［iaŋ］,［uaŋ］
第三类	支思［ï］(［ɿ］,［ʅ］)
第四类	齐微［ei］,［i］,［uei］
第五类	鱼模［u］,［iu］
第六类	皆来［ai］,［iai］,［uai］
第七类	真文［ən］,［iən］,［uən］,［iuən］
第八类	寒山［an］,［ian］,［uan］,［iuan］
第九类	桓欢［on］
第十类	先天［iɛn］,［iuɛn］
第十一类	萧豪［au］,［iau］,［iɛu］
第十二类	歌戈［o］,［io］,［uo］
第十三类	家麻［a］,［ia］,［ua］
第十四类	車遮［iɛ］,［iuɛ］

① 现今学界存在的主要不同意见是［tʃ］（之）、［tʃ′］（痴）、［ʃ］（十）、［ʒ］（日）和［tʂ］（知）、［tʂ′］（齿）、［ʂ］（诗）、［ʐ］（儿）要不要合并。不合并的话有25个声母，合并的话是21个。

续表

第十五类	庚青［əŋ］，［iəŋ］，［uəŋ］，［iuəŋ］
第十六类	尤侯［əu］，［iəu］
第十七类	侵寻［əm］，［iəm］
第十八类	监咸［am］，［iam］
第十九类	廉纤［iɛm］

第五节　现代汉语普通话语音系统

一、声母系统

现代汉语普通话中的声母有 21 个，如表 3-8 所示①。

表 3-8　现代汉语普通话声母系统

双唇音	［p］，［p′］，［m］
唇齿音	［f］
舌尖音	［t］，［t′］，［n］，［l］，［ts］，［ts′］，［s］
卷舌音	［tʂ］，［tʂ′］，［tʂ］，［ɻ］
舌面音	［tɕ］，［tɕ′］，［ɕ］
舌根音	［k］，［k′］，［x］

二、普通话韵母系统

不计四声，现代汉语普通话中的韵母有 35 个，如表 3-9 所示。

表 3-9　现代汉语普通话韵母系统

开口呼	齐齿呼	合口呼	撮口呼
	［i］	［u］	［y］
［a］	［ia］	［ua］	

① 以《汉语拼音方案》的内容为准，采用宽式标音法标音。

续表

开口呼	齐齿呼	合口呼	撮口呼
[ɣ]	[iɛ]		[yɛ]
[o]		[uo]	
[ai]		[uai]	
[ei]		[uei]	
[au]	[iau]		
[ou]	[iou]		
[an]	[ian]	[uan]	[yan]
[ən]	[in]	[uən]	[yn]
[aŋ]	[iaŋ]	[uaŋ]	
[əŋ]	[iŋ]	[uəŋ]	
[uŋ]	[yŋ]		

第六节　本书历时演变研究中的原则及方法

首先，在对声符以及由声符组成的形声字组进行历时音变的研究中，本书以上古（以先秦音系为代表）、中古（以《广韵》音系为代表）、近代（以《中原音韵》为代表）、和现代（以普通话为代表）四个时期的语音进行归纳和分析，展现声符及形声字具体的音变情况，并对其规律进行总结。其中，上古、中古拟音参照王力先生的研究，近代参照杨耐思先生的研究。

其次，本书第四、五、六章分别以阴声韵、阳声韵、入声韵对形声字的韵部演变进行论述。以声符上古音统领其形声字组进行韵部变化的情况分析。

本书的研究内容不论及形声字和声符的声母和声调，主要以韵母的历时演变作为考察对象。本书主要从现代汉字的读音出发，如果形声字与其声符的现代读音韵母相同，则不再进行二者的语音演变分析，因为这些汉字对汉语的语音教学不构成负面阻碍。如果形声字与其声符的现代读音韵母不同，则以表格的形式列出其上古、中古、近代、现代的读音情况，并用国际音标标示拟音，以便更直观地看出其韵母读音之间的差异。

再次，为显示清楚，对在音韵史上有历史意义的时代进行标注，其中：

上古读音标为 A；

中古读音标为 B；

近代读音标为 C；

现代读音标为 D。

最后，因为在历时演变中主要从语音角度考察形声字，因此，第四、第五、第六章以“谐声字”称呼形声字，以“谐声字组”代表声符与形声字的关系。

第四章　阴声韵形声字的语音演变及分析

按照王力先生的分部，上古阴声韵包括“之”“幽”“宵”“侯”“鱼”“歌”“支”“脂”“微”九部。

从上古到两汉，阴声韵的变化很大，主要有两种：一是韵部的分合，主要是侯部与鱼部、脂部与微部合并。二是表现在各部所属字的归类变动上，主要指之部与幽部、鱼部与歌部、歌部与支部之间的部分字的转换。比如，西汉时，之部尤韵字“久”“牛”“丘”、脂韵字“龟”转入幽部，东汉时期，侯部虞韵字变入鱼部，鱼部中的“家”“华”“沙”等字转入歌部，歌部中的“奇”“池”“皮”等转入支部。

两汉经三国至魏晋时，之部分为之、咍两部，之部包括《广韵》之韵和脂韵字，咍部包括咍、灰、皆三韵字。鱼、幽、宵三部重新组合，鱼部所含中古侯韵字都转入幽部，鱼部相当于中古的遇摄。幽部的萧、宵、肴、豪等转入宵部，幽部的尤、幽、与转入的侯韵字合为一部，相当于中古的流摄。宵部的原萧、宵、肴、豪、韵字与从幽部转入的此四类字合并，相当于中古的效摄。祭部分为祭、泰两部。晋代时，脂部分为脂、皆两部。脂部包括脂、微两韵，皆部包括皆、灰、咍、齐四韵字。

南北朝前后两个时期，阴声韵的变化有些不同，前期变化不大，主要是支部的齐韵字归入皆部。后期变化较大，脂部分化为脂、微两部，歌部分化为歌、麻两部，鱼部分化为鱼、模两部，宵部分化为宵、肴、豪三部。皆部的灰、咍进入咍部。隋唐宋时期，韵部进一步分化，《广韵》中的阴声韵共有26韵（不论声调），分为6摄。

宋之后，阴声韵接受入声韵，入声韵全部被派入阴声韵，大致是：臻深梗曾为一组，进入支思、皆来、齐微韵，山、咸两摄进入家麻、车遮韵，江宕两摄进入萧豪、歌戈韵，通摄进入鱼模、尤侯韵。另外，原有的阴声韵以摄为单位合并，再加上小部分流进的韵合成近代的韵部：效摄合并为萧豪韵；止摄和蟹摄重新组合分为三韵，分别是支思韵（止摄开口三等齿音半齿音）、齐微韵（止摄余下部分加上蟹摄合口一等和三等祭废韵）、皆来韵（蟹摄开口一等和二等韵）。遇摄接受来自流摄的唇音字合为鱼模韵，流摄除去部分唇音字外剩下的形成尤侯韵，果摄三等转入假摄，加上假摄二等、蟹摄二等佳夬韵合为家麻韵，果摄剩下的一等开合韵合并为歌戈韵，假摄三等加上果摄合口三等合为车遮韵，组成《中原音韵》中的九个阴声韵部，形成现代汉语的相关单元音和复元音韵母系统。

明朝时，一个新的元音 y 产生。兰茂在《韵略易通》（1442）中将鱼模部区分成了呼模和居鱼两韵。可见，二者之间区别已较为明显。①

第一节　声符在上古之部的形声字组的演变分析

一、之部上古到现代的语音演变概述

上古之部在中古《广韵》时代对应的是之咍灰尤（半）侯模等数韵。一部分字早在西汉时便转入幽部，如“久”“尤”“求”等。三国时期，之部侯韵字转入侯部。可能从西汉起，之部皆咍灰三韵字便逐步与之韵字远离，魏晋宋时期，之部的灰咍皆主元音相同。孙玉文认为，它们央元音前化，同时伴随着复合化，成为咍部，音值可能是［ɒi］。“刘宋末，之部和微部皆咍灰三韵字开始合流，到齐代完成合流。这也就说明之部皆咍灰三韵字肯定增生了韵尾 i。”②

之韵独立在东汉时期，音值是［ɪə］，是《切韵》之韵的源头。南北朝时期，之韵独立更为明显。

在中古到近代《中原音韵》的演变中，止摄开口三等齿音字独立为支思韵，止摄余下部分加上蟹摄合口一等（“灰”与“泰”合）和三等祭废韵、四等齐韵字合为齐微韵，蟹摄合口一等（咍泰开）和二等韵合为皆来韵。段玉裁将之部归在第一部。

上古之部主要元音为［ə］，包括开口一等、合口一等、开口三等、合口三等四个音值。从上古到现代音值的演变历程如下：（参看王力的《汉语语音史》中关于上古韵部演变的图表。其他韵部的演变与此来源相同，不再赘述）。

开口一等（该）：［ə］（A）→［ɐi］→［ɒi］（B）→［ai］（C-D）

（埋）：［ə］（A）→［eɐi］（B）→［ai］（C-D）

合口一等（梅）：［uə］（A）→［uɐi］→［uɑi］→［uɐi］（B）→［uəi］

① 以上概述参考自王力《汉语史稿》、周祖谟《周祖谟语言学论文集》、刘晓楠《汉语音韵研究教程》等。阳声韵、入声韵的韵部演变概述与此相同，不再赘述。

② 见《汉语史讲义》第 69 页，未出版。

(C) → [əi] (D)

(母)：[uə] (A) → [u] → [ou] → [əu] (B) → [u] (C–D)

(怪)：[uə] (A) → [oɐi] (B) → [oai] → [uai] (C–D)

开口三等 (基)：[ĭə] (A–B) → [i] (C–D)

(丕)：[ĭə] (A) → [ĭei] → [i] (B–C) → [əi] (D)

(思)：[ĭə] (A–B) → [i] → [ɿ] (C–D)

(之)：[ĭə] (A–B) → [i] → [ʅ] (C–D)

(而)：[ĭə] (A–B) → [i] → [ʅ] (C) → [ə’] (D)

合口三等 (牛)：[ĭwə] (A) → [ĭw] → [ĭou] → [ĭəu] (B–D)

(龟)：[ĭwə] (A) → [ĭwei] → [ĭwi] (B) → [yi] (C) → [uəi] (D)

开口一等喉舌齿音中古时进入咍韵，如“该”“孩”“胎”“才”等；唇音进入侯韵，如“剖”“母”“某”等；还有一部分进入皆韵，如“埋”“霾”等。合口一等喉唇音进入灰韵，如“恢”“梅”“倍”“每”等。开口三等喉舌齿音进入之韵，如“其”“疑”“里”“之”“词”等；唇音进入脂部，如“鄙”“丕”等。合口三等喉唇音进入尤韵，如“有”“不”“谋”“否”等。

二、对外汉语形声字中的声符在上古之部的分布以及构成的谐声字组

上古在之部的声符分别是：其、里、才、兹、不、某、尤、止、己、巳、耳、子、采、久、畐、台、疑、灰、亥、乃、市、音，共 22 个。由之部声符构成的形声字一共有 62 个，和声符韵母相同的有 44 个，不同的有 18 个（见表 4-1）。

表 4-1　上古之部声符及谐声字组

上古在之部的声符	构字量	由声符构成的谐声字组
台	6	胎抬**始治冶怡**
才	2	财材
采	4	菜踩彩睬
兹	2	滋磁
其	6	基期棋旗欺**斯**

续表

上古在之部的声符	构字量	由声符构成的谐声字组
里	2	理厘
不	2	**杯否**
某	3	谋**媒煤**
尤	1	犹
疑	1	**凝**
止	3	址耻**扯**
己	5	纪记起忌**配**
已	1	异
耳	1	饵
子	2	字**仔**
久	1	灸
啚	1	鄙
灰	1	恢
亥	7	该孩骇阂**核咳刻**
乃	3	奶**扔仍**
市	1	柿
咅	7	倍部陪培赔剖菩

注：加黑的字是现代发音与其声符发音差别较大的汉字，本书中其他韵部中的加黑的字类同此功能。

三、谐声字与声符韵母发音不同的演变及分析

（一）由声符字是多音字引起的谐声字的读音差别

这一组以“台”为声符的谐声字组中有三个读音，原因是“台”在上古时就已经是多音字，因此以不同的发音造出的形声字声符相同，但字音不同（见表 4-2）。

表 4-2　“台”字及其组成的谐声字组的语音演变

谐声字组	上古拟音	《广韵》	《中原音韵》	普通话
台$_1$	之部透母 [t'ə]	咍韵土来切蟹摄开口一等透母平声 [t'ɒi]	皆来韵透母阳平 [t'ai]	[t'ai^{35}]
台$_2$（臺）	之部透母 [t'ə]	咍韵土来切蟹摄开口一等透母平声 [t'ɒi]	皆来韵透母阳平 [t'ai]	[t'ai^{35}]
台$_3$	之部馀母 [ʎĭə]	之韵与之切止摄开口三等以母平声 [jĭə]	齐微韵影母平声阳 [i]	[i^{35}]
抬	之部定母 [də]	咍韵徒哀切蟹摄开口一等定母平声 [dɒi]	皆来韵透母平声阳 [t'ai]	[t'ai^{35}]
胎	之部透母 [t'ə]	咍韵土来切蟹摄开口一等透母平声 [t'ɒi]	皆来韵透母平声阴 [t'ai]	[t'ai^{55}]
始	之部审母 [ɕĭə]	止韵诗止切止摄开口三等书母上声 [ɕĭə]	支思韵审母上声 [ʃi]	[tʂʅ^{214}]
怡	之部馀母 [ɤĭə]	之韵与之切止摄开口三等以母平声 [ĭə]	齐微韵影母平声阳 i	[i^{35}]
冶	鱼部馀母 [ɤɑ]	马韵羊者切假摄开口三等以母上声 [jĭa]	车遮韵影母上声 [iɛ]	[iɛ^{214}]

《汉语大字典简编本》中“台”有三个读音：① [yi^{35}]，《广韵》与之切，之部，意思是“我，为什么，喜悦”。② [t'ai^{35}]，土来切，之部，意思有三个：“三台的省称；敬辞；地名。”③ [t'ai^{55}]，有两个意思：台州的简称、用同“胎”。另外，又指出，“台”通“始”（[ʂʅ^{214}]），“开始”义。谷衍奎（《溯源字典》）认为，“台”是“胎”的本字，形似胎儿的倒形。《说文》解释“台，说（悦）也”是台的引申义。

台，本读 [tai^{55}]，怀胎义。因为怀胎又叫有喜，所以又读作 [yi^{35}]，引申为喜悦。又因为怀胎是人生之始，又读作 [tʂi^{214}]。另外，还被借作

[tai^{35}]，星名——三台。后来用以比喻辅助国君的最高官员，成为一种敬称，比如“台端”“兄台”“台鉴”等。因此“台”有四个读音。这组谐声字中“胎”是注形谐声字，“始”“怡”“治”以“台”的引申读音为声符。

而“抬”是以“臺”为声符的。“臺”原是另一个字，本义是“高而上平的建筑物”。据《简化字源》中介绍，“臺”和“台”两种字形在古代同时存在。“台”字早在三千年前的青铜器铭文即金文中就出现了，《说文》中也有它的小篆字形。由于“台”“臺”两字同音，而“台”字笔画少，因此在元代的一些书籍里“台”字被当作“臺”的俗字。

《溯源字典》中“冶”原为会意字，隶变后变为形声字，取“台”为声。因此，“冶”在造字时代和“台”的发音是不同的，所以上古音为鱼部，但是在隶变后取“台 [tai^{35}]”作为声符造形声字。

（二）谐声字与声符字上古即属不同韵部引起的读音差别

声符“其”上古在之部，“斯”在支部；“亥”在之部，“刻”“核”在职部；“疑”在之部，“凝”在蒸部；“己”在之部，“配”在物部。上古这些谐声字已产生语音差别（见表 4-3）。

表 4-3　“其”字及其组成的谐声字组的语音演变

谐声字组	上古拟音	《广韵》	《中原音韵》	普通话
其	之部见母[kĭə]	之韵居之切止摄开口三等见母平声[kĭə]	齐微韵见母平声阴[ki]	[tɕ'i^{55}]
斯	支部心母[sĭe]	支韵息移切止摄开口三等心母平声[sĭe]	支思韵心母平声阴[sï]	[sɿ^{55}]

“斯”是“撕”的本义，《说文解字》中说，“斯，析也。从斤其声。《诗》曰：‘斧以斯之。’”王力认为，声符“其”上古时代位于之部，而“斯”在支部，主元音为前元音 [e]；段玉裁、孔广森、朱骏声、万光泰等人也把“斯”归在支部。万光泰认为：“斯，从其从斤。按《说文》从其声，非。”理由是：“凡其者皆入之类，无入他类者。”①

“亥，胡改切”；“刻，从刀亥声，苦得切”；“核，从木，亥声，古哀切”；“咳，小儿笑也。从口，亥声，户来切”。（《说文》）汉代，“亥”“核”“咳”的反切下字“改”“哀”“来”都属之部，按许慎的说法，这三

① 张民权：《经韵谐声》校注，《励耘学刊》，2006 年第 1 期，第 71 页。

个字汉代应同在之部，只有“刻”在职部，（见表4-4）。

表4-4 “亥”字及其组成的谐声字组的语音演变

谐声字组	上古拟音	《广韵》	《中原音韵》	普通话
亥	之部匣母[ɣə]	咍韵胡改切蟹摄开口一等匣母上声[ɣɒi]	皆来韵晓母去声[hai]	[xai^{51}]
刻	职部溪母[k'ək]	德韵苦得切曾摄开口一等溪母入声[k'ək]	皆来入韵溪母上声[ḳ'iai]	[k'ɣ^{51}]
咳	之部匣母[ɣə]	咍韵户来切蟹摄开口一等匣母平声[ɣɒi]	皆来韵晓母平声阳[xai]	[xai^{35}]
“欬”的假借字（见《汉语大字典》第298页）	之部溪母[k'ə]	咍韵苦爱切蟹摄开口一等溪母去声[k'ɒi]	皆来韵溪母上声[ḳ'iai]	[ḳ'ɣ^{35}]
核	职部匣母[ɣək]	麦韵下革切梗摄开口二等匣母入声[ɣæk]	皆来入韵晓母平声阳[xǐai]	[xɣ^{35}]

王力分“刻”“核”上古音在职部，“咳”和声符“亥”属之部。职部与之部上古主元音相同，可阴入互转。本书依从王力的说法。

“咳”古代是多音多义字，[hai^{35}]表“小儿笑貌”，也是“孩”的异体字①，[ḳ'ɣ^{35}]用作“欬”的假借字，表示“咳嗽”的含义。因此，现代的常用音是“咳”假借后的发音。

《中原音韵》中都进入皆来韵，韵母读音变化为[ɣ]。

“疑”在上古属于之部这一点是毫无疑问的，段玉裁、万光泰、王力等人将“凝”上古归为蒸部。《说文》中说，“凝，俗冰从疑”。《说文解字注》中多处说明，“冰”“凝”古今字：“冰，各本作凝，今正。凝者，冰之俗也。”也就是说，凝是冰的俗体，是冰的古今字。“冰，是凝的本字。冰被借用表示冰块之后，便又造出形声字凝。”《汉字溯源字典》万光泰认为，之部与蒸部有对转关系：“按之蒸相声相出入，故凝自之入蒸。”到了中古，“疑”进入

① 《汉语大字典》简编本第298页：“《史记·扁鹊仓公列传》‘不能若是而欲生之，曾不可以告咳婴之儿。’”

止摄之韵，“凝”进入曾摄蒸韵，两者的拟音只是韵尾的差别。《中原音韵》中“疑”丢失央元音［ə］进入齐微韵，凝由于有韵尾央元音无变化，两者声母都由疑母变为影母，读音保留至今（见表 4-5）。

表 4-5　“疑”字及其组成的谐声字组的语音演变

谐声字组	上古拟音	《广韵》	《中原音韵》	普通话
疑	之部疑母[ŋǐə]	之韵语其切止摄开口三等疑母平声[ŋǐə]	齐微韵影母平声阳 i	[i^{35}]
凝	蒸部疑母[ŋǐəŋ]	蒸韵鱼陵切曾摄开口三等疑母平声[ŋǐəŋ]	庚青韵影母平声阳[iəŋ]	[niŋ^{35}]

关于“配”的上古音归部分歧较大，王力归为物部，周祖谟归微部，段玉裁、朱骏声认为是“妃省声”。

《说文》中说，“己，中宫也……居拟切”，“配，酒色也。从酉己声。滂佩切。”《说文解字注》认为：“配，酒色也。本义如是。后人借为妃字，而本义废矣。妃者，匹也。从酉己声。己非声也。当本是妃省声，故假为妃字。又别其音妃平，配去。滂佩切。”从甲骨文来看，“配”字字形为，像是一个酿酒师在往酒坛子里放什么东西，因此，“配”本义为酒色应该是正确的，而且此字与“己”无关，因此字音也不在之部，而在物部。但是后来因为篆文字形右边演变“己”字，为“妃”假借，《说文》误以为“从酉己声”，它的上古音也与“妃”没有关系。只是到了汉代发音可能演变得与“妃”近似，因而被假借为“妃”义（见表 4-6）。

表 4-6　“己”字及其组成的谐声字组的语音演变

谐声字组	上古拟音	《广韵》	《中原音韵》	普通话
己	之部见母[kǐə]	止韵居理切止摄开口三等见母上声[kǐ]	齐微韵见母上声[kiə]	[tɕi^{214}]
配	物部滂母[p'ǐwət]	队韵滂佩切蟹摄合口一等滂母去声[p'uɒi]	齐微韵滂母去声[p'uei]	[p'ei^{51}]

（三）受上古音开合口或等不同的影响

王力将声符“不”“某”“而”和形声字“杯”“否”“煤”“媒”“耐”

的上古音同分在之部，但是等不同（见表 4-7）。

表 4-7　“不”字及其组成的谐声字组的语音演变

谐声字组	上古拟音	《广韵》	《中原音韵》	普通话
不 1	之部帮母[pĭwə]	有韵方久切流摄开口三等非母上声［pĭəu］	尤侯韵非母上声［fəu］	[fəu^{214}]
不 2	之部帮母[pĭwə]	尤韵甫鸠切流摄开口三等帮母平声［pĭəu］	尤侯韵非母平声阴［fəu］	[fəu^{55}]
不 3	物部帮母[pĭwət]	物韵分勿切臻摄合口三等非母入声［pĭuət］	鱼模入韵帮母上声［pu］	[pu^{51}]
杯	之部帮母[puə]	灰韵布回切蟹摄合口一等帮母平声［puɒi］	齐微韵帮母平声阴［puei］	[pei^{55}]
否	之部帮母[pĭə]	有韵方久切流摄开口三等非母上声［pĭəu］	尤侯韵非母上声［fu］	[fou^{214}]

《说文》：“不，鸟飞上翔不下来也。从一，一犹天也。象形。”《汉语大字典》认为，“《说文》有误，所训为假借义”。“不”上古即有三个读音，常用读音是由入声韵演变而来表示否定含义的［pu^{51}］，另外两个读音普通话中已很少使用。《说文解字注》认为：“其音古在一部，读如德韵之北。音转入尤、有韵，读甫鸠、甫九切。”因此，段玉裁认为“不”最初为入声韵，后转入阴声韵。王力和段玉裁的意见不同，他认为“不”在上古属之部，念［pĭwə］，中古分化为尤物两韵，一个念［pĭəu］（尤韵开口三等），一个念［pĭuət］（物韵合口三等）。《广韵》中物韵的“不”字注曰“与弗同”。但是，“不”是一个特殊音变的典型例子，在演变过程中，它并没有和“弗”“物”一同变为轻唇，而变为合口一等的［put］，现代变为了［pu］，因为常用字在音变上往往是强势的，不随一般变化而变化。

否，从不从口，不亦声。上古之部三等，中古时进入有韵，现代读［fou^{214}］。

杯，是“桮”的简体字。《说文》：“从木否声。”在《形声字谱》《现代常用汉字溯源字典》中“杯”是以“不”为声符的形声字。因为“杯”是唇音合口一等字，因此中古时进入灰韵，现代丢失介音［u］读为［pei^{55}］。

以某为声符的谐声字“谋”“媒”“煤”中，“媒”“煤”为合口一等，中古时进入灰韵，而“某”为开口一等进入侯韵，产生了语音的差别（见表 4-8）。

表 4-8　“某”字及其组成的谐声字组的语音演变

谐声字组	上古拟音	《广韵》	《中原音韵》	普通话
某	之部明母[mə]	厚韵莫厚切流摄开口一等明母上声［məu］	鱼模韵明母上声［mu］	［mou］
媒	之部明母[muə]	灰韵莫杯切蟹摄合口一等明母平声［muɒi］	齐微韵明母平声阳［muei］	［mei^{35}］
煤	之部明母[muə]	灰韵莫杯切蟹摄合口一等明母平声［muɒi］	齐微韵明母平声阳［muei］	［mei^{35}］

音，篆文髙，《说文》：“相与语，唾而不受也。从丶、从否，否亦声。”朱骏声《说文通训定声》：“小篆当从否丶，然音读如丕。”段玉裁：“从丶、从否，丶亦声，各本作丕，今正。”现在音不独立使用，只作为汉字的部件。

这组谐声字“音”“菩”“倍”“陪”“培”“赔”上古均在之部开口一等，“部”在侯部开口一等。之侯上古音关系密切，语音有旁转。中古“音”进入侯韵，“部”“菩”归为一种，进入模韵，“陪”“培”“赔”进入灰韵，“倍”进入咍韵，这组谐声字中古分别位于蟹遇流三摄，读音已出现差别。“音”现代读［ou］，“部”“菩”读［u］，“倍”韵母部分读［ei］，“陪”“培”“赔”韵母部分读［uei］，都符合语音演变规则（见表 4-9）。

表 4-9　“音”字及其组成的谐声字组的语音演变

谐声字组	上古拟音	《广韵》	《中原音韵》	普通话
音	之部透母[p'ə]	侯韵他候切流摄开口一等去声［p'əu］	尤侯韵滂母［p'ou］	［$p'ou^{214}$］
部	侯部并母[bo]	姥韵裴古切遇摄合口一等并母上声［bu］	鱼模韵帮母去声［pu］	［pu^{51}］
菩	之部并母[bə]	模韵薄胡切遇摄合口一等并母平声［bu］	鱼模韵滂母平声阳［p'u］	［$p'u^{35}$］
倍	之部并母[bə]	海韵薄亥切蟹摄开口一等并母上声［bɒi］	皆来韵帮母去声［pai］	［pei^{51}］
培	之部并母[bə]	灰韵薄回切蟹摄合口一等并母平声［buɒi］	齐微韵滂母平声阳［p'uei］	［$p'ei^{35}$］
赔	之部并母[bə]	灰韵薄回切蟹摄合口一等并母平声［buɒi］	齐微韵滂母平声阳［p'uei］	［$p'ei^{35}$］

续表

谐声字组	上古拟音	《广韵》	《中原音韵》	普通话
陪	之部并母[bə]	灰韵薄回切蟹摄合口一等并母平声［buɒi］	齐微韵滂母平声阳［p′uei］	［p′ei^{35}］

第二节　声符在上古幽部的形声字组的演变分析

一、幽部韵母语音演变概述

上古幽部对应中古的豪肴尤萧四韵。汉代一些幽部字进入宵部，而余下的幽部字与侯部合为一部。到了中古分布进入尤萧肴豪四韵，各半。段玉裁将其古音归在第三部。《中原音韵》中大部分位于萧豪韵和尤侯韵。

上古幽部的主元音为［u］，是合口呼，包括一等、二等、三等、四等四个内容。其从古至今的演变历程如下：

合口一等（曹）：［u］（A）→［o］→［ou］→［ɑu］→［au］（B-D）

合口二等（胶）：［eu］（A）→［eo］→［eou］→［au］→［ĭau］（B-D）

（包）：［eu］（A）→［eo］→［eou］→［au］（B-D）

合口三等（求幽）：［ĭu］（A）→［ĭou］→［ĭəu］（B-D）

（周搜）：［ĭu］（A）→［ĭou］→［ĭəu］（B-C）→［əu］（D）

（妇）：［ĭu］（A）→［ĭou］→［ĭu］→［u］（B-D）

合口四等（萧）：［iu］（A）→［io］→［iou］→［iæu］（B）→［ĭau］（C-D）

由于幽部的主元音上古即为高位音，因此在整个的历史演变中呈现高位裂化为复元音的趋向。

一等喉舌齿唇音进入豪韵，如“考”“好”“老”“早”“保”等。二等喉舌唇音进入肴韵，如“巧”“呶”“包”等。三等喉舌齿唇音进入尤韵，如“求”“九”“秋”“矛”等。四等舌齿音进入萧韵，如“鸟”“萧”“啸”等。

二、声符在上古幽部的分布以及构成的谐声字组

对外汉语常用形声字声符在上古位于幽部的有：求、九、卯、攸、翏、州、周、孚、叟、矛、丑、秀、鸟、臭、酉、由、早、戊、舀、丩、秋、忧、受、曰，共24个，构成的形声字共有57个，其中，韵母读音与声符相同的有37个，有差异的是20个（见表4-10）。

表 4-10　上古幽部声符及谐声字组

上古在幽部的声符	构字量	由声符构成的谐声字组
求	2	救球
九	3	仇究轨
卯	2	贸聊
攸	2	悠修
孚	3	俘浮孵
翏	1	廖
州	2	酬洲
周	3	绸稠调
叟	4	瘦搜艘嫂
矛	2	茅柔
丑	3	纽羞扭
秀	4	绣锈诱透
鸟	1	岛
臭	1	嗅
酉	1	酒
由	8	袖邮油抽迪笛轴宙
早	1	草
戊	1	茂
舀	3	稻蹈滔
丩	3	纠收叫
秋	3	揪锹愁
忧	2	优扰
受	1	授
冃	1	冒

三、谐声字与声符韵母发音不同的演变情况分析

（一）假借字引起的读音差别

有的形声字是被假借用来表示其他的汉字的，而它的本音或本义逐渐淡出人们的生活不再被使用，到现在造成与声符读音不同。比如，“仇”字（见表4-11）。

表4-11　“九”字及其组成的谐声字组的语音演变

谐声字组	上古拟音	《广韵》	《中原音韵》	普通话
九	幽部见母[kĭu]	有韵举有切流摄开口三等见母上声［kĭəu］	尤侯韵见母上声［kiəu］	［tɕiəu²¹⁴］
仇$_1$	幽部群母[gĭu]	尤韵巨鸠切流摄开口三等群母平声［gĭəu］	尤侯韵溪母平声阳［k'iəu］	［tɕ'iəu³⁵］
仇$_2$	幽部禅母[ʑĭu]	尤韵市流切流摄开口三等禅母平声［ʑĭəu］	尤侯韵审母平声阳［ʃiəu］	［tʂəu³⁵］
轨	幽部见母[kĭu]	旨韵居洧切止摄开口重纽三等见母上声［kwi］	齐微韵见母上声［kuei］	［kuei²¹⁴］

仇，一音［tɕ'iəu³⁵］，义为配偶或姓；一音［tʂəu³⁵］，“雠”字的训读，现在成为常用音。此音产生于中古之后，义为“仇敌”“仇恨”。

王力将“轨”与声符“九”的上古音都归为幽部三等，上古拟音为［kĭu］，但是到了汉代，“轨”进入之部，变为了［kĭə］，变化原因不是很清楚。中古，“轨”进入止摄脂韵，“九”进入尤韵，韵母读音产生差别。

（二）谐声字上古分属不同等引起的韵母读音差别

王力将声符“卯”“周”“丩”“鸟”与谐声字“聊”“调”“叫”“岛”的上古音分在同一韵部，不同等，产生韵母读音差别（见表4-12）。

表4-12　“卯”字及其组成的谐声字组的语音演变

谐声字组	上古拟音	《广韵》	《中原音韵》	普通话
卯	幽部明母[meu]	巧韵莫饱切效摄开口二等明母上声［mau］	萧豪韵明母上声［mau］	［mau²¹⁴］

续表

谐声字组	上古拟音	《广韵》	《中原音韵》	普通话
聊	幽部来母[liu]	萧韵落萧切效摄开口四等来母平声［lieu］	萧豪韵来母平声阳［liɛw］	[$liau^{35}$]

以“卯”为声符的两个谐声字“聊”“贸”中，“聊”上古为开口四等，有［i］介音，中古时进入萧韵［eu］。声符卯上古为开口二等［eu］，中古时进入肴韵［au］，虽同为效摄，但因元音音位高低不同，而产生语音差别。

“调”与声符“周”上古分属开口四等和三等，之后“调”进入尤韵，东汉时期调从幽部转入宵部，成为开口四等的萧韵字。而“周”仍在幽部，产生语音差别（见表 4–13）。

表 4–13　“周”字及其组成的谐声字组的语音演变

谐声字组	上古拟音	《广韵》	《中原音韵》	普通话
周	幽部照母[ȶĭu]	尤韵职流切流摄开口三等章母平声［tɕĭəu］	尤侯韵知照母平声阴［ʧiəu］	[$tʂəu^{55}$]
调	幽部定母[diu]	啸韵徒吊切效摄开口四等定母去声［dieu］	萧豪韵端母去声［t iɛu］	[$diau^{51}$]

“叫”在汉代进入宵部，中古归为效摄萧韵，与还留在幽部的“丩”产生语音差别。在中古时，“丩”为三等韵，“叫”则变为四等韵（见表 4–14）。

表 4–14　“丩”字及其组成的谐声字组的语音演变

谐声字组	上古拟音	《广韵》	《中原音韵》	普通话
丩	幽部见母[kĭəu]	尤韵居求切流摄开口三等见母平声［kĭəu］		[$tɕiəu^{55}$]
叫	幽部见母	啸韵古吊切效摄开口四等见母去声［kieu］	萧豪韵见母去声［k iɛu］	[$tɕiau^{55}$]

岛，“海中往往有山可依止曰岛。从山，鸟声。”（《说文》）王力将其上古音归在一等，“鸟”归在四等，有介音的差别。中古时“岛”与“鸟”都进入效摄，鸟在篠韵，“岛”在晧韵，主元音音位高低有别。但是，因为同在效摄，《中原音韵》都进入萧豪韵，近现代主元音读音趋同，只存在介音差

别，保留至今（见表 4-15）。

表 4-15　“鸟”字及其组成的谐声字组的语音演变

谐声字组	上古拟音	《广韵》	《中原音韵》	普通话
鸟	幽部端母[tiəu]	篠韵都了切效摄开口四等端母上声［tieu］	萧豪韵泥母上声［niɛu］	[niau214]
岛	幽部端母[təu]	晧韵都晧切效摄开口一等端母上声［tɑu］	萧豪韵端母上声［tau］	[tau214]

（三）例外音变

本节中“叟”的音变不在王力先生列出的规律之内。

上古时期，“叟”“嫂”声母韵母拟音完全一致，同属幽部一等。但是中古时期“嫂”进入宵韵，元音变为［au］，而“叟”归在厚韵。语音出现差别的条件不得而知（见表 4-16）。

表 4-16　“叟”字及其组成的谐声字组的语音演变

谐声字组	上古拟音	《广韵》	《中原音韵》	普通话
叟	幽部心母[su]	厚韵苏后切流摄开口一等心母上声［səu］	尤侯韵心母上声［səu］	[səu214]
嫂	幽部心母[su]	晧韵苏老切效摄开口一等心母上声［sɑu］	萧豪韵心母上声［sau］	[sɑu214]

（四）受声母的影响

“丑”与“扭”，“臭”与“嗅”韵母读音的不同是在近代受到声母变化的影响。

“丑”“扭”的现代韵母差别在于“丑”无［i］介音，这是由于声母的影响。丑的声母是舌尖中音透母［t′］，后变为舌面音彻母［ȶ′］，后又演变为舌叶音彻穿母［ʧ］，到了《中原音韵》之后，不再和［i］相拼，因此介音被省去。“扭”的声母一直为［n］，和介音［i］的关系保持不变（见表 4-17）。

表 4-17　“丑”字及其组成的谐声字组的语音演变

谐声字组	上古拟音	《广韵》	《中原音韵》	普通话
丑	幽部透母[t′ĭu]	有韵敕久切流摄开口三等彻母上声［ȶ′ĭəu］	尤侯韵彻穿母上声［ʧ′iəu］	[tʂ′əu214]

续表

谐声字组	上古拟音	《广韵》	《中原音韵》	普通话
扭	幽部泥母[nĭu]	有韵女久切流摄开口三等泥母上声［nĭəu］	尤侯韵泥母上声［niəu］	［niəu^{214}］

“嗅”是“臭”的后起分化字。“臭”与“嗅”现代韵母的差别也在于［i］这一介音。它们上古到《中原音韵》时代的韵母拟音是相同的。原因在于“臭”的声母在近代变成了舌尖后音［tʂ'］，不再与［i］相拼，而“嗅”的声母上古到近代都是晓母，现代变为擦音［ɕ］，保留［i］介音，因此出现了差别（见表 4–18）。

表 4–18　“臭”字及其组成的谐声字组的语音演变

谐声字组	上古拟音	《广韵》	《中原音韵》	普通话
臭	幽部昌母[ȶ'ĭəu]	宥韵尺救切流摄开口三等昌母去声［tɕ'ĭəu］	尤侯韵彻穿母去声［tʃ'iəu］	［tʂ'əu^{51}］
嗅	幽部晓母[xĭəu]	宥韵许救切流摄开口三等晓母去声［xĭəu］	尤侯韵晓母去声［xiəu］	［ɕiəu^{51}］

（五）分属不同韵部引起的韵母读音差别

“透”与声符“秀”上古就分属不同韵部（见表 4–19）。

表 4–19　“秀”字及其组成的谐声字组的语音演变

谐声字组	上古拟音	《广韵》	《中原音韵》	普通话
秀	幽部心母[sĭu]	宥韵息救切流摄开口三等心母去声［sĭəu］	尤侯韵心母去声［siəu］	［ɕiəu^{51}］
透	侯部透母[t'o]	候韵他候切流摄开口一等透母去声［t'əu］	尤侯韵透母去声［t'əu］	［t'əu^{51}］

《说文》新附：“透，跳也；过也。从辶，秀声。”说明“透”与“秀”是整字与声符的关系。上古分属不同韵部，应该是临近韵部之间的语音旁转原因。

（六）声母影响、不同韵部、同一韵部不同等

由声符“由”构成的谐声字组同时存在受声母影响和处在不同韵部的影响而产生韵母读音差别（见表 4–20）。

表 4-20 “由”字及其组成的谐声字组的语音演变

谐声字组	上古拟音	《广韵》	《中原音韵》	普通话
由	幽部余母[ʎĭu]	尤韵以周切流摄开口三等以母平声［jĭəu］	尤侯韵影母平声阳［iəu］	[iəu³⁵]
邮	之部匣母[ɣĭwə]	尤韵羽求切流摄开口三等云母平声［ɣĭəu］	尤侯韵影母平声阳［iəu］	[iəu³⁵]
轴	觉部定母[dĭuk]	屋韵直六切通摄开口三等澄母入声［ȡĭuk］	鱼模入韵知照母平声阳［tʃiu］	[tʂəu³⁵]
宙	幽部定母[dĭu]	宥韵直佑切流摄开口三等澄母去声［ȡĭəu］	尤侯韵知照母去声［tʃiə］［u］	[tʂəu⁵¹]
抽	幽部透母[t'ĭu]	尤韵丑鸠切流摄开口三等彻母平声［t'ĭəu］	尤侯韵彻穿母平声阴［tʃ'ĭəu］	[tʂ'əu⁵⁵]
笛	觉部定母[diəuk]	锡韵徒历切梗摄开口四等定母入声［diek］	齐微入韵端母平声阳［ti］	[ti³⁵]
迪	觉部定母[diəuk]	锡韵徒历切梗摄开口四母入声［diek］	齐微入韵端母平声阳［ti］	[ti³⁵]

这组谐声字的上古音分为三部，之部（邮）、幽部（抽、宙）和觉部（轴、迪、笛）。

“邮”是“郵”的简化字，是后起的形声字，因此上古的韵母归部与声符“由”不同。

在上古韵部中，幽部与觉部是阴入对转关系，万光泰将王力的幽觉两部合为一部，段玉裁在《六书音均表》中将平声“尤”“幽”和入声“屋”“沃”“竹”“觉”都归在第三部，可见此二部的紧密关系。

幽部中的两个字“抽”“宙”在中古都进入尤部，直到《中原音韵》三者都保留着介音，而到了现代，“抽”“宙”因为声母由舌尖前音［t］［d］变为舌尖后音［tʂ'］［tʂ］，不再与［i］相拼，因此丢掉了介音。

觉部（轴、迪、笛）三个字中，“轴”是觉部三等韵，声母是舌面音［ȡ］，符合演变规律中古归为屋韵，“迪”“笛”是觉部四等韵，声母是舌尖中音［d］，进入锡韵，主元音前化，自此韵母产生读音差别。

（七）声母影响和例外音变

“愁”与声符“秋”的韵母一直到《中原音韵》都是相同的，由于“愁”声母上古为床母，舌面音，《广韵》中变为舌叶音崇母，《中原音韵》中变为彻穿母，清代变为舌尖后音，不再与［i］相拼，因此介音被丢掉；声符“秋”声母为舌尖前音清母［ts′］，又有［i］介音，因此清代声母同化变为舌面音［tɕ′］，保留［i］介音。

“锹”，《说文》中无此字。段玉裁在《说文解字注》中说：“凡谷皆得曰臿也。引申之凡刺入之称，如农器刺地者曰锹臿。”《说文通训定声》中说：“《史记·始皇纪》：‘身自持筑臿。’正义，锹也”。郝懿行《尔雅义疏》中说：“锹谓之锸矣。锹盖俗字，锸亦借声。”《汉语大字典》中说：“锹，又名臿。”因此，可以说，锹源于臿。

《广韵》中亦无“锹”这个字。王力、唐作藩的上古音拟音中亦查不到此字。《集韵》中“锹”为千遥切，平声宵韵清母。此字的造字时代笔者还不确定（见表 4-21）。

表 4-21　“秋”字及其组成的谐声字组的语音演变

谐声字组	上古拟音	《广韵》	《中原音韵》	普通话
秋	幽部清母[ts′ĭu]	尤韵七由切流摄开口三等清母平声[ts′ĭəu]	尤侯韵清母平声阴[ts′iəu]	[tɕ′iəu55]
愁	幽部床母[ʤĭu]	尤韵士尤切流摄开口三等崇母平声[ʤĭəu]	尤侯韵彻穿母平声阳[ʧ′iəu]	[tʂəu35]
锹			萧豪韵清母平声阴[ts′iɛu]	[tɕ′iau55]

第三节　声符在上古宵部的形声字组的演变分析

一、宵部的语音演变概述

宵部到三国时期接收来自幽部的萧宵肴豪四韵字，对应中古《广韵》中的萧宵肴豪四韵，即效摄。宵部上古主元音为［o］，为开口韵，包括一等、二等、三等、四等。中古时，一等韵进入豪韵，二等韵进入肴韵，三等韵进入宵韵，四等韵进入萧韵。到《中原音韵》中时，效摄合并为萧豪韵。宵部的语音演变轨迹比较简单。

段玉裁将其古音归在第二部。

开口一等（豪）：［o］（A）→［ou］→［ɑu］→［au］（B-D）

开口二等（交）：[eo]（A）→[eou]→[au]→[ĭæ] u（B）→[ĭau]（C-D）

（巢）：[eo]（A）→[eou]→[au]（B-D）

开口三等（骄）：[ĭo]（A）→[ĭou]→[ĭæ] u（B）→[ĭau]（C-D）

（昭）：[ĭo]（A）→[ĭou]→[ĭæ] u（B）→[ĭau]（C）→[au]（D）

开口四等（挑）：[io]（A）→[iou]→[iæu]（B）→[ĭau]（C-D）

宵部的拟音也是高元音，在演变过程中呈现出复合化的趋势。到现代，只有[au][ĭau]两种音值，比较整齐。

二、对外汉语常用形声字中的声符在上古之部的分布以及构成的谐声字组

声符在上古时代为宵部的有：小、苗、爻、尞、劳、夭、交、高、毛、敖、刀、兆、喿、朝、要、票、䍃、到、少、焦，共 20 个，构成的谐声字一共 60 个，其中与声符韵母读音相同的 53 个，不同的有 7 个（见表 4-22）。

表 4-22　上古宵部声符及谐声字组

上古在宵部的声符	构字量	由声符组成的谐声字组
小	1	肖
苗	3	描猫瞄
爻	1	驳
尞	2	僚潦
劳	3	捞唠涝
夭	2	笑妖
交	10	饺绞狡郊胶较效校咬跤
高	4	搞稿膏敲
毛	2	耗髦
敖	2	熬傲
刀	2	召叨
兆	4	逃桃挑跳

续表

上古在宵部的声符	构字量	由声符组成的谐声字组
喿	6	操澡燥躁噪臊
朝	2	潮嘲
要	1	腰
票	2	飘漂
䍃	3	谣摇遥
到	1	倒
少	6	炒吵抄钞妙秒
焦	3	蕉瞧礁

三、谐声字与声符韵母发音不同的演变情况及分析

（一）例外音变

“猫”的语音演变到近现代出现了例外音变（见表 4-23）。

表 4-23　“苗”字及其组成的谐声字组的语音演变

谐声字	上古	《广韵》	《中原音韵》	普通话
苗	宵部明母[mĭau]	宵韵武瀌切效摄开口重纽三等明母平声[mĭɛu]	萧豪韵明母平生阳[miɛu]	[$miau^{35}$]
猫	宵部明母[mĭau]	宵韵武瀌切效摄开口重纽三等明母平声[mĭɛu]	萧豪韵明母平生阳[miɛu]	[mau^{55}]

“猫”与声符“苗”在上古都是宵部明母，拟音相同，一直到《中原音韵》时都还是一样的。可是在现代，“猫”韵母中的［i］介音失落，与“苗”的读音不再相同。

（二）上古即处于不同韵部

王力将“爻驳”上古音归在不同韵部，中古时又进入不同的韵（见表 4-24）。

表 4-24 "爻"字及其组成的谐声字组的语音演变

谐声字	上古	《广韵》	《中原音韵》	普通话
爻	宵部匣母[ɣeo]	肴韵胡茅切效摄开口二等匣母平声［ɣau］	萧豪韵晓母平声阳［xiau］	[iau^{35}]
驳	药部帮母[peok]	觉韵北角切江摄开口二等帮母入声［pɔk］	萧豪入韵帮母上声［pau］	[po^{35}]

在上古韵部中，宵药阴入对转（万光泰、江有诰、王力等）。王力将"爻"上古音归为宵部二等，声母为喉音，中古时进入肴韵，元音低化；"驳"在上古归为药部二等，声母是唇音，中古时进入觉韵，主元音也呈现低化的趋势。《中原音韵》中二者都归入萧豪韵，"爻"的声母由匣母变为晓母，并产生［ĭ］介音，到了现代，"爻"变为零声母；王力认为，中古的觉韵唇音字失落韵尾后，由［ɔ］高化为［o］，譬如"驳"。

但也有不同的观点，高晓虹认为，"驳"读［po］是因为文读占了优势，原因是在清代韵书《李氏音鉴》中"驳"有萧豪韵和歌戈韵两种读音。①

（三）受不同等的影响

"高"和"敲"在上古音中属于不同等，在演变过程中韵母读音不同。

从表 4-25 中可以看出，"敲"和"高"上古时都在宵部，"敲"为二等溪母，"高"为一等见母，《广韵》中"敲"进入肴韵［au］，"高"进入豪韵［ɑu］，元音高低有别。《中原音韵》中两字都进入萧豪韵，"敲"因为是开口二等字，增生了［i］介音。而后，声母后受介音的影响，由舌根音［k′］变为舌面前音［tɕ′］。"高"保持韵母读音未变。

表 4-25 "高"字及其组成的谐声字组的语音演变

谐声字	上古	《广韵》	《中原音韵》	普通话
高	宵部见母[ko]	豪韵古劳切效摄开口一等见母平声［kɑu］	萧豪韵见母平声阴［kau］	[$kɑu^{55}$]
敲	宵部溪母[k′eo]	肴韵口交切效摄开口二等溪母平声［k′au］	萧豪韵溪母平声阴［k′iau］	[$tɕ'iɑu^{55}$]

（四）受声母韵母相互影响的作用

声符"兆"与"跳"上古音同部不同等，在语音演变过程中，声母、韵母

① 高晓虹：北京话入声字文白异读的历史层次，《语文研究》2001 年第 2 期，第 41 页。

相互影响使韵母读音发生变化，与其他形声字的韵母读音不同（见表 4-26）。

表 4-26 “兆”字及其组成的谐声字组的语音演变

谐声字组	上古拟音	《广韵》	《中原音韵》	普通话
兆	宵部定母[dĭo]	宵韵治小切效摄开口三等澄母上声［ȡĭɛu］	萧豪韵照母去声［ȶiau］	[tʂau51]
跳	宵部定母[dio]	萧韵徒聊切效摄开口四等定母平声［dieu］	萧豪韵透母平声阳［t′iau］	[t′iɑu51]
挑	宵部透母[t′io]	萧韵吐雕切效摄开口四等透母平声［t′ieu］	萧豪韵透母平声阴［t′iau］	[t′iɑu55]

在上古的拟音中，“兆”在上古时为三等韵，声母为定母，因为有［ĭ］介音，声母从定母转为澄母，继而又转为照母，从舌音到舌上音到齿音。又因为受到声母的影响，“兆”到现代舍掉了介音。而“跳”“挑”上古是四等韵，声母为定母和透母，中古《广韵》进入萧韵，到现在语音演变仍保留有［i］介音。

（五）受声母的影响

“少”到现代受声母的影响，与形声字“秒”“妙”的韵母不再相同（见表 4-27）。

表 4-27 “少”字及其组成的谐声字组的语音演变

谐声字	上古	《广韵》	《中原音韵》	普通话
少	宵部审母[ɕĭo]	小韵书沼切效摄开口三等书母上声［ɕĭɛu］	萧豪韵审母上声［ʃĭɛu］	[ʂau214]
秒	宵部明母[mĭo]	小韵亡沼切效摄开口重纽四等明母上声［mĭɛu］	萧豪韵明母上声［mĭɛu］	[miau214]
妙	宵部明母[mĭo]	笑韵弥笑切效摄开口重纽四等明母去声［mĭɛu］	萧豪韵明母去声［mĭɛu］	[miau51]

《汉字源流词典》认为，“少”是象形字，少是“小”的分化字，在甲骨文中都是“细小的沙粒”之义，故古时“少”与“小”通用。“秒”与“妙”是以“少”为声符的谐声字。从表 4-26 可以看出，中古三者都在宵

韵，“少”是开口三等，“秒”与“妙”是开口重纽四等。三字一直到《中原音韵》中时韵母均相同，但之后，因“少”声母为知照组，近现代变为卷舌音，受卷舌音的影响“少”现代去掉了介音，与另外两字产生发音差别。

第四节 声符在上古侯部的形声字组的演变分析

一、侯部上古到现代的语音演变概述

上古侯部对应中古的侯虞两韵，主元音为［ɔ］，开口韵，包括开口一等［ɔ］，开口三等［ĭwɔ］两种，与鱼部关系密切。汉代，开口三等侯部字（相当于中古的虞韵字）变入鱼部，剩下的侯部字与幽部的尤幽二韵、之部的侯韵字合为广韵的尤侯幽三韵，即流摄。段玉裁将其归在第四部。《中原音韵》将其归在鱼模韵、尤侯韵。其从古至今的演变如下：

开口一等（侯）：［ɔ］（A）→［u］→［ou］→［əu］（B–D）

开口三等（驹）：［ĭɔ］（A）→［ĭu］（B）→［y］（C–D）

（株刍）：［ĭɔ］（A）→［ĭu］（B）→［u］（C–D）

侯部的演变比较简单，一等喉舌齿音中古时进入侯韵，三等喉舌齿音进入虞韵。一等韵先高化然后裂化为双元音；三等韵受介音的影响宋代拟音为［ĭu］，然后非知照组变为新韵母［y］，另一部分知照组丢失介音读［u］。

二、对外汉语形声字中的声符在上古侯部的分布以及构成的谐声字组

声符韵部在侯部的有：侯、区、娄、禺、需、俞、朱、刍、取、豆、口、斗、奏、勾、扁、具、付、句、殳、主，共20个。构成的形声字共有60个，其中，形声字与声符读音相同的有44个，不同的有16个（见表4–28）。

表4–28 上古侯部声符及谐声字组

上古在侯部的声符	构字量	由声符组成的谐声字组
侯	3	候喉猴
区	6	躯驱殴欧抠枢
娄	4	楼搂缕屡
禺	4	愚遇寓偶
需	1	儒

续表

上古在侯部的声符	构字量	由声符组成的谐声字组
俞	6	愉愈渝逾输偷
朱	3	珠株殊
刍	2	皱趋
取	4	娶趣聚最
豆	2	逗短
口	1	扣
斗	1	抖
奏	2	揍凑
勾	4	沟构钩购
屚	1	漏
具	2	俱惧
付	4	符附咐府
句	3	狗够拘
殳	2	股投
主	5	住注驻柱拄

三、谐声字与声符韵母发音不同的演变情况及分析

（一）声符多音字引起的韵母读音差别

“区”“娄”“句”是多音字，从现代汉字的角度看，以声符不同音造出的形声字与声符韵母读音不相同（见表 4-29）。

表 4-29　“区”字及其组成的谐声字组的语音演变

谐声字组	上古拟音	《广韵》	《中原音韵》	普通话
区	侯部溪母[k'ĭɔ]	虞韵岂俱切遇摄开口三等溪母平声［k'ĭu］	鱼模韵溪母平声阴［k'iu］	[tɕ'y⁵⁵]
	侯部影母[ɔ]	侯韵乌侯切流摄开口一等影母平声［əu］	尤侯韵影母平声阴［əu］	[əu⁵⁵]

续表

谐声字组	上古拟音	《广韵》	《中原音韵》	普通话
殴	侯部影母[ɔ]	侯韵乌侯切流摄开口一等影母平声［əu］	尤侯韵影母上声［əu］	[$əu^{55}$]
欧	侯部影母[ɔ]	侯韵乌侯切流摄开口一等影母平声［əu］	尤侯韵影母上声［əu］	[$əu^{55}$]
呕	侯部影母[ɔ]	侯韵乌侯切流摄开口一等影母平声［əu］	尤侯韵影母上声［əu］	[$əu^{55}$]
抠	侯部溪母[k′ɔ]	侯韵恪侯切流摄开口一等溪母平声［k′əu］	尤侯韵溪母平声阴［k′əu］	[$k'əu^{55}$]
枢	侯部穿母[ȶ′ĭɔ]	虞韵昌朱切遇摄开口三等昌母平声［tɕ′ĭu］	鱼模韵穿母平声阴［tʃ′iu］	[$ʂu^{55}$]

“区，踦区，藏匿也。从品在匸中。品，众也。”（《说文》）“会意。岂俱切。古音在四部。郑注礼记嫌名曰。若禹与雨，丘与区之类。是可证古音同丘也。”（《说文解字注》）

王力将“区”的上古音归在侯部，韵母有一等、三等两个韵字，其中，三等字［$tɕ'y^{55}$］是现代的常用读音。但“欧”“呕”“殴”“抠”是与开口一等韵［$əu^{55}$］韵母读音相谐。

“枢”以三等韵的“区”为声符，上古为三等，中古时进入虞韵。由于声母是舌音穿母，到清代变为舌尖后音［ʂ］，因此［i］介音被省掉。

声符“娄”在上古就有两个读音，韵母分属一等、三等字，其中，一等字的读音是现代的常用读音。谐声字“缕”“屡”是三等字，应该是根据声符三等字的读音造的字，因此，与现代声符的读音不同（见表4-30）。

表4-30　“娄”字及其组成的谐声字组的语音演变

谐声字组	上古拟音	《广韵》	《中原音韵》	普通话
$娄_1$	侯部来母[lɔ]	侯韵落侯切流摄开口一等来母平声［ləu］	尤侯韵来母平声阳［ləu］	[$ləu^{35}$]
$娄_2$	侯部来母[lĭɔ]	虞韵力朱切遇摄开口三等来母平声［lĭu］	鱼模韵来母平声阳［lĭu］	[ly^{35}]
缕	侯部来母[lĭɔ]	虞韵力主切遇摄开口三等来母上声［lĭu］	鱼模韵来母上声［lĭu］	[ly^{214}]

续表

谐声字组	上古拟音	《广韵》	《中原音韵》	普通话
屦	侯部来母[lĭɔ]	遇韵良遇切遇摄开口三等来母去声［lĭu］	鱼模韵来母去声［liu］	[ly^{214}]

“句，曲也。从口，丩声。”（《说文》）本义为语句勾曲，本音读［$kəu^{55}$］。《说文解字注》：“凡曲折之物侈为倨，敛为句。古音总如钩。后人句曲音钩。章句音屦。又改句曲字为勾。”

因此，古代“句”应为多音字，表示“语句勾曲”和“曲折”的含义。后来，分化字义，用“勾”表“曲折”义。因此，从现代汉字角度来看，“够”“狗”与声符“句”的发音不同，原因可能是“够”“狗”是以“勾”的发音造字为声符的（见表4-31）。

表4-31　“句”字及其组成的谐声字组的语音演变

谐声字组	上古拟音	《广韵》	《中原音韵》	普通话
$句_1$（古代“句”“勾”通用）	侯部见母[kɔ]	侯韵古候切流摄开口一等见母平声［kəu］	尤侯韵见母平声［kəu］	[$kəu^{55}$]
$句_2$	侯部见母[kĭɔ]	遇韵九遇切遇摄合口三等见母去声［kĭu］	鱼模韵见母去声［kiu］	[$tɕy^{51}$]
狗	侯部见母[kɔ]	厚韵古厚切流摄开口一等见母上声［kəu］	尤侯韵见母上声［kəu］	[$kəu^{214}$]
够	侯部溪母[k'ɔ]	侯韵恪侯切流摄开口一等溪母平声［k'əu］	尤侯韵溪母平声阳［k'əu］	[$kəu^{51}$]

（二）不同等的影响

“禺”与“偶”，“殳”与“投”同在侯部但在不同等。

“禺，母猴属。头似鬼。从由，从内。”（《说文》）“禺”的本义为行动蠢笨的大猩猩类动物。“牛具切，古音在四部，读如偶。”（《说文解字注》）

偶，“桐人也。从人禺声。”（《说文》）“偶者，寓也。寓于木之人也。字亦作寓，亦作禺。同音假借耳。五口切。四部。”（《说文解字注》）

“偶”是“禺”的分化字，用于表示模偶之义。段玉裁认为，“禺”和“偶”古音应一致。王力将二者分成不同的等，“禺”为三等字，“偶”为一等字。中古“禺”进入虞韵，“偶”为侯韵，虽同为流摄，但是元音位置高低不同，《中原音韵》中，“禺”进入鱼模韵，后来［iu］又变为新韵母

[y]；“偶”进入尤侯韵读［əu］，保持到现在（见表 4-32）。

表 4-32　“禺”字及其组成的谐声字组的语音演变

谐声字组	上古拟音	《广韵》	《中原音韵》	普通话
禺	侯部疑母[ŋĭɔ]	渔俱切虞韵流摄开口三等疑母平声［ŋĭu］	鱼模韵影母阳平［iu］	[y^{35}]
偶	侯部疑母[ŋɔ]	厚韵五口切流摄开口一等疑母上声［ŋəu］	尤侯韵影母上声［əu］	[$əu^{214}$]

现代汉字中的“设”“役”“没”看似以“殳”为声符，其实不是，它们都是会意字。王力将“投”与“殳”的上古音一个归在一等，一个归在三等，中古“投”进入侯韵，“殳”进入虞韵，产生韵母读音差别（见表 4-33）。

表 4-33　“殳”字及其组成的谐声字组的语音演变

谐声字组	上古拟音	《广韵》	《中原音韵》	普通话
殳	侯部禅母[ʑĭwɔ]	虞韵市朱切遇摄合口三等禅母平声［ʑĭu］	鱼模韵审母平声阳［ʃiu］	[$ʂu^{55}$]
投	侯部定母[dəu]	侯韵度侯切流摄开口一等定母平声［dəu］	尤侯韵透母平声阳［t′əu］	[$t′əu^{35}$]

（三）受声母影响

“需”和“儒”一直到《中原音韵》中时韵母都相同，但是，后来受声母影响，韵母不同（见表 4-34）。

表 4-34　“需”字及其组成的谐声字组的语音演变

谐声字组	上古拟音	《广韵》	《中原音韵》	普通话
需	侯部心母[sĭɔ]	虞韵相俞切遇摄开口三等心母平声［sĭu］	鱼模韵心母平声阴［siu］	[$ɕy^{55}$]
儒	侯部日母[ȵĭɔ]	虞韵人朱切遇摄开口三等日母平声［ȵĭu］	鱼模韵日母平声阳［ʒiu］	[$ɻu^{35}$]

“需”与“儒”上古韵母相同，产生语音差别的原因在于声母，“需”的声母是舌尖前音心母［s］，到现代变为舌面音［ɕ］，韵母［iu］变为［y］；“儒”的声母是日母，是知照系声母，按照王力的说法，韵母由齐齿呼［iu］

变为［u］。

（四）受声母、分属不同韵部的影响

“刍”“趋”在《中原音韵》之前韵母相同，受声母影响，现代不同。“皱”是后起字，造字时代不定，若产生在上古，应为幽部，读音与“刍”不同。

“豆”在上古时为侯部，“短”为元部，两个字阴阳有别。《说文》认为“短”以豆为声，但是，段玉裁不认同。

“刍”与“趋”上古音同在侯部，韵部拟音相同，“刍”声母为初母，“趋”声母为清母。东汉时，侯部的虞韵字变入鱼部，跟鱼部的虞韵字合流，因此，“刍”与“趋”中古时进入虞韵，《中原音韵》中进入鱼模韵。到了近现代，因为“刍”声母是知照系［tʃ］，变为舌尖后音［tʂ］，不再与［i］相拼，［i］失落。“趋”声母变为舌面塞擦音［tɕ′］，因此，不影响［i］的去留，韵母［iu］变为［y］。

“皱”，《说文》无，是后起字。“皱，面皱也。”（《玉篇》）因此，造字时代不定。

《广韵》中的尤韵字来自上古幽之两部的尤韵字，但之部尤韵字咸鱼喉唇声母的合口字。“皱”声母是知照系，因此，“皱”字若产生于上古或之前，应该是幽部。东汉时，侯部主元音可能为［u］，与幽部的主元音相同。因此，汉代“尤幽侯通用”。中古时进入流摄宥韵，《中原音韵》中进入尤侯韵，与尤韵字的发展轨迹相同。到了近现代，因为“皱”声母为［tʃ］，后来变为舌尖后音［tʂ］，介音［i］失落（见表4-35）。

表4-35　“刍”字及其组成的谐声字组的语音演变

谐声字组	上古拟音	《广韵》	《中原音韵》	普通话
刍（芻）	侯部初母［tʃ′ĭɔ］	虞韵测隅切遇摄开口三等初母平声［tʃ′ĭu］	鱼模韵初母平声阴［tʃ′iu］	［tʂ′u^{35}］
趋（趨）	侯部清母［ts′ĭɔ］	虞韵七逾切遇摄开口三等清母平声［ts′ĭu］	鱼模韵清母平声阴［ts′iu］	［tɕ′y^{55}］
皱（皺）		宥韵侧救切流摄开口三等庄母去声［tʃĭəu］	尤侯韵知照母去声［tʃiəu］	［tʂəu^{51}］

“短，有所长短，以矢为正。从矢，豆声。”（《说文·矢部》）段玉裁注曰：“按考工记曰，豆中悬。谓悬绳正豆之柄也。然则豆声当作从豆，从豆之意与从矢同也。都管切。十四部。”“短，会意兼形声字。古人度量长短常以矢为尺度，高脚食器‘豆’短于矢，故用以会不长之意。”（《汉字源流字

典》）《形声字谱》认为“短”是以豆为声符的形声字。

在《汉语史稿》中，王力将“短”划在上古元部，“豆”在侯部。《说文》认为，“短”是形声字，但是段玉裁认为不是，其认为“短”应该是会意字。从它们古音的韵部来看，其主元音不同，应该不相通。因此，笔者认为它们应该不是谐声字（见表4-36）。

表4-36　“豆”字及其组成的谐声字组的语音演变

谐声字组	上古拟音	《广韵》	《中原音韵》	普通话
豆	侯部定母[dɔ]	侯韵徒候切流摄开口一等定母去声［dəu］	尤侯韵端母去声［təu］	［təu^{51}］
短	元部端母[tuan]	缓韵都管切山摄开口一等端母上声［tuɑn］	桓欢韵端母上声［ton］	［tuan^{214}］

（五）受声母、同一韵部不同等的影响

“输”声母是知照系，近现代影响韵母读音与“俞”不同。“偷”与“俞”同属侯部但等不同，韵母读音出现差别。

“输”与声符“俞”读音的不同主要因为声母。“输”上古声母为舌面音审母［ɕ］，中古为书母［ɕ］，《中原音韵》中变为舌叶音［ʃ］，属于知照系声母，到近现代变为舌尖后音［ʂ］，［i］介音失落；“俞”的声母从喉音馀母［ʎ］到疑母［j］，《中原音韵》变为影母，对韵母影响不大。近现代“输”和“俞”的韵母由［iu］变为了［y］。

“偷”与“俞”虽同为侯部，但上古就分属一等和三等，“偷”在《广韵》中进入侯韵，在《中原音韵》中进入尤侯韵，读音变化不大（见表4-37）。

表4-37　“俞”字及其组成的谐声字组的语音演变

谐声字组	上古拟音	《广韵》	《中原音韵》	普通话
俞	侯部馀母[ʎĭɔ]	虞韵羊朱切遇摄开口三等以母平声［jĭu］	鱼模韵影母平声阳［iu］	［yu^{35}］
输	侯部审母[ɕĭɔ]	虞韵式朱切遇摄开口三等书母平声［ɕĭu］	鱼模韵审母平声阴［ʃiu］	［ʂu^{55}］
偷	侯部透母[t′ɔ]	侯韵诧候切流摄开口一等透母平声［t′əu］	尤侯韵透母平声阴［t′əu］	［t′əu^{55}］

第五节　声符在上古鱼部的形声字组的演变分析

一、鱼部从上古到现代的语音演变概述

上古鱼部对应中古的虞模麻鱼四韵。先秦的鱼部到两汉时，跟侯部的语音极近，大量合韵，东汉，侯部虞韵字已并入鱼部，和鱼部虞韵字合流。西汉时期，鱼歌合韵较多，到了东汉，鱼部的麻韵字转入歌部，跟歌部的麻韵字合流。汉代的鱼部包括鱼虞模三韵字。齐梁以后，虞模主元音相同，成一部，鱼自为一部。《中原音韵》主要进入车遮韵、家麻韵和鱼模韵。

段玉裁将其上古音归在第五部。

上古鱼部主元音为［a］，主要包括开合口一等、开合口二等、开合口三等、开口四等七种。它们的演变历程如下：

开口一等（姑图）：［a］（A）→［ɔ］→［o］→［u］（B-D）

合口一等（孤补）：［ua］（A）→［uɔ］→［o］→［u］（B-D）

开口二等（家）：［ea］（A）→［eɑ］→［a］（B）→［ĭa］（C-D）

合口二等（瓜）：［oa］（A）→［oɑ］→［ua］（B -D）

开口三等（鱼）：［ĭa］（A）→［ĭɔ］→［ĭo］（B）→［ĭu］（C）→［y］（D）

（庐）：［ĭa］（A）→［ĭɔ］→［ĭo］（B）→［ĭu］（C）→［y］→［u］（D）

（锄）：［ĭa］（A）→［ĭɔ］→［ĭo］（B）→［ĭu］（C）→［u］（D）

合口三等（雨）：［ĭua］（A）→［ĭuɔ］→［ĭo］→［ĭu］（B-C）→［y］（D）

（夫）：［ĭwa］（A）→［ĭwɔ］→［ĭo］→［ĭu］（B-C）→［u］（D）

开口四等（野）：［ia］（A）→［iɑ］→［ĭa］（B-C）→［ĭe］（D）

王力认为，［a］、［ĭa］、［ua］、［ĭwa］是一类，它们或者没有韵头，或者韵头为较紧的元音［ĭ］，所以元音逐渐高化，到中古时归为遇摄（鱼模虞）；［ea］、［ia］、［oa］是一类韵头为较松的元音，所以逐渐低化，中古归为果摄麻韵。

二、声符在上古鱼部的分布以及构成的谐声字组

声符在鱼部的有：鱼、古、疋、巨、且、虍、父、瓜、乎、无、土、乌、

叚、巴、牙、五、午、户、马、下、夏、吴、武、余、与、者、厶、于、家、宁、吕、予、夫、居、普，共35个，构成谐声字107个。其中形声字与声符读音相同的有72个，不同的有35个（见表4-38）。

表4-38　上古鱼部声符及谐声字组

上古在鱼部声符	构字量	由声符组成的谐声字组
鱼	1	渔
古	9	固姑故估辜苦枯沽胡
疋	2	疏楚
巨	5	柜距矩炬渠
且	8	姐粗助阻组祖租沮
虍	3	虏虑虚
父	1	斧
瓜	3	孤狐弧
乎	1	呼
无	1	抚
土	3	杜肚吐
乌	1	呜
叚	2	假霞
巴	7	爸把吧疤芭靶爬
牙	6	芽雅呀鸦讶邪
五	1	伍
午	1	许
户	5	妒护芦炉沪
马	4	吗妈码骂
下	2	吓虾
夏	1	厦
吴	2	误娱
武	1	赋

续表

上古在鱼部声符	构字量	由声符组成的谐声字组
余	6	徐叙除途涂斜
与	1	屿
者	12	睹堵赌屠绪着诸猪煮暑署都
厶	1	私
于	2	宇吁
家	2	嫁稼
宁	1	拧
吕	2	侣铝
予	4	序预舒抒
夫	2	扶肤
居	3	剧据锯
普	1	谱

三、谐声字与声符韵母发音不同的演变情况及分析

（一）声符是多音字引起的谐声字的读音差别

“且”，本义当指雄性生殖器，后引申为祭祖时置放祭品的礼器，又引申表示祖先，后来且被借为虚词，主要用作连词，表示递进。礼器之义便另写作“俎”来表示，祖先之义则加“示”旁另造“祖”字，“且”“俎”“祖”同源。

“且”字现有两音，分别为［tɕʻiɛ²¹⁴］和［tɕy⁵⁵］。前者义承古义，后者“古代用于句尾，无实意”。（《汉语大字典》）在上古的读音归部中，前者王力归为鱼部清母四等韵，后者归为鱼部精母三等韵。《广韵》中前者进入麻韵，《中原音韵》在车遮韵，因为声母为知照组，近现代韵母高化为［iɛ］；后者中古时进入鱼韵，因为［i］介音的缘故，声母近现代变为塞擦音［tɕ］，韵母变为［y］。

在以“且”为声符的谐声字中，上古开口一等有“粗”“组”“祖”“租”“助”，开口三等韵有“沮”“阻”，开口四等是“姐”。

上古开口一等字在中古出现了分化，“粗”“组”“祖”“租”进入模韵，“助”进入鱼韵，韵母读音产生差别。三等韵“沮”“阻”中古都进入了鱼

韵，但是二者的声母不同，“沮”的声母是从母，“阻”的声母是庄母，属于知照系。在《中原音韵》中，“阻”丢失［i］介音，韵母变为［u］，保持到现在；到了近现代，“沮”的韵母变为［y］。

上古四等韵“姐”中古时进入麻韵，在《中原音韵》中进入车遮韵，韵母读音为［iɛ］，保持到现在（见表4-39）。

表4-39　“且”字及其组成的谐声字组的语音演变

谐声字组	上古拟音	《广韵》	《中原音韵》	普通话
且$_1$	鱼部清母[ts'ia]	马韵七也切假摄开口四等清母上声［ts'ĭa］	车遮韵清母上声［ts'iɛ］	[tɕ'iɛ^{214}]
且$_2$	鱼部精母[tsĭa]	鱼韵子鱼切遇摄开口三等精母平声［tsĭo］	鱼模韵精母平声阴［tsiu］	[tɕy^{55}]
姐	鱼部精母[tsia]	马韵兹野切假摄开口三等精母上声［tsĭa］	车遮韵精母上声［tsiɛ］	[tɕiɛ^{214}]
粗	鱼部清母[ts'a]	模韵仓胡切遇摄开口一等清母平声［ts'u］	鱼模韵清母平声阴［ts'u］	[ts'u^{55}]
助	鱼部床母[dʒa]	御韵床据切遇摄开口三等崇母去声［dʒĭo］	鱼模韵审母去声［tʃu］	[tʂu^{51}]
阻	鱼部庄母[tʃĭa]	语韵侧吕切遇摄开口三等庄母上声［tʃĭo］	鱼模韵知照母上声［tʃu］	[tsu^{214}]
组	鱼部精母[tsa]	姥韵则古切遇摄开口一等精母上声［tsu］	鱼模韵精母上声［tsu］	[tsu^{214}]
祖	鱼部精母[tsa]	姥韵则古切遇摄开口一等精母上声［tsu］	鱼模韵精母上声［tsu］	[tsu^{214}]
租	鱼部精母[tsa]	模韵则吾切遇摄开口一等精母平声［tsu］	鱼模韵精母平声阴［tsu］	[tsu^{55}]
沮	鱼部从母[dzĭa]	语韵慈吕切遇摄开口三等从母上声［dzĭo］	鱼模韵精母去声［tsiu］	[tɕy^{214}]

（二）受同一韵部但不同等的影响

“牙”与“邪”，“午”与“许”，“吴”与“娱”都同在鱼部，但是谐声字组之间所在的等不同，语音发展规律也不同。

“邪”与声符“牙”在上古同属鱼部，但是“邪”为四等韵，“牙”为二等韵，中古时两字同为麻韵，但是“邪”有［i］介音，因为“邪”为假摄三等韵，因此，在《中原音韵》中，“邪”进入车遮韵，与进入家麻韵的“牙”不同。“牙”保留中古的低音［a］到现在，而“邪”韵母前高化为［ɛ］，声母由邪母变为舌尖音心母，保留［i］介音，现代声母又变为舌面音［ɕ］，韵母仍不变（见表 4-40）。

表 4-40　“牙”字及其组成的谐声字组的语音演变

谐声字组	上古拟音	《广韵》	《中原音韵》	普通话
牙	鱼部疑母［ŋea］	麻韵五加切假摄开口二等疑母平声［ŋa］	家麻韵影母平声阳［ja］	［ia^{35}］
邪	鱼部邪母［zia］	麻韵似嗟切假摄开口四等邪母平声［zĭa］	车遮韵心母平声阳［siɛ］	［$ɕiɛ^{35}$］

“许，听也。从言，午声。”（《说文》）《源流字典》认为，《说文》中所释为引申义，本义当为共同劳动时发声以助劳。“许”与“午”上古分属三等和一等韵母，“许”有［ĭ］介音，中古时进入鱼韵，“午”进入模韵，同属一摄，但音位高低不同。到现代，“许”的声母由喉音晓母［x］变为舌面音［ɕ］，韵母［iu］变为［y］，“午”的声母由舌根音疑母［ŋ］变为影母现代零声母，韵母［u］保留至今（见表 4-41）。

表 4-41　“午”字及其组成的谐声字组的语音演变

谐声字组	上古拟音	《广韵》	《中原音韵》	普通话
午	鱼部疑母［ŋa］	姥韵疑古切遇摄开口一等疑母上声［ŋu］	鱼模韵影母上声［u］	［wu^{214}］
许	鱼部晓母［xĭa］	语韵虚吕切遇摄开口三等晓母上声［xĭo］	鱼模韵晓母上声［xiu］	［$ɕy^{214}$］

“娱”与声符“吴”在上古分别是开口三等字和一等字，声母都是疑母，“娱”在历史演变中保留了［i］介音，到了现代读［y］，“吴”在中古失去了韵尾［ɑ］，到现代读［u］（见表 4-42）。

表 4-42　“吴”字及其组成的谐声字组的语音演变

谐声字组	上古拟音	《广韵》	《中原音韵》	普通话
吴	鱼部疑母［ŋuɑ］	模韵五乎切遇摄开口一等疑母平声［ŋu］	鱼模韵影母平声阳［u］	［u^{35}］

续表

谐声字组	上古拟音	《广韵》	《中原音韵》	普通话
娱	鱼部疑母[ŋĭwɑ]	虞韵遇俱切遇摄开口三等疑母平声［ŋĭu］	鱼模韵疑母平声阳［iu］	[y^{35}]

（三）受声母的影响，造成谐声字与声符不同等

“除”与声符“余”上古拟音同为三等字，演变结果的不同在于声母：“除”的声母的变化为：定母→澄母→彻穿母，现代不能再和［i］介音相拼，于是韵母［iu］变为［u］；“途”与“途”的韵母为一等韵，声符“余”为三等韵，因此，“途”与“涂”在《广韵》中进入模韵，“余”进入鱼韵，“涂”与“途”声母从定母变为透母，发音部位没变，而“余”的声母演变规律为：匣母→以母→影母，保留了［i］介音，到现代韵母为［y］，音位高；“斜”为四等韵，中古时进入麻韵，由于［ĭ］介音的影响，［ɑ］发音位置前移为［ɛ］，在《中原音韵》中进入车遮韵，保留至今（见表4-43）。

表4-43　“余”字及其组成的谐声字组的语音演变

谐声字组	上古拟音	《广韵》	《中原音韵》	普通话
余	鱼部馀母[ɣĭa]	鱼韵以诸切遇摄开口三等以母平声［jĭo］	鱼模韵影母平声阳［iu］	[y^{35}]
除	鱼部定母[dĭa]	鱼韵直鱼切遇摄开口四等澄母平声［ȡĭo］	鱼模韵彻穿母平声阳［tʃʻiu］	[$tʂ'u^{35}$]
途	鱼部定母[da]	模韵同都切遇摄开口一等定母平声［du］	鱼模韵透母平声阳［tʻu］	[$t'u^{35}$]
涂	鱼部定母[da]	模韵同都切遇摄开口一等定母平声［du］	鱼模韵透母平声阳［tʻu］	[$t'u^{35}$]
斜	鱼部邪母[zia]	麻韵似嗟切假摄开口三等邪母平声［zĭa］	车遮韵心母平声阳［siɛ］	[$ɕiɛ^{35}$]

（四）受声母影响，造成谐声字与声符同一韵部不同等

“者”上古音归为四等，声母为知照母，现代韵母读音为［ɣ］。“堵”“屠”“赌”“都”“睹”的上古音归在一等，“诸”“绪”“煮”“猪”“暑”“署”“著”归在三等，但殊途同归，现代读音多为［u］（见表4-44）。

表 4-44 “者”字及其组成的谐声字组的语音演变

谐声字组	上古拟音	《广韵》	《中原音韵》	普通话
者	鱼部照母[ȶia]	马韵章也切假摄开口三等章母上声［tɕĭa］	车遮韵知照母上声［tɕiɛ］	[tʂɣ^{214}]
堵	鱼部端母[ta]	姥韵当古切，遇摄开口一等端母上声［tu］	鱼模韵端母上声［tu］	[tu^{214}]
都$_1$	鱼部端母[ta]	模韵当孤切遇摄合口一等端母平声［tu］	鱼模韵端母平声阴 tu	[tu^{55}]
都$_2$（后起副词义）				[təu^{55}]
赌	鱼部端母[ta]	姥韵当古切，遇摄开口一等端母上声［tu］	鱼模韵端母上声［tu］	[tu^{214}]
睹	鱼部端母[ta]	姥韵当古切，遇摄开口一等端母上声［tu］	鱼模韵端母上声［tu］	[tu^{214}]
著	鱼部端母[tĭa]	语韵丁吕切遇摄开口三等知母上声［ĭo］	鱼模韵知照母上声［tʃiu］	[tʂu^{51}]
诸$_1$	鱼部照母[ȶia]	麻韵正奢切假摄开口三等章母平声［ĭa］	车遮韵知照母平声阴［tʃiɛ］	[tʂɣ^{55}]
诸$_2$	鱼部照母[ȶĭa]	鱼韵章鱼切遇摄开口三等章母平声［ȶĭo］	鱼模韵知照母平声阴［tʃiu］	[tʂu^{55}]
猪	鱼部端母[tĭa]	鱼韵陟鱼切遇摄开口三等知母平声［ȶĭo］	鱼模韵知照母平声阴［tʃiu］	[tʂu^{55}]
煮	鱼部照母[ȶĭa]	语韵章与切遇摄开口三等章母上声［ȶĭo］	鱼模韵知照母上声［tʃiu］	[tʂu^{214}]
暑	鱼部审母[ɕĭa]	语韵舒吕切遇摄开口三等书母上声［ɕĭo］	鱼模韵审母上声［ʃiu］	[ʂu^{214}]
署	鱼部禅母[ĭa]	御韵常恕切遇摄开口三等禅母去声［ĭo］	鱼模韵审母去声［ʃiu］	[ʂu^{214}]
绪	鱼部邪母[zĭa]	语韵徐吕切遇摄开口三等邪母上声［zĭo］	鱼模韵心母去声［siu］	[ɕy^{51}]

关于“者”的字形的演变有很多不一致的意见。“者，别事词也。”（《说文》）《源流字典》认为，“者”的甲骨文上边是架起的木柴，下边从火，小点象征火星，会燎柴之意，表示燃烧。篆文整齐化，隶变后楷书写作“者”。

因此，可以推断，《说文》意为假借义，本义为“燃烧”。所释别事词之义另加义符“言”写作“诸”。李乐毅、李敬斋认为，“者”是“蔗”的本字，后来多用作虚词。

“者”，王力将其上古音归在四等，中古时进入麻韵三等，中古之后主元音高化为［ε］。因为声母是知照系，所以近现代变为卷舌音，［i］介音失落，元音［ε］也央化为［ɣ］。

“堵”“屠”“赌”“都”“睹”的上古音归在一等，声母为端组，中古时进入模韵，韵母读［u］，保持到现在。“诸”“煮”“猪”“暑”“署”“著”的上古音归在三等，“猪”与“著”的声母为端母，“诸”与“煮”的声母为照母，“暑”的声母为审母，“署”的声母为禅母。受［ĭ］介音的影响，端母中古变为知母，与其他三等韵字都进入了鱼韵，拟音为［ĭo］。《中原音韵》中都是知照组声母，近现代都变为卷舌音，介音［i］失落，现代韵母读［u］。从现代读音看，与一等字韵母相同，但是来源不同。

“绪”在上古时也为三等，中古时进入鱼韵，《中原音韵》中在鱼模韵。但是因为它的声母是舌尖音邪母，近现代变为心母，属于费知照系，所以现代读［y］。

“都”在现代汉语中另一个常用读音为［təu^{55}］，是后起的副词，现在成为日常生活中常用词。“都”在《中原音韵》中还无此音，归在鱼模韵。现代的［təu^{55}］音可能是受了某些南方话的影响所致。① 现在湖北武汉、黄冈等地“都”无论何意都读［təu^{55}］。

（五）受声母的影响

“厦”的原本读音为［ʂa^{51}］，是“厦”的原本读音，受声母影响，现在与声符读音不同；另有一读音［ia^{51}］，现在只作地名。

“予”“抒”“舒”的上古拟音韵母相同，因为声母的影响，现代韵母读音不同（见表4-45）。

表4-45 “夏”字及其组成的谐声字组的语音演变

谐声字组	上古拟音	《广韵》	《中原音韵》	普通话
夏	鱼部匣母［ɣea］	马韵胡雅切假摄开口二等匣母上声［ɣa］	家麻韵晓母去声［xia］	［ɕia^{51}］
厦$_1$	鱼部山母［ʃea］	马韵所嫁切假摄开口二等生母去声［ʃa］	家麻韵审母去声［ʃa］	［ʂa^{51}］

① 见《汉语史讲义》第190页，未出版。

续表

谐声字组	上古拟音	《广韵》	《中原音韵》	普通话
厦$_2$（地名用字）				[ia^{51}]

“厦”，篆文从广，夏声。《说文》新附：“厦，屋也。从广，夏声。”“厦”的本义为“大屋”，古通作“夏”。“夏”和“厦”在上古时同属鱼部二等韵母，“夏”的声母为喉音匣母［ɣ］，《中原音韵》中匣母清化，读作同部位的晓母［x］，产生了［i］介音。“厦”的声母为舌叶音山母［ʃ］，明清时期变为舌尖后音［ʂ］，韵母保持［a］到现代。现代“厦”的另一个读音［ɕia^{51}］为地名。

（六）受声母影响

“予，推予也。象相予之形。”（《说文》）段玉裁注：“予、与古今字……象以手推物付之。”“予，我也。”（《尔雅·释诂下》）因此，“予”有两音，一个是文言代词“我”义，阳平；一个是“给予”义，上声。

“抒”与“舒”是以上声为声符的谐声字，声符的语音差别主要在于声母。“抒”与“舒”的声母为审母，属于齿音，因此到了近现代去掉了［i］介音；而声符“予”的声母是喉音，保留了［i］介音（见表4-46）。

表4-46　“予”字及其组成的谐声字组的语音演变

谐声字组	上古拟音	《广韵》	《中原音韵》	普通话
予$_1$	鱼部以母[jĭa]	鱼韵以诸切遇摄开口三等以母平声［jĭo］	鱼模韵影母阳平［iu］	[y^{35}]
予$_2$	鱼部以母[jĭa]	语韵余吕切遇摄开口三等以母上声［jĭo］	鱼模韵影母上声［iu］	[y^{214}]
抒	鱼部审母[ɕĭa]	鱼韵伤鱼切遇摄开口三等书母平声［ɕĭo］	鱼模韵审母平声阴［ʃiu］	[ʂu^{55}]
舒	鱼部审母[ɕĭa]	鱼韵伤鱼切遇摄开口三等书母平声［ɕĭo］	鱼模韵审母平声阴［ʃiu］	[ʂu^{55}]

第六节　声符在上古支部的形声字组的演变分析

一、支部上古到现代的语音演变概述

上古支部对应中古的佳支齐三韵。南北朝前期，支部所含齐韵字转入皆

部。后期支部分为佳支两韵。《中原音韵》中多在皆来韵、齐微韵、支思韵和家麻韵。段玉裁将其古音归在第十六部。

支部上古主元音为［e］，拟音包括开合口二等、开合口三等、开合口四等六种。中古之部字进入支韵、皆韵和佳韵，属于止摄和蟹摄两部分。拟音发展情况如下：

开口二等（佳）：［e］（A）→［eɑi］→［ai］（B）→［ĭa］（C-D）

（街）：［e］（A）→［eɑi］→［ai］（B-C）→［ĭai］→［iɛ］（D）

（柴）：［e］（A）→［eɑi］→［ai］（B-D）

合口二等（卦）：［ue］（A）→［oɑi］→［uai］（B）→［ua］（C-D）

开口三等（岐）：［ĭe］（A-B）→［i］（-D）

（卑）：［ĭe］（A-B）→［i］→［əi］（C-D）

（斯）：［ĭe］（A-B）→［i］→［ɿ］（B-D）

（支）：［ĭe］（A-B）→［i］→［ʅ］（C-D）

（儿）：［ĭe］（A-B）→［i］→［ʅ］（C）→［ə′］（D）

合口三等（规）：［ĭwe］（A-B）→［ĭwi］（B）→［yi］（C）→［uəi］（D）

开口四等（鸡）：［ie］（A）→［iei］（B）→［i］（C-D）

合口四等（圭）：［iwe］（A）→［iwei］（B）→［ĭui］→［yi］（C）→［uəi］（D）

（携）：［iwe］（A）→［iwæi］→［ĭwei］（B）→［ĭui］→［i］（C）→［ie］（D）

（畦）：［iwe］（A）→［iwæi］→［ĭwei］（B）→［ĭui］→［i］（C-D）

王力认为，［e］、［ue］、［iwe］为一类，中古多发展为复合元音［ai］、［uai］和［ĭui］；［ĭe］和［ĭwe］为另一类，多停留在原音上。到了现代，开合口二等都变为复元音，开口三等多为单元音。

二、声符在上古支部的分布以及构成的谐声字组

声符在支部的有：支、圭、是、只、斯、卑、氏、此、知、解、奚，共11个，构成谐声字36个，与声符韵母读音相同的有24个，不同的有12个（见表4-47）。

表 4-47　上古支部声符及谐声字组

上古在支部的声符	构字量	由声符组成的谐声字组
支	5	翅技枝肢歧
圭	10	闺桂挂佳街娃鞋卦哇蛙
是	4	堤匙提题
只	5	积识织职帜
斯	1	撕
卑	4	碑牌脾啤
氏	1	纸
此	2	紫柴
知	2	痴智
解	1	懈
奚	1	溪

三、谐声字与声符韵母发音不同的演变情况及分析

在这节中的谐声字组都属于同一韵部支部，但等不同，演变也相同。

“圭”的上古音是四等，与其他谐声字都不同；“卑”与“脾”在中古之前韵母相同，但是，近现代的发展轨迹不同；“牌”与“卑”的上古音即在不同等，演变中读音差别越来越大；“此”与“柴”的上古音也分属不同等。

表 4-47 中在以“圭”为声符的谐声字的上古韵部都在支部，“圭”为开口四等，中古时进入齐韵，拟音为［iwei］，《中原音韵》中归在齐微韵，近现代韵母读作［uei］。

其他谐声字都在二等，归在开口韵的有“佳”“街”“鞋”“厓”“哇”“娃”，合口韵的有：“挂”“卦”“蛙”。声母都是喉牙音。

“佳”“街”“鞋”“厓”在中古时进入二等开口佳韵，“挂”“卦”“哇”“娃”“蛙”进入合口二等佳韵（以平赅上去）。王力先生说，二等开口喉牙字主要元音［a］近现代在北方话里发展为齐齿呼，即加上韵头［i］，“佳”“街”“鞋”“厓”就是这样。但是，“街”“鞋”“厓”在《中原音韵》中进入皆来韵，韵母拟音为［iai］，因为语音有异化作用，所以韵尾［i］逐渐失落，“街”与“鞋”的主元音逐渐高化为［ɛ］，而“佳”“厓”的演变自中

古以后是例外。

钟明立认为，“佳”和“嘉”古汉语中是同义词，《切韵》《广韵》时两字不同音，“嘉”在麻韵［a］。“佳，善也，大也，好也。古膎切。”《广韵》“嘉，善也，美也，古牙切。”《广韵》发展到集韵时，“佳”既可读本音，又混读“嘉”字之音：“佳，居膎切。”“嘉，居牙切，或作佳。”之后的古韵书中“佳”字均收此两音。在现在的《新华字典》《现代汉语词典》中，“佳”字的本音已经没有了，只读“嘉”字的读音。

“厓”在《广韵》中属“五佳切”，同上平五支“鱼羁切”。之后的《集韵》《古今韵会举要》等韵书都收此两音。到《洪武正韵》中时，又增加了一个麻韵的同义异读音，平声十五麻：“牛加切”。现在的《新华字典》《现代汉语词典》都是取“牛加切”的读音。所以，现在“厓”的读音是由《洪武正韵》中的麻韵读音发展而来的。

“娃”中古时为开口二等佳韵，在《中原音韵》中进入皆来韵，但是，在近现代加上了韵头［u］，与合口呼“卦”“挂”“蛙”韵母读［ua］，可能是受这几个合口呼读音的影响发生的改变。

“哇”在上古时为合口二等韵，中古时进入二等麻韵，在《中原音韵》中进入家麻韵，读［ua］，保持到现在。

“蛙”在《广韵》中属“乌娲切”，另有一个“乌瓜切”。《集韵》《韵会举要》等韵书同。现在的《新华字典》《现代汉语词典》都是取“乌瓜切”的读音。

“挂”“卦”“哇”是佳韵合口呼，王力认为这些字近现代丢失韵尾［i］，现代变为［ua］（见表4-48）。

表 4-48 “圭”字及其组成的谐声字组的语音演变

谐声字组	上古	《广韵》	《中原音韵》	现代
圭	支部见母［kiwe］	齐韵古携切蟹摄合口四等见母平声［kiwei］	齐微韵见母平声阴［kuei］	［kuəi^{55}］
佳	支部见母［ke］	佳韵古膎切蟹摄开口二等见母平声［kai］	家麻韵见母平声阴［kia］	［tɕia^{55}］
街	支部见母［ke］	佳韵古膎切蟹摄开口二等见母平声［kai］	皆来韵见母平声阴［kiai］	［tɕiɛ^{55}］

续表

谐声字组	上古	《广韵》	《中原音韵》	现代
挂	支部见母［kue］	卦韵古卖切蟹摄合口二等见母去声［kwai］	家麻韵见母去声［kua］	［kua^{51}］
卦	支部见母［kue］	卦韵古卖切蟹摄合口二等见母去声［kwai］	家麻韵见母去声［kua］	［kua^{51}］
哇	支部影母［oe］	麻韵乌瓜切假摄合口二等影母平声［ʔwa］	家麻韵影母平声阴［ua］	［ua^{55}］
娃	支部影母［e］	佳韵于佳切蟹摄开口二等影母平声［ʔai］	皆来韵影母平声阴［ai］	［ua^{35}］
蛙$_1$	支部影母［e］	佳韵乌娲切蟹摄合口二等影母平声［ʔwai］	皆来韵影母平声阴［uai］	［ua^{55}］
蛙$_2$		麻韵乌瓜切假摄合口二等影母平声［ʔwa］	家麻韵平声阴［ua］	［ua^{55}］
鞋	支部匣母［ɣe］	佳韵户佳切蟹摄开口二等匣母平声［ɣai］	皆来韵晓母平声阳［xiai］	［$ɕiɛ^{35}$］
厓	支部疑母［ŋe］	佳韵五佳切蟹摄开口二等疑母平声［ŋai］	皆来韵影母平声阳［iai］	［ia^{35}］

“牌”，《说文》无此字，“形声字，楷书从片，卑声。”（《源流字典》）“脾，土藏也。从肉，卑声。”（《说文》）“啤”为音译字。

声符“卑”在上古时为支部三等，唇音帮母；中古时发音未变，在《中原音韵》中进入齐微韵，拟音为［pəi］，保持到现在。“脾”从上古到中古声符与韵母都相同，在中古到近古的演变过程中，与声符“卑”不同，王力①

① 见王力：《汉语史稿》，中华书局 2013 年版，第 191 页。

认为，中古支韵非精知照系韵字现代韵母变为［i］，但是，有一部分唇音字变为［əi］，比如“卑”。

“牌”与声符“卑”在上古时的韵母读音已经不同，“牌”是开口二等，“卑”是开口重纽四等，因此读音演变不同（见表4-49）。

表4-49 “卑”字及其组成的谐声字组的语音演变

谐声字组	上古	《广韵》	《中原音韵》	现代
卑	支部帮母［pĭe］	支韵府移切止摄开口重纽四等帮母平声［pĭe］	齐微韵帮母平声阴［pəi］	［pəi⁵⁵］
牌	支部并母［be］	佳韵薄佳切蟹摄开口二等并母平声［bai］	皆来韵滂母平声阳［p′ai］	［p′ai³⁵］
脾	支部并母［bĭe］	支韵符支切止摄开口重纽四等并母平声［bĭe］	齐微韵滂母平声阳［p′i］	［p′i³⁵］
啤				［p′i³⁵］

“柴，小木散材。从木，此声。”（《说文》）王力、万光泰将“柴”与“此”的上古音归入支部。王力认为，“柴”与声符“此”在上古分属二等和三等字，“柴”在中古时进入佳韵，主要元音复合化，保持到现在①。“柴”的声母是舌叶音床母［ʤ］，现代变为舌尖后音［tʂ′］，没有［i］介音。“此”中古时进入支韵，韵母仍为［ĭe］，声母是舌尖前音［ts］。“此”在《中原音韵》中韵母受声母的同化，读音前化为［ï］，进入支思韵，丢失韵尾［e］；到了现代读音为［ɿ］，声母不变（见表4-50）。

表4-50 “此”字及其组成的谐声字组的语音演变

谐声字组	上古	《广韵》	《中原音韵》	现代
此	支部清母［ts′ĭe］	纸韵雌氏切止摄开口三等清母上声［ts′ĭe］	支思韵清母上声［ts′ï］	［ts′ɿ²¹⁴］
柴	支部床母［ʤe］	佳韵士皆切蟹摄开口二等崇母平声［ʤai］	皆来韵彻穿母平声阳［ʧ′ai］	［tʂ′ai³⁵］

① 见王力：《汉语史稿》，中华书局2013年版，第96页。

第七节　声符在上古歌部的形声字组的演变分析

一、歌部从上古到现代的语音演变概述

上古歌部对应中古的歌戈麻支四韵。孙玉文[①]认为，战国时期，歌部和支部的读音很近，《楚辞》等有两部合韵的例子。东汉时，歌部的支韵字并入支部，跟支部的支韵字合流，这样，东汉的歌部便包括歌戈麻三韵字。东汉之后，歌部麻韵字和鱼部麻韵字合流，是中古麻韵的来源。齐梁时脱离歌部，与歌戈二韵主元音变远。《中原音韵》多在歌戈韵、萧豪韵、家麻韵、车遮韵、齐微韵等。

段玉裁将歌部古音归在第十七部。

上古歌部主元音为［a］，包括开合口一等、开合口二等、开合口三等、开口四等七种。拟音变化情况如下：

开口一等（河）：［a］（A）→［ɑ］（B）→［ɔ］（C）→［ɣ］（D）

（多）：［a］（A）→［ɑ］（B）→［ɔ］（C）→［uo］（D）

合口一等（科）：［ua］（A）→［uɑ］（B）→［uɔ］（C）→［ɣ］（D）

（过）：［ua］（A）→［uɑ］（B）→［uɔ］（C）→［uo］（D）

开口二等（加）：［ea］（A）→［eɑ］→［a］（B）→［ĭa］（C–D）

（麻）：［ea］（A）→［eɑ］→［a］（B–D）

合口二等（瓦）：［oa］（A）→［oɑ］→［ua］（B–D）

开口三等（仪）：［ĭa］（A）→［ĭe］（B）→［i］（C–D）

（池）：［ĭa］（A）→［ĭe］→［i］（B）→［ʅ］（C–D）

（地）：［ĭa］（A）→［ĭe］→［ĭei］→［i］（B–D）

合口三等（为吹）：［ĭwa］（A）→［ĭwe］（B）→［ĭwi］（C）→［uəi］（D）

（靴）：［ĭwa］（A）→［ĭwɑ］→［ĭwa］（B）→［yæ］（C）→ye（D）

开口四等（嗟）：［ia］（A）→［ĭa］（B）→［ĭæ］（C）→［iɛ］（D）

（蛇）：［ia］（A）→［ĭɑ］→ia（B）→［ĭæ］（C）→［ə］（D）

开合口一等韵母演变中先后高化，一部分到现代央化，一部分裂化为复元音；开合口二等中古时进入麻韵，主要元音保留了上古时的读音，直到现

① 见《汉语史讲义》第72页，未出版。

在；开口三等中古时进入支韵，现代高化为舌面元音［i］或者舌尖元音［ʅ］，为吹类主要元音高化然后央化为［əi］；合口三等和开口四等蹉类元音高化，开口四等蛇类先高化，又于现代央化。

二、声符在上古歌部的分布以及构成的谐声字组

声符在歌部的有：加、为、多、禾、它、罢、我、沙、离、罗、皮、差、那、麻、戈、果、朵、坐、匕、随、也、委，共22个，共构成谐声字57个，其中，和声符相同的有25个，不同的有32个（见表4-51）。

表4-51　上古歌部声符及谐声字组

上古在歌部的声符	构字量	由声符构成的谐声字组
加	6	驾架嘉茄咖贺
为	1	伪
多	4	哆移侈爹
禾	1	和
它	2	舵蛇
罢	1	摆
我	5	鹅饿娥哦俄
沙	1	鲨
离	1	璃
罗	2	萝逻
皮	7	彼疲披破坡颇被
差	2	搓磋
那	2	哪挪
麻	4	嘛磨摩魔
果	5	裹裸颗课棵
朵	1	躲
坐	2	挫座
匕	1	旨
妥	1	馁

续表

上古在歌部的声符	构字量	由声符构成的谐声字组
隋	2	堕随
也	4	驰池地他
委	2	矮萎

三、谐声字与声符韵母发音不同的演变情况及分析

（一）上古音即不同等的影响

声符“罢”“麻”“隋”“委”与谐声字“摆”“磨”“魔”“随”“矮”上古音便归为不同等，有了细微的差别。

声符“也”与“池”“驰”“地”“他”的上古音归等也不同。

“摆”，后起字，《说文》中无。郭锡良拟其上古音为［pea］。“摆”与“罢”在中古时都进入蟹韵，韵母相同。但是，在《中原音韵》中，“摆”进入皆来韵，“罢”进入家麻韵，出现差别。按照王力的解释，佳韵有一部分字进入家麻韵，大部分佳韵字保留了中古读音［ai］（见表 4-52）。

表 4-52　“罢”字及其组成的谐声字组的语音演变

谐声字组	上古	《广韵》	《中原音韵》	现代
罢	歌部并母［bea］	蟹韵薄蟹切蟹摄开口二等并母上声［bai］	家麻韵帮母去声［pa］	［pa^{51}］
摆	歌部帮母［pea］	蟹韵北买切蟹摄开口二等帮母上声［pai］	皆来韵帮母上声［pai］	［pai^{214}］

声符“也”上古音在歌部（段玉裁、万光泰、王力等）。

在字形上，《源流词典》认为，“也”与“虫”“它”同源，本义都是“蛇”。“佗”是“他”的本字，在篆文之前都写作“佗”，隶书简化为“他”，“他”和“它”的读音演变轨迹是相同的。

“她”，楷书从女，也声。《说文》无，《玉篇·女部》：“她，同姐。”本是姐的异体字。20 世纪初受西方语文的影响，为了在书面上区分第三人称代词的性别，男性用“他”，女性便借用“她”表示。当初也用过“伊”，因与口语不同，未得到普遍应用，而“她”得以流行，成文正体。

“池”“驰”“地”与“也”上古音归等不同。“驰”“池”是三等支韵字，“地”是脂韵字，王力认为，“地”的演变是一个不规则变化。但是，到现代，中古三等支脂韵字韵母都读为［i］。“也”是四等麻韵字，声母为喉音字，所以现代元音变为［iɛ］（见表4-53）。

表4-53 “也”字及其组成的谐声字组的语音演变

谐声字组	上古	《广韵》	《中原音韵》	现代
也	歌部馀母［ʎia］	马韵羊者切假摄开口三等以母上声［jĭa］	车遮韵影母上声［iɛ］	［iɛ²¹⁴］
驰	歌部定母［dĭa］	支韵直离切切止摄开口三等澄母平声［ɖĭe］	齐微韵彻穿母平声阳［ʧ′i］	［tʂ′ʅ³⁵］
池	歌部定母［dĭa］	支韵直离切止摄开口三等澄母平声［ɖĭe］	齐微韵彻穿母平声阳［ʧ′i］	［tʂ′ʅ³⁵］
地	歌部定母［dĭa］	至韵徒四切止摄开口三等定母去声［di］	齐微韵端母去声［ti］	［ti⁵¹］
他	歌部透母［t′a］	歌韵诧何切果摄开口一等透母平声［t′ɑ］	歌戈韵透母平声阴［t′uo］	［t′a⁵⁵］
她				［t′a⁵⁵］

“磨”“摩”“魔”与声符“麻”不同的是上古前者是开口一等，而“麻”是开口二等，因此，《广韵》中“麻”进入麻韵，保留［a］读音到现在；“磨”“摩”“魔”在《广韵》中进入戈韵，《中原音韵》中演变为［uo］读音，因声母为唇音，丢掉［u］，现在韵母读［o］。演变轨迹规律而整齐（见表4-54）。

表4-54 “麻”字及其组成的谐声字组的语音演变

谐声字组	上古	《广韵》	《中原音韵》	现代
麻	歌部明母［mea］	麻韵莫霞切假摄开口二等明母平声［ma］	家麻韵明母平声阳［ma］	［ma³⁵］

续表

谐声字组	上古	《广韵》	《中原音韵》	现代
磨$_1$	歌部明母［mua］	戈韵莫婆切果摄合口一等明母平声［mua］	歌戈韵明母平声阳［muo］	［mo^{35}］
磨$_2$	歌部明母［mua］	过韵莫卧切果摄合口一等明母去声［mua］	歌戈韵明母去声［muo］	［mo^{51}］
摩$_1$	歌部明母［mua］	戈韵莫婆切果摄合口一等明母平声［mua］	歌戈韵明母平声阳［muo］	［mo^{35}］
摩$_2$	歌部明母［ma］	过韵莫卧切果摄合口一等明母去声［mua］	歌戈韵明母去声［muo］	［mo^{51}］
魔	歌部明母［mua］	戈韵莫婆切果摄合口一等明母平声［mua］	歌戈韵明母平声阳［muo］	［mo^{35}］

上古分属不同等级，演变过程中语音差别越来越大（见表4-55）。

表4-55　“陏”字及其组成的谐声字组的语音演变

谐声字组	上古	《广韵》	《中原音韵》	现代
陏	歌部定母［dua］	果韵他果切果摄开口一等透母上声［t'ua］	歌戈韵端母去声［t'uo］	［tuo^{35}］
随“陏”的省形	歌部邪母［zǐwa］	支韵旬为切止摄开口三等邪母平声［zǐwe］	齐微韵心母平声阳［suei］	［$suei^{35}$］

“矮，从矢，委声。”（《说文解字新附》）上古为二等韵，中古时进入佳韵，是一个不规则演变，不在王力先生的演变规律中。近现代，声母变为零声母，韵母仍读中古的［ai］音。“委”是合口三等支韵字，因此现代读［uei］（见表4-56）。

表 4-56 “委”字及其组成的谐声字组的语音演变

谐声字组	上古	《广韵》	《中原音韵》	现代
委	歌部影母［ǐwa］	纸韵于诡切止摄合口重纽三等影母上声［ǐwe］	齐微韵影母上声［uei］	［uei^{214}］
矮	歌部影母［ea］	蟹韵乌蟹切蟹摄开口二等影母上声［ai］	皆来韵影母上声［ai］	［ai^{214}］

（二）同在歌部谐声字之间不同等，还有的谐声字是后起字

现代汉字声符“加”和谐声字“贺”上古音即为不同等，“茄”有两音，一音与声符相同，另一音与声符在上古时不同等。“咖”是近现代的后起字，应该是以“加”的近现代读音造的字，因此主要元音同（见表 4-57）。

表 4-57 “加”字及其组成的谐声字组的语音演变

谐声字组	上古	《广韵》	《中原音韵》	现代
加	歌部见母［kea］	麻韵古牙切假摄开口二等见母平声［ka］	家麻韵见母平声阴［kia］	［$tɕia^{55}$］
茄$_1$	歌部群母［gǐɑ］	戈韵求迦切果摄合口三等群母平声［gǐua］	车遮韵溪母平声阳［k′iɛ］	［$tɕ'iɛ^{35}$］
茄$_2$	歌部见母［kea］	麻韵古牙切假摄开口二等见母平声［ka］	家麻韵见母平声阴［kia］	［$tɕia^{55}$］
咖	新拟声词。麻沙辙阴平［ka^{55}］	译音用字		［$k'a^{55}$］
贺	歌部匣母［ɣa］	个韵胡个切果摄开口一等匣母去声［ɣɑ］	歌戈韵晓母去声［xo］	［$xɣ^{51}$］

“茄”的读音有两个，一个现代读音与声符相同［$tɕia^{55}$］，中古时进入麻韵。另一个［$tɕ'iɛ^{35}$］，中古时进入戈韵。“雪茄”的“茄”来源于中古麻韵，“茄子”的“茄”来源于中古戈韵。

“贺”在上古时为开口一等，声母为喉浊音匣母，演变中韵母的演变规律

为：歌部［a］→歌韵［ɑ］→歌戈韵［o］→车遮辙［ɣ］，主要元音后高化而后央化，声母从匣母［ɤ］变为同部位的清音晓母［x］。

（三）有的谐声字与声符同部不同等，有的是例外音变

声符“多”与谐声字“移”“侈”上古时同部不同等，“爹”有两个音，现代的读音有可能受少数民族读音的影响。

声符“它”“我”“那”因为是口语常用词，近现代没有按照演变规律变化，还保留了中古的读音。

“被”与声符“皮”古代读音和演变一样，但是，到了近现代发生了分化。

“果”和谐声字“颗”“课”“棵”在《中原音韵》之前韵母一样，到了近现代声符“果”的演变与“颗”“课”“棵”不同。

“爹”有两个音，《广韵》中，一是“徒可切，北方人呼父”；二是“羌人呼父也，陟邪切”。

“徒可切”与声符“多”在中古时同属歌韵，直到《中原音韵》中时韵母读音都相同，归在歌戈韵。一种说法是，“徒可切”也是“大”（北方人呼父）的发音。“大”，是“爹”的俗字。“多”因为声母为舌音，因此到近现代韵母高化然后裂化为［uo］，而“徒可切”可能被“大”代替了。“大”是常用口语词，所以保留了中古的读音。

“陟邪切”中古归在麻韵三等，《中原音韵》归为车遮韵，韵母元音音位前移高化为［iɛ］。到了清代，“爹”只留下了［tiɛ］这个读音，一部分北方地区受了羌人读音的影响，读［tiɛ^{55}］，一部分北方地区读［ta^{51}］。

“移”与“侈”同为开口三等，是歌部支韵字，有［ĭ］介音。《广韵》中都进入支韵，因为“移”声母为喉音，在《中原音韵》中进入支思韵，丢失韵尾［e］，“侈”声母知照组，韵母高化为舌尖元音（见表4-58）。

表4-58　“多”字及其组成的谐声字组的语音演变

谐声字组	上古	《广韵》	《中原音韵》	现代
多	歌部端母［ta］	歌韵得何切果摄开口一等端母平声［tɑ］	歌戈韵端母平声阴［to］	［tuo^{55}］
移	歌部馀母［ʎĭa］	支韵弋支切止摄开口三等以母平声［jĭe］	齐微韵影母平声阳［i］	［i^{35}］

续表

谐声字组	上古	《广韵》	《中原音韵》	现代
侈	歌部穿母［ȶ̥ĭa］	纸韵尺氏切止摄开口三等昌母上声［ʨ'ĭe］	支思韵彻穿母上声［ʧ'ï］	［tʂ'ʅ^{214}］
爹$_1$	歌部定母［da］	哿韵徒可切果摄开口一等定母上声［dɑ］	歌戈韵端母去声［tuo］	［ta^{51}］
爹$_2$	歌部照母［ȶ̥ia］	麻韵陟邪切假摄开口三等知母平声［ȶĭa］	车遮韵知照母平声阴［ʧiɛ］	［tiɛ^{55}］

“舵”和“它”上古音同属歌部同一等，声母同为端组。中古时都进入歌韵，中古之后“舵”的语音发展与演变规律一致，但是，“它”因为是日常生活中的常用口语词，使用频率高，因此，近现代仍保留着中古的读音［t'a］，发音演变滞后。

“蛇”有两个音，因为是“它”的分化字。

其中一个上古音归在歌部四等，中古时进入麻韵开口三等，因此《中原音韵》进入车遮韵，元音高化，因为声母为照组，又有［i］介音，所以近现代声母变为卷舌音，［i］失落，元音央化为［ɣ］。只是《中原音韵》中声母为彻穿母，近现代声母变为［ʂ］，疑似同部位不同发音方法的音位的转化。

另一个音和“它”相同，但是，应该只是读书音，最晚保留到《中原音韵》（见表4-59）。

表4-59 “它”字及其组成的谐声字组的语音演变

谐声字组	上古	《广韵》	《中原音韵》	现代
它	歌部透母［t'a］	歌韵诧何切果摄开口一等透母平声［t'ɑ］	歌戈韵透母平声阴［t'uo］	［t'a^{55}］
舵	歌部定母［da］	哿韵徒可切果摄开口一等定母上声［dɑ］	歌戈韵端母去声［tuo］	［tuo^{51}］
蛇$_1$	歌部神母［ȡ̥ia］	麻韵食遮切假摄开口三等船母平声［dʑĭa］	车遮韵彻穿母平声阳［tʃ'iɛ］	［ʂɣ^{35}］

续表

谐声字组	上古	《广韵》	《中原音韵》	现代
蛇$_2$	歌部透母［t'a］	歌韵诧何切果摄开口一等透母平声［t'ɑ］	歌戈韵透母平声阴［t'uo］	

这组谐声字组在上古声母都是舌根音疑母，韵母都为歌部一等，一直到《中原音韵》，演变规律都一致。但是，《中原音韵》之后，便不相同。“鹅”“娥”“俄”与王力先生总结的规律一致，现代读［ɣ］（声母为喉音）。“我”则没有变为［ɣ］，而是读［uo］（王力先生认为是例外）。“哦”失落了介音［u］，读［o］（见表 4-60）。

表 4-60　“我”字及其组成的谐声字组的语音演变

谐声字组	上古	《广韵》	《中原音韵》	现代
我	歌部疑母［ŋa］	哿韵五可切果摄开口一等疑母上声［ŋɑ］	歌戈韵疑母平声阳［ŋo］	［uo^{214}］
鹅	歌部疑母［ŋa］	歌韵五何切果摄开口一等疑母平声［ŋɑ］	歌戈韵疑母平声阳［ŋo］	［$ɣ^{35}$］
娥	歌部疑母［ŋa］	歌韵五何切果摄开口一等疑母平声［ŋɑ］	歌戈韵疑母平声阳［ŋo］	［$ɣ^{35}$］
哦	歌部疑母［ŋa］	歌韵五何切果摄开口一等疑母平声［ŋɑ］	歌戈韵疑母平声阳［ŋo］	［o^{51}］
俄	歌部疑母［ŋa］	歌韵五何切果摄开口一等疑母平声［ŋɑ］	歌戈韵影母平声阳［o］	［$ɣ^{35}$］

“被”与声符“皮”是开口三等，声母同为唇浊音并母［b］，《广韵》中“被”为上声，“皮”为平声。《中原音韵》中“被”浊上变去，声母由并母变为不送气的帮母，而“皮”则变为阳平，声母变为送气的滂母，韵母相同。《中原音韵》之后，“被”韵母丢失［u］读［ei］，“皮”则元音高化为［i］，韵母不同。

“坡”“破”“颇”上古是一等韵，与声符“皮”等级不同，从歌部到戈韵到歌戈韵，演变轨迹比较整齐规律（见表 4-61）。

表 4-61　“皮”字及其组成的谐声字组的语音演变

谐声字组	上古	《广韵》	《中原音韵》	现代
皮	歌部并母［bĭa］	支韵符羁切止摄开口重纽三等并母平声［bĭe］	齐微韵滂母平声阳［p′uei］	［$p'i^{35}$］
坡	歌部滂母［p′ua］	戈韵滂禾切果摄开口一等滂母平声［p′uɑ］	歌戈韵滂母平声阴［p′uo］	［$p'o^{55}$］
被	歌部并母［bĭa］	纸韵皮彼切止摄开口重纽三等并母上声［bĭe］	齐微韵帮母去声［puei］	［pei^{51}］
破	歌部滂母［p′ua］	过韵普过切果摄开口一等滂母去声［p′uo］	歌戈韵滂母去声［p′uo］	［$p'o^{51}$］
颇	歌部滂母［p′ua］	戈韵滂禾切果摄开口一等滂母平声［p′uɑ］	歌戈韵滂母平声阴［p′uo］	［$p'o^{55}$］

（四）声符例外音变

“那”与“果”的现代读音是例外音变。

从表 4-62 中可以看出，声符那有两个读音，“奴可切”的“那”音到近现代读音并没有和其他歌韵的舌齿音一起演变，而仍读古音［a］，可能是口语的读音滞后。“挪”的上古音被归为一等，声母为泥母，中古时进入歌韵，《中原音韵》中在歌戈韵，现代读［nuo］，符合演变规律。

表 4-62　“那”字及其组成的谐声字组的语音演变

谐声字组	上古	《广韵》	《中原音韵》	现代
$那_1$	歌部泥母［na］	歌韵诺何切果摄开口一等泥母平声［nɑ］	歌戈韵泥母平声阳［no］	［nuo^{35}］

续表

谐声字组	上古	《广韵》	《中原音韵》	现代
那$_2$	歌部泥母［na］	哿韵奴可切果摄开口一等泥母上声［nɑ］	歌戈韵泥母上声［nuo］	［na^{214}］
挪	歌部泥母［na］	歌韵诺何切果摄开口一等泥母平声［nɑ］	歌戈韵泥母平声阳［no］	［nuo^{35}］

这一组谐声字在上古时都为一等，中古时进入戈韵，《中原音韵》中进入歌戈韵，声母同为舌根清音，演变规律很整齐。但是在《中原音韵》之后，谐声字“颗课棵”由［uo］变为［ɣ］，“果”保留了［uo］的读音，出现了分化。王力先生认为分化的条件是平声，平声变为开口呼［ɣ］，上声去声字保留合口呼［uo］，但是“课”也变为合口呼，规则不严格。因此分化条件现在不是很清楚（见表4-63）。

表4-63　“果”字及其组成的谐声字组的语音演变

谐声字组	上古	《广韵》	《中原音韵》	现代
果	歌部见母［kua］	果韵古火切果摄合口一等见母上声［kuɑ］	歌戈韵见母上声［kuo］	［kuo^{214}］
颗	歌部溪母［k'ua］	果韵苦果切果摄合口一等溪母上声［k'uɑ］	歌戈韵溪母上声［k'uo］	［k'ɣ^{55}］
课	歌部溪母［k'ua］	戈韵苦禾切果摄合口一等溪母平声［k'uɑ］	歌戈韵溪母平声阴［k'uo］	［k'ɣ^{51}］
棵	歌部溪母［k'ua］	戈韵苦禾切果摄合口一等溪母平声［k'uɑ］	歌戈韵溪母平声阴［k'uo］	［k'ɣ^{55}］

第八节　声符在上古脂部的形声字组的演变分析

一、上古脂部的语音演变概述

上古脂部对应中古的脂皆齐三韵。王力先生认为，上古时脂微分立，这是他上古音韵研究的重大贡献之一。周祖谟认为，两汉时脂部与微部合并，但是，王力先生并不认同这一点。周祖谟认为，到了魏晋时期，新脂部分化为脂（脂微）、皆（皆及咍灰齐部分）两部。但是，孙玉文①认为，整个魏晋南北朝脂韵和微韵各自独立。

孙玉文认为，脂部的齐韵字和支部的齐韵字在刘宋时期完成合流，但隶属于皆灰咍组成的皆部。齐梁之后，独立成韵。从魏晋到南北朝，脂微之三部的皆韵字合流完成。晋宋时期，之部的脂韵字和脂部的脂韵字合押，有可能之部脂韵字增加了［i］韵尾。隋唐时代，微部的脂韵字转入脂韵。《中原音韵》多在支思韵、齐微韵、皆来韵。

段玉裁将其古音归在第十五部。

脂部主元音为［ei］，包括开口二等、开口三等、合口三等、开口四等四种，演变情况如下：

开口二等（皆）：［ei］（A）→［eɐi］（B）→［ai］（C）→［ĭai］→［ĭe］（D）

开口三等（伊）：［ĭei］（A）→［i］（B-D）

（眉）：［ĭei］（A）→［i］（B）→［əi］（C-D）

（私）：［ĭei］（A）→［i］（B）→［ɿ］（-D）

（师尸）：［ĭei］（A）→［i］（B）→［ʅ］（C-D）

合口三等（癸）：［ĭwei］（A-B）→［ĭwi］→［yi］（C）→［uəi］（D）

开口四等（齐）：［iei］（A）→［iei］（B）→［i］（C-D）

［ei］、［iei］为一类，中古入蟹摄皆齐韵，［ĭei］、［ĭwei］为一类，到中古时进入止摄脂韵。

二、声符在上古脂部的分布以及构成的谐声字组

声符在脂部的有：妻、皆、厶、几、夷、齐、氐、丰、矢、米、师、二、尔、弟，共14个，构成谐声字27个，其中，与声符相同的有26个，不同的

① 见《汉语史讲义》第82页，未出版。

只有1个（见表4-64）。

表4-64 上古脂部声符及谐声字组

上古在脂部的声符	构字量	由声符构成的谐声字组
妻	1	凄
皆	1	谐
厶	1	私
几	4	机肌饥讥
夷	1	姨
齐	3	剂济挤
氐	3	抵底低
矢丰	4	知疑医疾
米	1	迷
师二	2	筛狮
尔	1	弥
弟	5	递第梯剃涕

三、谐声字与声符韵母发音不同的演变情况及分析

脂部的字语音改变的不多（见表4-65）。

表4-65 “师”字及其组成的谐声字组的语音演变

谐声字组	上古拟音	《广韵》	《中原音韵》	普通话
师	脂部山母[ʃɪei]	脂韵疏夷切止摄开口三等生母平声［ʃi］	支思韵审母平声阴［ʃi］	[ʂʅ55]
筛1（簁簛训读）	歌部山母[ʃ]	佳韵山佳切蟹摄开口二等生母	皆来韵审母平声阴	[ʂai55]
筛2	脂部山母[ʃɪei]	脂韵疏夷切止摄开口三等生母平声［ʃi］	支思韵审母平声阴［ʃi］	[ʂʅ55]

“筛”的现代常用音是“簁簛”的训读音，不是“筛”的本音，因此读音与声符“师”不同。

第九节　声符在上古微部的形声字组的演变分析

一、上古微部的语音演变概述

上古微部对应中古的咍脂皆灰微五韵。三国时期，微部的灰咍字和之部的灰咍字合韵。齐梁时期，完全相混。南北朝时期，脂微二韵分得很清楚。在《中原音韵》中多在齐微韵和皆来韵。

段玉裁将其古音归在第十五部。

微部上古时的主元音为［əi］，包括开合口一等、开合口二等、开合口三等六种。拟音发展情况如下：

开口一等（哀）：［əi］（A）→［ɐi］→［ɒi］（B）→［ɑi］→［ai］（C-D）

合口一等（雷）：［uəi］（A）→［uɐi］→［uɑi］→［uɒi］（B）→［ui］（C）→［əi］（D）

（回）：［uəi］（A）→［uɐi］→［uɑi］→［uɒi］（B）→［ui］（C）→［uəi］（D）

（火）：［uəi］（A）→［uɑ］→［uɒi］（B-C）→［uo］（D）

开口二等（排）：［eəi］（A）→［eɐi］（B）→［ai］（C-D）

合口二等（怀）：［oəi］（A）→［oɐi］（B）→［uai］（C-D）

开口三等（衣）：［ǐəi］（A）→［ǐəi］（B）→［i］（C-D）

合口三等（归追）：［ǐwəi］（A）→［ǐwəi］（B）→［yi］（C）→［uəi］（D）

（季）：［ǐwəi］（A）→［wi］（B）→［i］（C-D）

开口一等多为喉音，进入咍韵；合口一等字进入灰韵，包括喉舌齿唇音字；二等唇音字、喉音字进入皆韵；三等开口喉音字进入微韵；合口喉唇音字进入微韵，舌齿音字进入脂韵。

二、声符在上古微部的分布以及构成的谐声字组

声符在微部的有：𠂤、衣、非、几、隹、虫、回、火、鬼、畏、希、危，共12个。构成谐声字33个，其中，与声符相同的28个，与声符不同的5个（见表4-66）。

表 4-66　微部的上古声符及其组成的谐声字组

上古在微部的声符	构字量	由声符构成的谐声字组
𠂤	1	追
衣	2	依裔
非	8	辈悲匪啡绯诽徘排
几	4	机肌饥讥
隹	6	堆谁推维唯淮
虫	1	融
回	1	徊
火	1	伙
鬼	5	愧瑰魁魏槐
畏	1	喂
希	1	稀
危	2	脆跪

三、谐声字与声符韵母发音不同的演变情况及分析

在这些谐声字组中，“回”与“徊”，“非”与“徘”和“排”，“隹”与“淮”，“鬼”与“槐”，“岂”与“凯”，这些声符与谐声字同在微部不在同一等。“槐”在近现代是例外音变。

“徊”与声符“回”的读音在《中原音韵》之前完全相同，之后产生差别，清代产生了两个读音，一个读［xuai³⁵］，一个读［xuei³⁵］。现代只保留了［xuai³⁵］。为什么“徊”现代读成了［xuai³⁵］？笔者认为，有可能是语音的同化作用。“徘徊”是联绵词，当“徘”韵母读［ai］后，连带着“徊”也读了［ai］。但是，还有方言地区读［xuei³⁵］（见表 4-67）。

表 4-67　“回”字及其组成的谐声字组的语音演变

谐声字组	上古拟音	《广韵》	《中原音韵》	普通话
回	微部匣母[ɣuəi]	灰韵户恢切蟹摄开口一等匣母平声［ɣuɒi］	齐微韵晓母平声阳［xuei］	［xuei³⁵］

续表

谐声字组	上古拟音	《广韵》	《中原音韵》	普通话
徊₁	微部匣母[ɣuəi]	灰韵户恢切蟹摄开口一等匣母平声［ɣuɒi］	齐微韵晓母平声阳［xuei］	［xuei³⁵］
徊₂				［xuai³⁵］

表4-67中的谐声字在上古的等分别为：开口一等（徘）、开口二等（排）、开口三等（非）。“徘”《中原音韵》里韵母读音还相同，现代出现读音差别在于声母。“徘”声母为唇音［p′］，唇音本身有圆唇特征，根据异化原则丢掉介音［u］；“排”韵母中古蟹摄开口二等到现代读［ai］，而声符“非”中古在微韵，《中原音韵》进入齐微韵，现代读［fei⁵⁵］（见表4-68）。

表4-68 “非”字及其组成的谐声字组的语音演变

谐声字组	上古拟音	《广韵》	《中原音韵》	普通话
非	微部帮母[pǐwəi]	微韵甫微切止摄开口三等非母平声［pǐwəi］	齐微韵非母平声阴［fi］	［fei⁵⁵］
徘	微部并母[buəi]	灰韵薄回切蟹摄合口一等并母平声［buɒi］	齐微韵滂母平声阳［p′uei］	［p′ai³⁵］
排	微部并母[beəi]	皆韵步皆切蟹摄开口二等并母平声［beɐi］	皆来韵滂母平声阳［p′ai］	［p′ai³⁵］

“淮，从水，隹声。”（《说文》）“隹”是脂韵字，上古归为三等；“淮”为皆韵字，上古归为二等。“隹”从上古到中古元音高化，《中原音韵》归在齐微韵合口呼，声母因为是章母，到近现代讹变为卷舌音［tʂ］。“淮”在中古是开口皆韵，但是《中原音韵》中却增生了［u］介音，变为了合口呼［uai］，保持读音到现在（见表4-69）。

表4-69 “隹”字及其组成的谐声字组的语音演变

谐声字组	上古拟音	《广韵》	《中原音韵》	普通话
隹	微部章母[tɕǐwəi]	脂韵职追切止摄合口三等章母平声［tɕwi］	齐微韵章母平声［tɕuei］	［tʂuei⁵⁵］
淮	微部匣母[ɣeəi]	皆韵户乖切蟹摄开口二等匣母平声［ɣwɐi］	皆来韵晓母平声阳［xuai］	［xuai³⁵］

“槐”与声符“鬼”在上古分属微部的一等和三等，《广韵》中分别进入灰韵和微韵，但《中原音韵》中都进入齐微韵，韵母发音相同。到了现代，读音不同，“槐”是例外音变（见表4-70）。

表4-70　“鬼”字及其组成的谐声字组的语音演变

谐声字组	上古拟音	《广韵》	《中原音韵》	普通话
鬼	微部见母[kĭwəi]	尾韵居伟切止摄合口三等见母上声[kĭwəi]	齐微韵见母上声[kuei]	[kuei214]
槐	微部匣母[ɣuəi]	灰韵户恢切蟹摄合口一等匣母平声[ɣuɒi]	齐微韵晓母平声阳[xuei]	[xuai35]

“凯”与“岂”虽然上古都是微部，但是“凯”是开口一等，中古时进入咍韵，现代读[ai]；“岂”是开口三等，有[ĭ]介音，中古时进入微韵，在《中原音韵》中，元元音由[ĭəi]简化为[i]，保留到现在（见表4-71）。

表4-71　“岂”字及其组成的谐声字组的语音演变

谐声字组	上古拟音	《广韵》	《中原音韵》	普通话
岂	微部溪母[k'ĭəi]	尾韵祛狶切止摄开口三等溪母上声[k'ĭəi]	齐微韵溪母上声[k'i]	[tɕ'i214]
凯	微部溪母[k'əi]	海韵苦亥切蟹摄开口一等溪母上声[k'ɒi]	皆来韵溪母上声[k'ai]	[k'ai214]

第五章　阳声韵形声字的语音演变及规律分析

按照王力先生的分部，上古阳声韵包括蒸、冬、东、阳、耕、元、真、文、侵、谈十部。

两汉时，阳声韵最大的变化是真文两部的合并。另外，蒸部所含的中古东韵的“雄”“梦”“弓”等字转入冬部，阳部中所含的中古庚韵字如“庆”“明”“京”等转入耕部。

三国时，蒸部分化为蒸、登两部。真部的先（天）、仙（川）、山（艰）三类字转入元部，后来元部分为寒、先两部。

晋代时，真部中的痕魂独立，分为真（真谆臻文欣）、魂（魂痕）两部。元部分化为寒（寒桓删）、先（先仙元山）两部。侵部分化为侵、覃（覃咸）两部，谈部分化为谈（谈衔）、盐（盐添严凡）两部。

南北朝初期，真部分为真（真谆臻）、文（文欣）两部。先部所含元韵字转入魂部，剩下的部分分化为先（先仙）、山两韵。后期东部分化为东、江两韵。寒部分化为寒（寒桓）、删两部。

《广韵》中的阳声韵共有35个韵（不论声调），分为8摄。

宋之后，以摄为单位合并为一韵的阳声韵有：通摄合为东钟韵，江宕摄合为江阳韵，臻摄合为真文韵，梗摄合为庚青韵，深摄合为侵寻韵。摄内的分化有：山摄开口一等寒、二等山删再加上元凡韵系的唇音字合为寒山韵，山摄合口一等桓韵系为桓欢韵，山摄三、四等元（除唇音）仙先三韵合为先天韵。咸韵中，一二等覃咸谈衔、三等凡（除唇音）五个韵系合并为监咸韵，三四等严添盐三个韵系合为廉纤韵。形成《中原音韵》中的10个韵部。

明清时，阳声韵中的最大变化是韵尾［m］的消失。《中原音韵》中侵寻、监咸、廉纤三韵有［m］韵尾，明末北京人莫铨撰《音韵集成》（成书于1615—1642年），将侵寻并入真文，监咸并入山寒，廉纤并入先全，说明北京话中［m］韵尾在明末已消失，都成了［n］韵尾。

第一节　声符在上古蒸部的形声字组的演变分析

一、蒸部从上古到现代的语音演变概述

上古的蒸部对应《广韵》中的蒸韵、登韵和东韵中的三等韵。两汉时期，蒸部的东韵字转入冬部，齐梁时代又转入东部。魏晋时期，余下的蒸部分为蒸韵和登韵。段玉裁将其归在第六部。

蒸部上古拟音为［əŋ］，包括开口一等、合口一等、开口三等、合口三等四种。从先秦到现代的演变历程如下：

开口一等（恒）：［əŋ］（A–D）
合口一等（肱）：［uəŋ］（A–D）
开口二等（朋）：［oəŋ］（A）→［əŋ］（B）→［uŋ］（C）→［əŋ］（D）
开口三等（兴）：［ĭəŋ］（A–C）→［iŋ］（D）
（升）：［ĭəŋ］（A–C）→［əŋ］（D）
合口三等（弓）：［ĭuəŋ］（A–B）→［ĭoŋ］→［ĭuŋ］→［uŋ］（C–D）
（梦）：［ĭuəŋ］（A）→［ĭoŋ］→［ĭuŋ］（B）→［uŋ］（C）→［əŋ］（D）
（穷）：［ĭuəŋ］（A）→［ĭoŋ］→［ĭuŋ］（B）→［yŋ］（C–D）

开合口一等从先秦到现在韵母读音保持不变，中古时进入登韵；开口二等中古时进入登韵，开口三等中古时进入蒸韵，合口三等中古时进入东韵。

二、声符在上古蒸部的分布以及组成的谐声字组

上古音在蒸部的声符有：夌、登、弓、乘、曾、朋、烝、厶、朕、腾，共 11 个，构成谐声字 19 个，与声符韵母相同的有 18 个，不同的有 1 个（见表 5–1）。

表 5–1　上古蒸部声符及组成的谐声字组

上古在蒸部的声符	构字量	由声符组成的谐声字组
夌	2	陵棱
登	5	澄橙凳瞪蹬
弓	1	躬

续表

上古在蒸部的声符	构字量	由声符组成的谐声字组
乘	1	剩
曾	3	僧增赠
朋	4	崩绷棚鹏
烝	1	蒸
厶	1	私
朕	1	腾

三、谐声字与声符韵母发音不同的演变情况及分析

“夌”和“棱”同在蒸部不同等，介音的差别一直保留到现在。

段玉裁将二者归在六部，王力将上古音“夌”归在开口三等，“棱”归在开口一等，到中古时，二者同入一韵，差别还在［i］介音，并保持到现在（见表5-2）。

表5-2 “夌”字及其组成的谐声字组的语音演变

谐声字组	上古拟音	《广韵》	《中原音韵》	普通话
夌	蒸部来母［lĭəŋ］	登韵鲁登切曾摄开口三等来母平声［lĭəŋ］	未收录此音	［liəŋ^{35}］
棱	蒸部来母［ləŋ］	登韵鲁登切曾摄开口一等来母平声［ləŋ］	庚青韵来母平声阳［ləŋ］	［ləŋ^{35}］

第二节　声符在上古冬部的形声字组的演变分析

一、冬部从上古到现代的语音演变概述

上古冬部对应中古的冬韵、钟韵和东韵三等。刘宋以后，冬部东韵字与东部字通押合流，冬部剩下冬韵字和钟韵字。南北朝后期，二者分化。《中原音韵》多在东钟韵。段玉裁将其古音归在第七部。

冬部上古的拟音为［uŋ］，为合口呼，包括一等、二等、三等三种。从古至今的演变历程如下：

一等（冬）：［uŋ］（A）→［uŋ］（B–D）
二等（降）：［ouŋ］（A）→［euŋ］→［ɔŋ］（B）→［uaŋ］（C–D）
（双）：［ouŋ］（A）→euŋ→［ɔŋ］（B）→［eaŋ］→［uaŋ］（C–D）
三等（风）：［ĭuŋ］（A）→［ĭuŋ］→［ĭoŋ］（B）→［ĭuŋ］→［uŋ］（C）→［əŋ］（D）
（躬中）：［ĭuŋ］（A）→［ĭuŋ］→［ĭoŋ］（B）→［ĭuŋ］（C）→［uŋ］（D）

从上述演变可以看出，冬部字从古至今变化不大，只有三等东韵字到现代由［uŋ］变为［əŋ］。

二、声符在上古冬部的分布以及组成的谐声字组

上古音在冬部的声符有：中、冬、夅、农、戎、宗，共6个，构成谐声字14个，与声符韵母相同的有13个，不同的有1个（见表5–3）。

表5–3　上古冬部声符及组成的谐声字组

上古在冬部的声符	数量	谐声字组
中	7	冲肿种忠钟衷仲
冬	2	终疼
夅	1	降
农	1	浓
戎	1	绒
宗	2	踪综

三、谐声字与声符韵母发音不同的演变情况及分析

“疼”中古之后的读音演变可能是受了方言的影响。

“疼”与声符“冬”的韵母发音差别可能发生在唐宋之后。根据李昌禹的研究，“疼”可能在唐宋时期受关中方言的影响已经读［t'əŋ］，玄应《一切经音义》卷十四：“疼痛……徒冬切……下里关音腾。”《五音集韵》中收入徒登切。在《中原音韵》中，“疼”既入东钟韵也入庚青韵，现代普通话中只读庚青韵（见表5–4）。

表 5-4 "冬"字及其组成的谐声字组的语音演变

谐声字组	上古拟音	《广韵》	《中原音韵》	普通话
冬	冬部端母[tuŋ]	冬韵都宗切通摄合口一等端母平声［tuoŋ］	东钟韵端母平声阴［tuŋ］	［tuŋ^{55}］
疼①	冬部定母[duŋ]	冬韵徒冬切通摄合口一等定母平声［duoŋ］	东钟韵透母平声阳［t'uŋ］	
疼②	冬部定母[duŋ]	冬韵徒冬切通摄合口一等定母平声［duoŋ］	庚青韵透母平声阳［t'əŋ］	［t'əŋ^{35}］

第三节 声符在上古东部的形声字组的演变分析

一、东部从上古到现代的语音演变概述

上古东部对应中古的东江钟三韵。南北朝后期，东部分为东、江两部。《中原音韵》中多在东钟韵、江阳韵和庚青韵。段玉裁将其上古音归在第九部。

东部上古拟音为［ɔŋ］，包括开口一等、开口二等、开口三等三种。其从先秦到现代的演变历程如下：

开口一等（公）：［ɔŋ］（A）→［uŋ］（B-D）

（蒙）：［ɔŋ］（A）→［uŋ］（B）→［əŋ］（C-D）

开口二等（江）：［eɔŋ］（A）→［euŋ］→［ɔŋ］（B）→［eaŋ］→［ĭaŋ］（C-D）

（双）：［eɔŋ］（A）→［euŋ］→［ɔŋ］（B）→［eaŋ］→［uaŋ］（C-D）

开口三等（龙）：［ĭɔŋ］（A）→［ĭuŋ］→［uŋ］→［ĭwoŋ］（B）→［uŋ］（C）→［ĭuŋ］→［uŋ］（D）

（凶）：［ĭɔŋ］（A）→［ĭwoŋ］（B）→［yŋ］（C-D）

（从）：［ĭɔŋ］（A）→［ĭoŋ］→［ĭwoŋ］（B）→［uŋ］（C-D）

（丰）：［ĭɔŋ］（A）→［ĭoŋ］→［ĭwoŋ］（B）→［uŋ］（C）→［əŋ］（D）

（钟）：［ĭɔŋ］（A）→［ĭoŋ］→［ĭwoŋ］（B-C）→［uŋ］（D）

一等韵在中古时进入东韵，二等进入江韵，三等进入钟韵。

从上面的变化可以看出，开口一等东韵字在明清时的拟音都是［uŋ］，到

了现代唇音字读［əŋ］，非唇音字读［uŋ］。开口二等在中古时为江韵 ɔŋ，之后有了分化，喉音字介音继续高化［ĭ］，现代读［iaŋ］，知照系介音高化为［u］，现代读［uaŋ］。开口三等在中古时为钟韵［ĭwoŋ］，之后，舌齿音丢失介音为［uŋ］，唇音字丢失元音［u］后央化为［əŋ］，另外的韵字元音［ĭw］变为［y］。从现代角度看，上古东部最终到现代形成开口呼［əŋ］、齐齿呼［iaŋ］、合口呼［uŋ］和撮口呼［yŋ］。

二、声符在上古东部的分布以及组成的谐声字组

声符在东部的有：东、同、丰、公、从、共、充、工、龙、容、用、孔，共 12 个，构成谐声字 40 个，其中，与声符相同的有 34 个，不同的有 6 个（见表 5-5）。

表 5-5　上古东部声符及组成的谐声字组

上古在东部的声符	构字量	由声符构成的谐声字组
东	1	冻
同	3	洞铜筒
公	4	颂松翁讼
从	3	纵丛耸
共	6	恭洪哄烘供拱
充	1	统
工	10	杠缸贡红虹攻巩江空扛
龙	7	宠聋笼拢垄胧庞
容	1	熔
用	2	拥佣
孔	1	吼
丰	1	邦

三、谐声字与声符韵母发音不同的演变情况及分析

（一）受不同等的影响

声符“工”和谐声字“杠”“扛”“江”，“龙”和“庞”，“丰”和“邦”上古音同在东部但不同等，因而语音的演变也不相同。

“杠”在《汉语大字典》中有三个读音：“［kaŋ^{55}］，《广韵》江韵古双切见母平声”，“［kuŋ^{55}］，《集韵》东韵沽红切见母平声”，“［kaŋ^{51}］”。其中，［kuŋ^{55}］是地名，专有名词。《中原音韵》中只收录了一个读音，江阳韵见母平声阴。其现代常用音［k′aŋ^{51}］可能是近现代分化出来的。

“扛，横关对举也，从手，工声。”（《说文》）《汉语大字典》中“扛”有两个读音：第一个是“［kaŋ^{55}］，《广韵》江韵古双切见母平声”，义项有两个，分别是“用两手举（重物）”和“两人或两人以上共抬一物”；第二个是“［kaŋ^{35}］，《集韵》讲韵虎项切晓母上声”，义项有两个，分别是“用肩承担物体”和“用言语顶撞”。现在，［kaŋ^{35}］是常用读音。《中原音韵》中也只收录了一个读音：“江阳韵见母平声阴”。

声符“工”的上古音为一等，《广韵》中进入东韵，《中原音韵》中归在东钟韵。谐声字“杠”“江”“扛”在上古时为二等，《广韵》中进入江韵，《中原音韵》中归在江阳韵。但是，王力认为到了近现代，“江”保留了［i］介音，进而声母受［i］介音的影响变为舌面赛擦音［tɕ］；“杠扛”没有介音，所以现代声母仍是舌根音，韵母读［aŋ］。“扛”和“扛”的现代读音为［aŋ］是例外音变（见表5-6）。①

表5-6 “工”字及其组成的谐声字组的语音演变

谐声字组	上古拟音	《广韵》	《中原音韵》	普通话
工	东部见母[kɔŋ]	东韵古红切通摄合口一等见母平声［kuŋ］	东钟韵见母平声阴［kuŋ］	［kuŋ^{55}］
杠$_1$	东部见母[keɔŋ]	江韵古双切江摄开口二等见母平声［kɔŋ］	江阳韵见母平声阴［kaŋ］	［kaŋ^{55}］
杠$_2$				［kaŋ^{51}］
江	东部见母[keɔŋ]	江韵古双切江摄开口二等见母平声［kɔŋ］	江阳韵见母平声阴［kiaŋ］	［tɕiaŋ^{55}］
扛$_1$	东部见母[keɔŋ]	江韵古双切江摄开口二等见母平声［kɔŋ］	江阳韵见母平声阴［kaŋ］	［kaŋ^{55}］
扛$_2$				［k′aŋ^{35}］

“庞，高屋也。从广，龙声。”（《说文》）王力将“龙”归为开口三等，“庞”归为开口二等。“龙”在《广韵》中可能受介音的影响，元音高化为

① 见王力：《汉语史稿》，中华书局2013年版，第183页。

[o]，中古时进入钟韵；“庞”在江韵，之后，“龙”受介音的影响元音继续高化，在《中原音韵》中归在东钟韵，现代普通话中丢失 [i] 介音读 [uŋ]；而“庞”受韵尾 ŋ 的影响元音前低化，《中原音韵》在江阳韵，现代读 [aŋ]（见表 5-7）。

表 5-7　“龙”字及其组成的谐声字组的语音演变

谐声字组	上古拟音	《广韵》	《中原音韵》	普通话
龙	东部来母[lĭwɔŋ]	钟韵力钟切通摄合口三等来母平声[lĭwoŋ]	东钟韵来母平声阳[liuŋ]	[luŋ³⁵]
庞	东部滂母[p′eɔŋ]	江韵薄江切江摄开口二等并母平声 [p′ɔŋ]	江阳韵滂母平声阳[p′aŋ]	[p′aŋ³⁵]

“邦，从邑丰声。”（《说文》）段玉裁都归在第九部。王力将“丰”的上古音归在三等，“邦”归在二等，声母都是帮组清音。《广韵》中“丰”进入钟韵，“邦”进入江韵。因为“丰”的声母是唇音，唇音已有圆唇的作用，所以韵母由 [u] 异化为 [ə]。“邦”现代韵母读 [ɑŋ]（见表 5-8）。

表 5-8　“丰”字及其组成的谐声字组的语音演变

谐声字组	上古拟音	《广韵》	《中原音韵》	普通话
丰	东部滂母[p′ĭwɔŋ]	钟韵敷容切通摄合口三等敷母平声[p′ĭwoŋ]	东钟韵非母平声阴[fuŋ]	[fəŋ⁵⁵]
邦	东部帮母[peɔŋ]	江韵博江切江摄开口二等帮母平声 [pɔŋ]	江阳韵帮母平声阴[paŋ]	[pɑŋ⁵⁵]

（二）不同韵部引起的韵母读音差别

“孔”与“吼”的上古音一个在东部，一个在侯部，主元音相同，但之后的演变不相同。

“吼”《源流字典》认为，其是会意兼形声字。隶变后楷书写作“㖃”，俗写作“吼”（从口孔声）。其与声符“孔”上古一个是阴声韵侯部，一个是阳声韵东部，主元音都为 [ɔ]。从古至今两者一直保持一个是阴声韵，一个是阳声韵，语音差别较大（见表 5-9）。

表 5-9 “孔”字及其组成的谐声字组的语音演变

谐声字组	上古拟音	《广韵》	《中原音韵》	普通话
孔	东部溪母[k'ɔŋ]	董韵康董切通摄合口一等溪母上声 [k'uŋ]	东钟韵溪母上声 [k'uŋ]	[k'uŋ^{214}]
吼	侯部晓母[xɔ]	厚韵呼后切流摄开口一等晓母上声 [xəu]	尤侯韵晓母上声 [xəu]	[xou^{214}]

第四节 声符在上古阳部的形声字组的演变分析

一、阳部从上古到现代的语音演变概述

王力在《汉语史稿》中总结说，在西汉（公元前 2 世纪到公元 1 世纪初期），阳部韵基本上和先秦一致；到了东汉（1 世纪到 2 世纪），“英”“兄”“明”“京”等部分二等、四等字转入耕部，和“生”“平”等字合成庚韵。一直到中古，“阳”“唐”是一类，“庚”“耕”“清”是一类。《中原音韵》中在东钟、江阳和庚青韵。段玉裁将古音阳部归在十部。

阳部上古的主元音为［aŋ］，包括一二三四等开合口八种，比较齐全。从先秦至现代的演变历程如下：

开口一等（冈）：［aŋ］（A）→［ɑŋ］（B）→［aŋ］（C-D）
合口一等（光）：［uaŋ］（A）→［uɑŋ］（B）→［uaŋ］（C-D）
开口二等（衡）：［eaŋ］（A）→［eɑŋ］→［eŋ］→［ɐŋ］（B）→［əŋ］（C-D）
合口二等（觥）：［oaŋ］（A）→［oɑŋ］→［oeŋ］→［uɐŋ］（B）→［uŋ］（C-D）
合口二等（横）：［oaŋ］（A）→［oɑŋ］→［oeŋ］→［uɐŋ］（B）→［uŋ］（C）→［əŋ］（D）
开口三等（伤）：［ĭaŋ］（A）→［ĭɑŋ］→［ĭaŋ］（B-C）→［aŋ］（D）
开口三等（良）：［ĭaŋ］（A）→［ĭɑŋ］→［ĭaŋ］（B-D）
开口三等（霜）：［ĭaŋ］（A）→［ĭɑŋ］→［ĭaŋ］（B）→［uaŋ］（C-D）
合口三等（房）：［ĭwaŋ］（A）→［ĭwɑŋ］→［ĭwaŋ］（B）→［aŋ］（C-D）
合口三等（狂）：［ĭwaŋ］（A）→［ĭwɑŋ］→［ĭwaŋ］（B）→［uaŋ］

（C–D）

开口四等（京）：［iaŋ］（A）→［iɑŋ］→［ĭeŋ］→［ĭɐŋ］（B）→［ĭŋ］→［ĭəŋ］（C）→［iŋ］（D）

合口四等（兄）：［iwaŋ］（A）→［iwɑŋ］→［ĭweŋ］→［ĭwɐŋ］（B）→［ĭwiŋ］→［ĭuŋ］（C）→［yŋ］（D）

从上面的演变可以看出，一等、三等字为一类，中古发展为阳唐韵，现代读音为［aŋ］、［uaŋ］或［iaŋ］，主元音相同；二等、四等部分字发展为中古的庚韵，现代读［uŋ］、［iŋ］、［əŋ］或者［yŋ］。

二、声符在上古阳部的分布以及组成的谐声字组

声符在上古阳部的有：羊、昌、方、相、向、昜、亡、上、仓、王、央、桑、光、卬、亢、京、兵、兄、行、丙、永、畺、章、襄、长、黄、明、彭、象、丈、皿、竟、强，共33个，构成谐声字共95个，与声符相同的有79个，不同的有16个（见表5–10）。

表5–10　上古阳部声符及组成的谐声字组

上古在阳部的声符	构字量	由声符构成的谐声字组
羊	7	详祥洋氧姜翔
昌	2	唱倡
方	10	防妨房放访纺芳仿肪旁
相	4	箱想霜厢
向	1	晌
昜	6	肠畅场扬杨汤
亡	6	盲望忘忙芒妄
上	1	让
仓	6	苍舱疮创抢枪
王	4	狂旺汪枉
央	4	殃映英秧
桑	1	嗓
光	2	晃恍
卬	3	昂迎仰

续表

上古在阳部的声符	构字量	由声符构成的谐声字组
亢	4	航抗坑杭
京	5	景惊凉谅掠
兄	1	况
行	1	衡
永	2	咏泳
畺	2	僵疆
章	2	障彰
襄	2	壤嚷
长	3	账胀张
黄	1	横
明	2	萌盟
彭	1	膨
象	2	像橡
丈	2	仗杖
皿	1	孟
竟	2	境镜
丙	2	病柄
广	3	旷矿扩

三、谐声字与声符韵母发音不同的演变情况及分析

（一）受不同等的影响

声符“亡”与谐声字“盲”“忙”“芒”，“仓”与“创”“疮”“抢”“枪”，“昜”与“畅”“场”“汤”，“央”与“映”“英”，“卬”与“迎”“仰”，“亢”与“坑”，“兄”与“况”，“明”与“盟”“萌”的上古音都是在阳部的不同等，影响之后的语音演变也有所不同。

王力将“亡”的上古音归在三等韵，“盲”为二等，“忙”“芒”为一等。受［i］介音的影响，“亡”的声母在中原音韵中变为微母，继而变为零声母，

韵母随之由《中原音韵》的［aŋ］变为［uaŋ］。

“盲”在《广韵》中进入庚韵，《中原音韵》中进入庚青韵，读［əŋ］，相对来说，一般情况这个音是比较稳定，不易变化的，但是“盲”的现代韵母读［aŋ］，王力认为这是个例外。① 也可能是偏旁类推的原因，因为“忙”“茫”“芒”都读［maŋ］，所以“盲”也读如“忙”。

“忙”“芒”的语音演变符合规律，中古时进入唐韵，《中原音韵》中在江阳韵，韵母读音变化不大（见表5-11）。

表 5-11　“亡”字及其组成的谐声字组的语音演变

谐声字组	上古拟音	《广韵》	《中原音韵》	普通话
亡	阳部明母［mĭwaŋ］	阳韵武方切宕摄合口三等明母平声［mĭwaŋ］	江阳韵微母平声阳［vaŋ］	［uaŋ^{35}］
盲	阳部明母［meaŋ］	庚韵五庚切梗摄开口二等明母平声［mɐŋ］	庚青韵明母平声阳［məŋ］	［maŋ^{35}］
忙	阳部明母［maŋ］	唐韵莫郎切宕摄开口一等明母平声［maŋ］	江阳韵明母平声阳［maŋ］	［maŋ^{35}］
芒	阳部明母［maŋ］	唐韵莫郎切宕摄开口一等明母平声［maŋ］	江阳韵明母平声阳［maŋ］	［maŋ^{35}］

表5-12中的这组谐声字的声符“仓”在上古时为一等，其他都是三等。声母为清母和初母。

“仓”中古时在唐韵，韵母发音到现代变化不大，“疮”“创”中古时为三等开口阳韵，声母为知照系初母，到现代声母变为卷舌音，韵母变为［uaŋ］。

“抢”“枪”中古时为开口三等阳韵，因为声母为清母，是非知照系，所以到现代韵母保留了介音［i］（见表5-12）。

表 5-12　“仓”字及其组成的谐声字组的语音演变

谐声字组	上古拟音	《广韵》	《中原音韵》	普通话
仓	阳部清母［tsaŋ］	唐韵七冈切宕摄开口一等清母平声［ts′aŋ］	江阳韵清母平声阳［ts′aŋ］	［ts′aŋ^{55}］

① 见王力：《汉语史稿》，中华书局2013年版，第184页。

续表

谐声字组	上古拟音	《广韵》	《中原音韵》	普通话
疮（瘡）	阳部初母[tʃ′ĭaŋ]	阳韵初良切宕摄开口三等初母平声[tʃ′ĭaŋ]	江阳韵彻穿母平声阴[tʂ′uaŋ]	[tʂ′ɑŋ55]
创（創）	阳部初母[tʃ′ĭaŋ]	漾韵初亮切宕摄开口三等初母去声[tʃ′ĭaŋ]	江阳韵彻穿母去声[tʂ′uaŋ]	[tʂ′uɑŋ51]
抢（搶）$_1$	阳部清母[ts′iaŋ]	阳韵七羊切宕摄开口三等清母平声[ts′iaŋ]	江阳韵清母平声阴[ts′iaŋ]	[tɕ′iɑŋ55]
抢（搶）$_2$	阳部清母[ts′ĭaŋ]	养韵初两切宕摄开口三等清母上声[ts′ĭaŋ]	江阳韵清母上声[ts′iaŋ]	[tɕ′iɑŋ214]
枪（槍）	阳部清母[ts′iaŋ]	阳韵七羊切宕摄开口三等清母平声[ts′iaŋ]	江阳韵清母平声阴[ts′iaŋ]	[tɕ′iɑŋ214]

这组谐声字中，“昜”上古韵母为三等，声母为馀母，中古在阳韵，现代声母变为零声母，韵母保留了［i］介音，读齐齿呼［iaŋ］。

谐声字“肠”“畅”“场”上古韵母也是三等，中古在阳韵，声母由上古的端组变为中古的知组再到近代的知照组，现代变为卷舌音［tʂ′］，［i］介音消失，韵母读［ɑŋ］。

“汤”上古韵母为一等，声母为透母，韵母到现代读音几乎保持不变（见表5-13）。

表5-13 “昜”字及其组成的谐声字组的语音演变

谐声字组	上古拟音	《广韵》	《中原音韵》	普通话
昜	阳部馀母[ɣĭɑŋ]	阳韵与章切宕摄开口三等以母平声[jĭaŋ]	江阳韵影母平声阳[iaŋ]	[ĭɑŋ35]
肠	阳部定母[dĭɑŋ]	阳韵直良切宕摄开口三等澄母平声[dĭaŋ]	江阳韵彻穿母平声阳[tʃ′aŋ]	[tʂ′ɑŋ35]
畅	阳部透母[t′ĭɑŋ]	漾韵丑亮切宕摄开口三等徹母去声[ţ′ĭaŋ]	江阳韵彻穿母去声[tʃ′aŋ]	[tʂ′ɑŋ51]

续表

谐声字组	上古拟音	《广韵》	《中原音韵》	普通话
场	阳部定母[dĭɑŋ]	阳韵直良切宕摄开口三等澄母平声［dĭaŋ］	江阳韵彻穿母平声阳［tʃ'aŋ］	［tʂ'ɑŋ²¹⁴］
汤	阳部透母[t'ɑŋ]	唐韵吐郎切宕摄开口一等透母平声［t'aŋ］	江阳韵透母平声阴［t'aŋ］	［t'ɑŋ⁵⁵］

声符“央”上古韵归为三等，中古为开口三等阳韵，《中原音韵》中在江阳韵，现代读音和上古拟音变化不大。

“映”，《说文》新附：“映，明也。从日，央声。”在《汉语史稿》《汉语语音史》《诗经韵读》中都未找到这个字的上古音。《汉字古音手册》中郭锡良把它拟音为［iaŋ］，《广韵》中入映韵。《汉字字音演变大字典》列出了两个音（如表5-14所示）。其中，上古音［iaŋ］演变为现在的常用读音，中古在庚韵三等，《中原音韵》在庚青韵，现代读［iŋ］。

王力将“英”的上古音也归为四等韵，《广韵》中进入庚韵，元音高化读［ĭɐŋ］，《中原音韵》中继续高化为［iəŋ］，现代读为［iŋ］（见表5-14）。

表5-14　“央”字及其组成的谐声字组的语音演变

谐声字组	上古拟音	《广韵》	《中原音韵》	普通话
央	阳部影母[ĭaŋ]	阳韵於良切宕摄开口三等影母平声［ĭaŋ］	江阳韵影母平声阴［ĭaŋ］	［iɑŋ⁵⁵］
映$_1$	阳部影母[aŋ]	荡韵乌朗切宕摄开口一等影母上声［ɑŋ］	江阳韵影母上声［aŋ］	［iɑŋ²¹⁴］
映$_2$	阳部影母[iaŋ]	映韵於敬切梗摄开口三等影母去声［ĭɐŋ］	庚青韵影母去声［iəŋ］	［iŋ⁵¹］
英	阳部影母[iaŋ]	庚韵於惊切梗摄开口三等影母平声［ĭɐŋ］	庚青韵影母平声阴［iəŋ］	［iŋ⁵⁵］

王力将“卬”的上古韵分在阳部的一等，“仰”在三等，“迎”在四等。《广韵》中，“卬”进入唐韵，韵母读音到现代保持不变。“迎”中古时进入开口三等庚韵，现代读［iŋ］；“仰”进入开口三等阳韵，现代读［iɑŋ］，产生读音差别。

这组谐声字声母都是喉音疑母，到现代都变成了零声母（见表5-15）。

表 5-15 “卬”字及其组成的谐声字组的语音演变

谐声字组	上古拟音	《广韵》	《中原音韵》	普通话
卬	阳部疑母[ŋaŋ]	唐韵五刚切宕摄开口一等疑母平声［ŋaŋ］	江阳韵疑母阳平［ŋaŋ］	[aŋ³⁵]
迎	阳部疑母[ŋiaŋ]	庚韵语京切梗摄开口三等疑母平声［ŋĭɐŋ］	庚青韵影母平声阳［iəŋ］	[iŋ³⁵]
仰	阳部疑母[ŋĭaŋ]	养韵鱼两切宕摄开口三等疑母平声［ŋĭaŋ］	江阳韵疑母上声［ŋĭaŋ］	[iaŋ²¹⁴]

郭锡良将“亢”的上古音拟为［k′ɑŋ］，“坑”拟为［k′eaŋ］。《广韵》中“亢”为宕韵，“坑”归入庚韵，产生语音差别（见表 5-16）。

表 5-16 “亢”字及其组成的谐声字组的语音演变

谐声字组	上古拟音	《广韵》	《中原音韵》	普通话
亢	阳部溪母[k′ɑŋ]	宕韵苦浪切宕摄开口一等溪母去声［k′ɑŋ］	江阳韵溪母去声［k′ɑŋ］	[k′ɑŋ⁵¹]
坑	阳部溪母[k′eaŋ]	庚韵客庚切梗摄开口二等溪母平声［k′ɐŋ］	庚青韵溪母平声阴［k′əŋ］	[k′əŋ⁵⁵]

“况，从水兄声。”（《说文》）段氏将“兄”与“况”的古音归在第十部。

王力将“兄”的上古音归在合口四等，中古时进入合口三等庚韵，《中原音韵》中进入东钟韵，现代读音为［yŋ］，由于受［i］介音的影响，声母晓母到现代变成了舌面擦音［ɕ］；“况”的上古音归在合口三等，中古时进入合口三等阳韵，在《中原音韵》中丢失［i］介音，现代读［uɑŋ］，产生读音差别（见表 5-17）。

表 5-17 “兄”字及其组成的谐声字组的语音演变

谐声字组	上古拟音	《广韵》	《中原音韵》	普通话
兄	阳部晓母[xiwaŋ]	庚韵许荣切梗摄合口三等晓母平声［xĭwɐŋ］	东钟韵晓母平声阴［xiuŋ］	[ɕyŋ⁵⁵]

续表

谐声字组	上古拟音	《广韵》	《中原音韵》	普通话
况	阳部晓母[xǐwaŋ]	漾韵许访切宕摄开口三等晓母去声[xǐwaŋ]	江阳韵晓母去声[xuaŋ]	[k'uaŋ^{51}]

王力将“明”的上古音归在四等，“盟”“萌”在二等。《广韵》中“明”“盟”都为庚韵三等，与“明”一直到《中原音韵》中发音都完全一致，到了近现代，“盟”丢失［i］介音读［məŋ］，“明”丢失央元音读［miŋ^{35}］；“萌”在《广韵》中进入耕韵，《中原音韵》中主元音也央化为［ə］，现代读［məŋ］（见表 5-18）。

表 5-18　“明”字及其组成的谐声字组的语音演变

谐声字组	上古拟音	《广韵》	《中原音韵》	普通话
明	阳部明母[miaŋ]	庚韵武冰切切梗摄开口三等明母平声[miɐŋ]	庚青韵明母平声阳[miəŋ]	[miŋ^{35}]
萌	阳部明母[meaŋ]	耕韵莫耕切梗摄开口二等明母平声［mæŋ］	庚青韵明母平声阳[məŋ]	[məŋ^{35}]
盟	阳部明母[meaŋ]	庚韵武冰切切梗摄开口三等明母平声[mǐɐŋ]	庚青韵明母平声阳[miəŋ]	[məŋ^{35}]

（二）受谐声字是多音字的影响

“横”有两个音，一个与声符相同，一个与声符同部不同等。

“横”上古时有两个拟音，其中“阳部见母”与声符“黄”同在一等，意思是“长安门名”。二者从古至今演变规律相同，现代应读［kuaŋ^{55}］，但其实此音已消失，《新华字典》《现代汉语词典》中未收录。“横”的另外两个读音声韵母相同，只是读音有差别，上古拟音相同，《广韵》进入合口二等庚韵，王力认为，现代韵母读［əŋ］是一个例外音变（见表 5-19）。①

① 见王力：《汉语史稿》，中华书局 2013 年版，第 184 页。

表 5-19 “黄”字及其组成的谐声字组的语音演变

谐声字组	上古拟音	《广韵》	《中原音韵》	普通话
黄	阳部匣母[ɣuaŋ]	唐韵胡光切宕摄合口一等匣母平声［ɣuaŋ］	江阳韵晓母平声阳［xuaŋ］	[$xuaŋ^{35}$]
横$_1$	阳部匣母[ɣoaŋ]	庚韵户盲切梗摄合口二等匣母平声［ɣwɐŋ］	庚青韵晓母平声阳［xuəŋ］	[$xəŋ^{35}$]
横$_2$	阳部匣母[ɣoaŋ]	庚韵户孟切梗摄合口二等匣母去声［ɣwɐŋ］	庚青韵晓母去声［xuəŋ］	[$xəŋ^{51}$]
横$_3$	阳部见母[kuaŋ]	唐韵古黄切宕摄合口一等见母平声［kuaŋ］	江阳韵见母平声阴［kuaŋ］	[$kuaŋ^{55}$]

（三）受声符口语音与读书音不同的影响

“皿”中古时为梗摄，现代本应以［ŋ］为韵尾。但是，近现代出现的口语音与读书音不同，因此，以“皿”为声符的谐声字读音与口语音不同。

“孟，从子，皿声。”（《说文》）“古音在十部，读如芒。”（段注）段氏将“皿”也归在十部。

王力将“皿”的上古音归在开口四等，中古为梗韵，但是到了清代“皿”的常用音为人辰辙读［min］，保持到现在。钟明立认为，“皿”读［min^{214}］，是承读了 20 世纪前期《国音常用字汇》所反映的口语音，原有初音变为了又读，20 世纪 50 年代的《同音字典》，以及后来的《现代汉语词典》《新华字典》则规定“皿”唯读其后起音［min］。

“孟”在上古时为开口二等。二者在《广韵》中都进入梗摄，《中原音韵》中进入庚青韵。“孟”的演变符合规律，现代读［$məŋ^{51}$］（见表 5-20）。

表 5-20 “皿”字及其组成的谐声字组的语音演变

谐声字组	上古拟音	《广韵》	《中原音韵》	普通话
皿	阳部明母[miaŋ]	梗韵武永切梗摄开口三等明母上声［mĭɐŋ］	庚青韵明母上声［miəŋ］	[min^{214}]
孟	阳部明母[meaŋ]	映韵莫更切梗摄开口二等明母去声［mɐŋ］	庚青韵明母去声［məŋ］	[$məŋ^{51}$]

（四）声符为多音字引起的谐声字读音差别

“行”是个多音字，因此有不同的读音。而谐声字“衡”以其中一个音为声符，因此与其他韵母读音不同。

“行”在上古有两个拟音，《广韵》中分化为四个，胡郎切、户浪切、户孟切、户庚切。《中原音韵校本》也列出《广韵》中有四个读音。《现代汉语词典》中也是四个读音，其中户浪切是“树行子”（“排成行列的树林”，“小树林”）的意思。段玉裁只列出户庚切这一个读音，古音归在第十部。

段玉裁将“衡”的古音也归在第十部。王力将其古音列为开口二等，《中原音韵》之前与户庚切的“行”完全一致，但是到了近现代，演变出现了差别：“行”因为是口语词，增生了［i］介音，声母也变为了舌面擦音［ɕ］；而“衡”为书面语，只在复合词或固定短语中出现，因此韵母按演变规律读为［əŋ］（见表 5-21）。

表 5-21　“行”字及其组成的谐声字组的语音演变

谐声字组	上古拟音	《广韵》	《中原音韵》	普通话
$行_1$	阳部匣母［ɣaŋ］	唐韵胡郎切宕摄开口一等匣母平声［ɣaŋ］	江阳韵晓母平声阳［xaŋ］	［$xaŋ^{35}$］
$行_2$	阳部匣母［ɣaŋ］	唐韵户浪切宕摄开口一等匣母去声［ɣaŋ］	江阳韵晓母去声［xaŋ］	［$xaŋ^{51}$］
$行_3$	阳部匣母［ɣeaŋ］	庚韵户孟切梗摄开口二等匣母去声［ɣɐŋ］	庚青韵晓母去声［xiəŋ］	［$ɕiəŋ^{51}$］
$行_4$	阳部匣母［ɣeaŋ］	庚韵户庚切梗摄开口二等匣母平声［ɣɐŋ］	庚青韵晓母平声阳［xiəŋ］	［$ɕiəŋ^{35}$］
衡	阳部匣母［ɣeaŋ］	庚韵户庚切梗摄开口二等匣母平声［ɣɐŋ］	庚青韵晓母平声阳［xəŋ］	［$xəŋ^{35}$］

（五）受不同韵部的影响

“广”的上古音在阳部，而“扩”在铎部，因此语音演变轨迹不同。

“广”的上古音在阳声韵阳部，中古时进入合口一等唐韵，到现代韵母读音变化不大；“扩”的上古音在阴声韵铎部，与“广”的主元音相同，阳入互转，中古时进入合口一等铎韵，《中原音韵》中在萧豪韵，现代韵母高化为［uo］（见表 5-22）。

表 5-22 “广”字及其组成的谐声字组的语音演变

谐声字组	上古拟音	《广韵》	《中原音韵》	普通话
广	阳部见母[kuɑŋ]	荡韵古晃切宕摄合口一等见母上声［kuɑŋ］	江阳韵见母上声［kuaŋ］	［kuɑŋ^{214}］
扩	铎部溪母[k′uak]	铎韵阔镬切宕摄合口一等溪母入声［k′uɑk］	萧豪入韵溪母上声［k′au］	［k′uo^{51}］

第五节　声符在上古耕部的形声字组的演变分析

一、耕部从上古到现代的语音演变概述

汉朝，阳部的庚韵字转入耕部，跟耕部的二三等韵合并。其中，耕部原有耕韵字是二等，跟阳部的庚韵二等字合并；原有清韵字是三等，跟阳部的庚韵三等字合并。四等青韵字相对比较独立，而耕庚清在韵文中大量合用。《中原音韵》中多归在庚青韵。段玉裁将其古音归在第十一部。

耕部上古拟音为［eŋ］，包括开合口二等、开合口三等、开合口四等六种。其各自的演变历程如下：

开口二等（耕）：［eŋ］（A）→［æŋ］（B）→［əŋ］（C-D）
合口二等（轰）：［oeŋ］（A）→［uæ ŋ］（B）→［uŋ］（C-D）
开口三等（惊）：［ĭeŋ］（A）→［ĭɛŋ］（B）→［iŋ］（C-D）
（征）：［ĭeŋ］（A）→［ĭɛŋ］（B）→［iŋ］（C）→［əŋ］（D）
（贞）：［ĭeŋ］（A）→［ĭɛŋ］（B）→［iŋ］（C）→［əŋ］→［ən］（D）
（劲）：［ĭeŋ］（A）→［ĭɛŋ］（B）→［iŋ］（C）→［in］（D）
合口三等（琼）：［ĭweŋ］（A）→［ĭ wɛŋ］（B）→［iwiŋ］→［yŋ］（C）
（倾）：［ĭweŋ］（A）→［ĭ wɛŋ］（B）→［iwiŋ］→［yŋ］（C）→［iŋ］（D）
开口四等（丁）：［ieŋ］（A）→［ieŋ］（B）→［iŋ］（C）
合口四等（迥）：［iweŋ］（A）→［iweŋ］（B）→［iwiŋ］→［yŋ］（C-D）

二等字发展成为中古的耕韵，三等字发展为中古的清韵，四等字发展为中古的青韵。

二、声符在上古耕部的分布以及构成的谐声字组

声符在耕部的有：丁、争、生、正、顷、平、敬、壬、贞、巠、井、青、并、令，共14个，构成谐声字52个，其中，与声符相同的有44个，不同的有8个（见表5-23）。

表5-23　上古耕部声符及组成的谐声字组

上古在耕部的声符	构字量	由声符构成的谐声字组
丁	7	顶盯钉订叮亭打
争	3	挣睁筝
生	5	胜牲性姓星
正	4	证政整征
顷	1	倾
平	4	评苹萍坪
敬	2	警擎
壬	1	任
贞	1	侦
巠	5	颈经茎劲轻
井	2	耕阱
青	8	猜静睛精晴情请清
并	4	饼拼瓶屏
令	5	铃零龄岭冷

三、谐声字与声符韵母发音不同的演变情况及分析

（一）声符或谐声字例外音变的影响

谐声字“打”到了中古之后口语的发音与读书音不再相同，因此到现代与声符韵母读音不同。

“打”，《说文》新附：“打，击也。从手，丁声。”唐作藩的《上古音手册》归“打”的上古音为“耕部端母”，《广韵》中有“都挺切”和“都冷切”两个音。但是，在《切韵》中“打”已有四个音“德冷反［^{c}taŋ］”“都行反［$_{c}$taŋ］”“丁挺反［^{c}tɛŋ］”和“特丁反［$_{c}$tɛŋ］”。到《中原音

韵》中只有一个音，“家麻韵端母上声”。钟明立认为，“打”现代读［da］，是汉语语音发展中的阴阳对转现象，普通话“打”字的读音，来源已久，早在唐朝的长安方言中，就出现了与“也”相谐的读音，属“麻蛇韵”（见表5-24）。①

表 5-24 “丁”字及其组成的谐声字组的语音演变

谐声字组	上古拟音	《广韵》	《中原音韵》	普通话
丁	耕部端母[tieŋ]	青韵当经切梗摄开口四等端母平声［tieŋ］	庚青韵端母平声阴［tiŋ］	[$tiŋ^{55}$]
打$_1$	耕部端母[tieŋ]	迥韵都挺切梗摄开口四等端母上声［tieŋ］	家麻韵端母上声［ta］	[ta^{214}]
打$_2$	耕部端母[teŋ]	庚韵都冷切梗摄开口二等端母上声［tɐŋ］	家麻韵端母上声［ta］	[ta^{214}]

（二）受不同等的影响

声符“生”与谐声字“性”“姓”“星”“井”与“耕”“令”与“冷”的上古音变产生差别，同在耕部却不同等。

王力将“生”“性”“姓”上古音归在三等，“星”归在四等。《汉语史稿》认为，“生”中古时进入庚韵是不规则的变化，②“性”与“姓”中古时进入开口三等清韵，“星”进入开口四等青韵符合演变规律。《中原音韵》中四个谐声字的主元音都央化为［ə］，进入庚青韵。到了现代，因为“生”的声母变为卷舌音，所以［i］介音失落，现代韵母读［əŋ］；“性”“姓”“星”的声母都是心母，又有介音［i］，因此受介音的影响，近现代它们的声母都变为舌面擦音［ɕ］和［s］，现代读［iəŋ］（见表5-25）。

表 5-25 “生”字及其组成的谐声字组的语音演变

谐声字组	上古拟音	《广韵》	《中原音韵》	普通话
生	耕部山母[ʃĭeŋ]	庚韵所庚切梗摄开口三等生母平声［ʃĭɐŋ］	庚青韵审母平声阴［ʃĭəŋ］	[$ʂəŋ^{55}$]
性	耕部心母[sĭeŋ]	劲韵息正切梗摄开口三等心母去声［sĭɛŋ］	庚青韵心母去声［siuəŋ］	[$ɕiŋ^{51}$]

① 钟明立，《汉字例外音变研究》，广东高等教育出版社2008年版，第41页。

② 见王力：《汉语史稿》，中华书局2013年版，第93页。

续表

谐声字组	上古拟音	《广韵》	《中原音韵》	普通话
姓	耕部心母[sĭeŋ]	劲韵息正切梗摄开口三等心母去声［sĭɛŋ］	庚青韵心母去声［siuəŋ］	[ɕiŋ51]
星	耕部心母[sieŋ]	青韵桑经切梗摄开口四等心母平声［sieŋ］	庚青韵心母平声阴［siəŋ］	[ɕiəŋ51]

王力将“井”上古音归在三等，声母为精母；“耕”归在二等，声母为见母。中古“井”进入开口三等清韵，“耕”进入开口二等耕韵，韵母低化。《中原音韵》中二者主元音都央化为［ə］，进入庚青韵。在近现代，“井”声母受［i］介音的影响变为舌面塞擦音［tɕ］，与“耕”的韵母只存在介音的差别（见表5-26）。

表5-26　“井”字及其组成的谐声字组的语音演变

谐声字组	上古拟音	《广韵》	《中原音韵》	普通话
井	耕部精母[tsĭeŋ]	静韵子郢切梗摄开口三等精母上声［tsĭɛŋ］	庚青韵精母上声［tsiəŋ］	[tɕiŋ214]
耕	耕部见母[keŋ]	耕韵古茎切梗摄开口二等见母平声［kæŋ］	庚青韵见母平声阴［kəŋ］	[kəŋ55]

“冷，从仌，令声。”（《说文》）王力将“令”归在三等，“冷”归在二等。《广韵》中“令”进入三等清韵，“冷”进入二等梗韵，《中原音韵》中主元音央化，二者韵母只是介音的差别，保持到现在（见表5-27）。

表5-27　“令”字及其组成的谐声字组的语音演变

谐声字组	上古拟音	《广韵》	《中原音韵》	普通话
令	耕部来母[lĭeŋ]	劲韵力政切梗摄开口三等来母去声［lĭɛŋ］	庚青韵来母去声［liəŋ］	[liəŋ51]
冷	耕部来母[leŋ]	梗韵鲁打切梗摄开口二等来母上声［lɐŋ］	庚青韵来母上声［ləŋ］	[ləŋ35]

（三）受不同韵部的影响

“猜，从犬，青声。”（《说文》）在上古音的分部上许多大家出现了分歧。郭锡良把它归在耕部，可能是因为声符“青”在耕部。唐作藩把它归在之部，因为《广韵》中“猜”归在咍韵。

中古时，“青”在四等青韵，《中原音韵》中在庚青韵，现代读［iŋ］；“猜”中古时在咍韵，《中原音韵》在皆来韵，现代读［ai］。二者的语音演变都符合规律（见表5-28）。

表5-28　“青”字及其组成的谐声字组的语音演变

谐声字组	上古拟音	《广韵》	《中原音韵》	普通话
青	耕部清母［ts'ieŋ］	青韵仓经切梗摄开口四等清母平声［ts'ieŋ］	庚青韵清母平声阴［ts'iəŋ］	［tɕ'iŋ^{55}］
猜	之部清母［ts'ə］	咍韵仓才切蟹摄开口一等清母平声［ts'ɒi］	皆来韵清母平声阴［ts'ai］	［ts'ai^{55}］

第六节　声符在上古元部的形声字组的演变分析

一、元部从上古到现代的语音演变概述

上古元部对应中古的寒、桓、删、山、先、仙、元、魂、痕九韵，分属山摄和臻摄两部。南北朝初期（5世纪）时，寒桓删经常合韵，山仙先经常合韵，元魂痕经常合韵，主元音比较接近。到了切韵时代（7世纪初），寒桓为一类，山删为一类，元魂痕为一类，先仙为一类。《中原音韵》中多在寒山、桓欢、先天韵。段玉裁将其古音归在第十四部。

元部上古主元音为［an］，包括开合一等（寒桓魂痕）、开合二等（删山）、开合三等（先元仙）、开合四等（先）八种。其演变历程如下：

开口一等（干残）：［an］（A）→［ɑn］（B）→［an］（C-D）

合口一等（冠丸）：［uan］（A）→［uɑn］（B）→［uɔn］→［uan］（C-D）

开口二等（奸）：［ean］（A）→［eɑn］（B）→［an］→［ean］→［ian］（C-D）

（间）：［ean］（A）→［eɑn］→［eæn］（B）→［ean］→［ian］（C-D）

（山）：［ean］（A）→［eɑn］→［æn］（B）→［ean］→［an］（C-D）

（删）：［ean］（A）→［eɑn］→［an］（B）→［ean］→［an］（C-D）

合口二等（关）：［oan］（A）→［oɑn］→［uan］（B）→［oan］→［uan］（C-D）

开口三等（言）：［ĭan］（A）→［ĭɑn］→［ĭɐn］（B）→［ĭæn］（C）→［ĭan］（D）

（轩）：［ĭan］（A）→［ĭɑn］→［ĭɐn］（B）→［ĭæn］（C）→［ĭan］→［yan］（D）

（彦）：［ĭan］（A）→［ĭɑn］→［ĭɛn］（B）→［ĭan］（C-D）

（展）：［ĭan］（A）→［ĭɑn］→［ĭɛn］（B）→［an］（C-D）

合口三等（垣）：［ĭwan］（A）→［ĭwɑn］→［ĭwɐn］（B）→［ĭwæn］→［yæn］（C）→［yan］（D）

（藩）：［ĭwan］（A）→［ĭwɑn］→［ĭwɐn］（B）→［ĭwæn］→［an］（C-D）

（选）：［ĭwan］（A）→［ĭwɑn］→［ĭwæn］（B）→［yæn］（C）→［yan］（D）

（转）：［ĭwan］（A）→［ĭwɑn］→［ĭwæn］（B）→［yæn］（C）→［uan］（D）

开口四等（肩）：［ian］（A）→［iɑn］→［ien］（B）→［ĭan］（C-D）

合口四等（县）：［iwan］（A）→［iwɑn］→［iwen］（B）→［yæn］（C）→［ĭan］（D）

［an］、［uan］为一类，发展成为中古的寒桓，［ean］、［oan］为一类，发展成为中古的删山，［ĭan］、［ĭwan］为一类，发展成为中古的元仙，［ian］、［iwan］为一类，发展成为中古的先三分之一。

二、声符在上古元部的分布以及组成的谐声字组

声符在元部的有：采、半、干、安、戋、厂、官、山、延、连、夗、柬、毌、见、旦、爰、亘、叔、元、反、肙、叀、言、难、奂、县、耑、段、面、般、建、赞、祘、彖、蔄、昔、善、辩、万、便、全、扇、曼、幵、免，共45个，构成谐声字108个，与声符相同的91个，与声符不同的17个（见表5-29）。

表5-29　上古元部声符及组成的谐声字组

上古在元部的声符	构字量	由声符构成的谐声字组
采	4	菜彩睬踩

续表

上古在元部的声符	构字量	由声符构成的谐声字组
干	10	杆赶肝竿旱奸岸汗罕刊
安	2	按案
戋	6	残践钱浅盏线
厂	1	雁
官	3	馆管棺
山	1	仙
延	1	诞
连	2	莲链
夗	1	怨
柬	3	练炼拣
毌	1	贯
见	2	舰现
旦	4	但胆担坦
爰	3	缓暖援
亘	2	恒宣
𣦼	1	餐
元	6	冠完玩顽园远
反	6	版板饭贩返扳
肙	2	捐绢
叀	1	惠
难	3	摊滩瘫
奂	4	换唤痪焕
县	1	悬
耑	3	喘端瑞
段	2	锻缎
面	1	缅

续表

上古在元部的声符	构字量	由声符构成的谐声字组
般	1	搬
建	2	健键
赞	1	攒
祘	1	蒜
彖	1	缘
㒼	2	满瞒
𠳋	1	遣
善	1	鳝
辡	4	辫辩辨瓣
万	2	厉迈
便	1	鞭
全	2	拴栓
扇	1	煽
曼	4	馒漫慢蔓
幵	1	研
半	4	伴拌判畔
免	3	勉晚挽

三、谐声字与声符韵母发音不同的演变情况及分析

（一）受同部不同等的影响

声符“山”与谐声字“仙”，“延”和“诞”，“爰”与“暖”“缓”，“赞”与“攒”，“辡”与“瓣”，“全”与“栓”“拴”，“元”与“冠”“玩”“完”“顽”，“免”与“晚”“挽”同在元部但不同等。

王力将“仙”的上古音归为三等字，“山”为二等字。因为介音［ĭ］的影响，“仙”的韵母由［a］高化为［ɛ］，声母由舌尖音［s］变为现代的舌面擦音［ɕ］，保留至今。“山”的韵母则变化不大，声母由山母变为舌尖后音［ʂ］（见表 5-30）。

表 5-30 “山”字及其组成的谐声字组的语音演变

谐声字组	上古拟音	《广韵》	《中原音韵》	普通话
山	元部山母[ʃean]	山韵所间切山摄开口二等生母平声［ʃæn］	寒山韵审母平声阴［ʃan］	[ʂan55]
仙	元部心母[sĭan]	仙韵相然切山摄开口三等心母平声［sĭɛn］	先天韵心母平声阴［sian］	[ɕian55]

和“仙”“山”一样，王力将“诞”和声符“延”的上古音分属三等和一等，中古时分别进入旱韵和仙韵，到现代，“诞”的韵母变化不大，“延”由于［ĭ］介音的影响元音高化为［ɛ］（见表 5-31）。

表 5-31 “延”字及其组成的谐声字组的语音演变

谐声字组	上古拟音	《广韵》	《中原音韵》	普通话
延	元部馀母[ʎĭan]	仙韵以然切山摄开口三等以母平声［jĭɛn］	先天韵影母平声阳［ian］	[ian35]
诞	元部定母[dan]	旱韵徒旱切山摄开口一等定母上声［dɑn］	寒山韵端母去声［tan］	[tan51]

上古音中，“暖”“缓”被归在合口一等，韵母到现代演变差异不大；声符“爰”在上古时被归在合口三等，有高音位介音［ĭw］，因此主元音［a］受介音影响中古时代高化为央元音［ɐ］，《中原音韵》中介音已由［ĭw］变为［iu］，之后变为［y］（见表 5-32）。

表 5-32 “爰”字及其组成的谐声字组的语音演变

谐声字组	上古拟音	《广韵》	《中原音韵》	普通话
爰	元部匣母[ɣĭwan]	元韵雨元切山摄合口三等云母平声［ɣĭwɐn］	先天韵影母平声阳［iuɛn］	[yɛn35]
暖	元部泥母[nuan]	缓韵乃管切山摄合口一等泥母上声［nuɑn］	桓欢韵泥母上声［non］	[nuan214]
缓	寒部匣母[ɣuan]	缓韵胡管切山摄合口一等匣母上声［ɣuan］	寒韵合母上声［xon］	[xuan214]

“辩”的上古音被归为三等，“瓣”为二等，中古“辩”进入开口三等仙韵，“瓣”进入开口二等山韵，由于［i］介音的影响，在《中原音韵》中“辩”进入先天韵，“瓣”进入寒山韵，到现代也只是介音的差别（见表5-33）。

表 5-33　“辩”字及其组成的谐声字组的语音演变

谐声字组	上古拟音	《广韵》	《中原音韵》	普通话
辩	元部并母[bĭan]	獮韵符蹇切山摄开口三等并母上声［bĭɛn］	先天韵去声［pian］	[pian51]
瓣	元部并母[bean]	裥韵蒲苋切山摄开口二等并母去声［bæn］	寒山韵帮母去声［pan］	[pan51]

“栓”与“拴”在上古时被归为合口二等，因此到现代韵母读作［uan］；“全”是合口三等，中古在仙韵，声母为非知照系的现代韵母读［yan］（见表5-34）。

表 5-34　“全”字及其组成的谐声字组的语音演变

谐声字组	上古拟音	《广韵》	《中原音韵》	普通话
全	元部从母[dzĭwan]	仙韵疾缘切山摄合口三等从母平声［dzĭwɛn］	先天韵清母平声阳［ts'iuɛn］	[tɕ'yɛn35]
栓	元部山母[ʃoan]	删韵数还切山摄合口二等生母平声［ʃwan］	寒山韵审母平声阴［ʃuan］	[ʂuan55]
拴	寒部山母[ʃoan]	删韵数还切山摄合口二等生母平声［ʃwan］	寒山韵审母平声阴［ʃuan］	[ʂuan55]

谐声字“冠”“完”“玩”“顽”在现代读音中与声符“元”韵母的差别在于介音。推溯到中古，可以看到，“元”在三等元韵，而其他四个谐声字在一二等。王力划分的上古音与中古音的等一致。而中古山摄合口呼一二等韵到现代一致，都读［uan］，“元”到现代读［yan］，由［iu］演变而来（见表5-35）。

表 5-35 “元”字及其组成的谐声字组的语音演变

谐声字组	上古拟音	《广韵》	《中原音韵》	普通话
元	元部疑母[ŋĭwan]	元韵愚袁切山摄合口三等疑母［ŋĭwɐn］	先天韵影母平声阳［iuan］	[yan35]
冠	元部见母[kuan]	桓韵古丸切山摄合口一等见母平声［kwɑn］	桓欢韵见母平声阴［kon］	[kuan55]
完	元部匣母[ɣuan]	桓韵胡官切山摄合口一等匣母平声［ɣwɑn］	桓欢韵晓母平声阳［xon］	[uan35]
玩	元部疑母[ŋoan]	删韵五还切山摄合口一等疑母平声［ŋwan］	寒山韵影母平声阳［uan］	[uan35]
顽	元部疑母[ŋoan]	山韵五鳏切山摄合口二等疑母平声［ŋɣwæn］	寒山韵影母平声阳［uan］	[uan35]

这组谐声字与声符在上古是开合口的差别，中古“免”进入开口三等仙韵，“晚”与“挽”进入合口三等元韵，产生差别（见表 5-36）。

表 5-36 “免”字及其组成的谐声字组的语音演变

谐声字组	上古拟音	《广韵》	《中原音韵》	普通话
免	元部明母[mĭan]	仙韵亡辨切山摄开口重纽三等明母［mĭɛn］	先天韵上声［mian］	[ian214]
晚	元部明母[mĭwan]	阮韵无远切山摄合口三等微母上声［mĭwɐn］	寒山韵微母上声［uan］	[uan214]
挽	元部明母[mĭwan]	阮韵无远切山摄合口三等微母上声［mĭwɐn］	寒山韵微母上声［uan］	[uan214]

（二）声符字是多音字的影响

“厂”原本的读音读［xan］，但是现在常用音是“廠”的简化字，所以与谐声字“雁”的读音貌似不同。

“厂，山石之厓岩，人可居。”“雁，鸟也。从隹，从人，厂声。”（《说文》）它们是谐声字，王力将“厂”的上古音归为一等，“雁”为二等，中古时分别进入寒韵和删韵，因为“雁”声母为喉音，所以在《中原音韵》中增生了［i］介音，与厂同在寒山韵。近现代，“雁”保留［i］介音读［ian］。而“厂”韵母未改变，读［an］。

但是，“厂”的现代常用音是［tʂʻaŋ^{214}］，因为“厂”的［xan］音在现代汉语中很少使用，所以“廠”字选用“厂”字形作为它的简化字，成为“厂”的常用读音（见表5-37）。

表5-37　“厂”字及其组成的谐声字组的语音演变

谐声字组	上古拟音	《广韵》	《中原音韵》	普通话
厂$_1$	元部晓母［xan］	旱韵呼旱切山摄开口一等晓母上声［xɑn］	寒山韵晓母上声［xan］	［xan^{214}］
厂$_2$（廠）	阳部穿母［ȶʻĭaŋ］	上声养韵昌两切宕摄开口三等昌母［tɕʻĭaŋ］	江阳韵彻穿母上声［tʃʻaŋ］	［tʂʻaŋ^{214}］
雁	元部疑母［ŋean］	谏韵五晏切山摄开口二等疑母去声［ŋan］	寒山韵影母去声［ĭan］	［ian^{51}］

（三）声符是多音字的影响

“县”在古代分化为两个音，谐声字“悬”是它的分化字，另一个表示“县令”义的“县”读音与表“悬挂”义的“县”不再相同。

“悬”，繁体字“懸”，是“县”的繁体字“縣”的分化字。“縣”的本义是“悬挂”，后来借为“州县”的含义，“乃别制从心之悬挂。别其音，县区悬平。古无二形二音也。”据段玉裁所言，古代“縣”与“懸”应该声韵母相同，读音不同。但是，在《广韵》中，“县”已经有了两个读音（见表5-38）。

表5-38　“县”字及其组成的谐声字组的语音演变

谐声字组	上古拟音	《广韵》	《中原音韵》	普通话
县$_1$	元部匣母［ɣiwan］	先韵胡涓切山摄合口四等匣母平声［ɣiwen］	先天韵晓母平声阳［xiuɛn］	［ɕyɛn^{35}］
县$_2$	元部匣母［ɣiwan］	霰韵黄练切合口四等匣母平声［ɣiwen］	先天韵去声［xian］	［ɕian^{51}］
悬	元部匣母［ɣiwan］	先韵胡涓切山摄合口四等匣母平声［ɣiwen］	先天韵晓母平声阳［xiuɛn］	［ɕyɛn^{35}］

(四) 上古即为不同韵部

“耑”的上古音在元部，“瑞”在歌部，主元音相同，阴阳互转。

“万”的上古音在元部，“迈厉”在月部，主元音相同，阳入互转。

“瑞，从王耑声。”(《说文》) 段注：“耑声在十四部，而瑞揣转入十五部。唐韵是伪切，又入十六部。”郭锡良、唐作藩将“瑞”归在歌部，郭锡良拟音为［ʑǐwa］，声母为禅母。万光泰认为，元类“与阴声韵歌部和废部多有联系”。可能是主元音相同，所以阴阳互转。因此，在上古时期，“耑”“瑞”已是阴阳不同韵，韵母差别较大。《广韵》中，“耑”进入桓韵，韵母读音到现代差别不大。“瑞”中古时进入寘韵，由于受介音［ǐw］的影响，原主元音［a］在《广韵》中高化为［e］，《中原音韵》中又裂化为［uei］（见表5-39）。

表 5-39　“耑”字及其组成的谐声字组的语音演变

谐声字组	上古拟音	《广韵》	《中原音韵》	普通话
耑	元部端母［tuan］	桓韵多官切山摄合口一等端母平声［tuan］	桓欢韵阴平［tuan］	［$tuan^{55}$］
瑞	歌部禅母［ʑǐwa］	寘韵是伪切止摄合口三等禅母去声［ʑǐwe］	齐微韵审母去声［ʃuei］	［$ɻuei^{51}$］

“万”在阳声韵元部，“迈”与“厉”在入声韵月部，它们上古的主元音相同。上古一般认为阴入互转比较多，这组谐声字说明也有阳入互转。到了《广韵》，万进入愿韵，主元音高化。“迈”进入夬韵，“厉”进入祭韵，由入声又转入阴声韵。发音差别加大（见表5-40）。

表 5-40　“万”字及其组成的谐声字组的语音演变

谐声字组	上古拟音	《广韵》	《中原音韵》	普通话
万	元部明母［mǐwan］	愿韵无贩切山摄合口三等明母去声［mǐwɐn］	寒山韵微母去声［van］	［uan^{51}］
迈	月部明母［mea：t］	夬韵莫话切蟹摄开口二等明母去声［mæi］	皆来韵明母去声［mai］	［mai^{51}］
厉	月部来母［lǐa：t］	祭韵力制切蟹摄开口三等来母去声［lǐɛi］	支韵来母去声［li］	［li^{51}］

（五）谐声字为多音字的影响

谐声字“攒”的两个读音中有一个与“赞”同，另一个与“赞”不同。

“攒”原本有两个读音，有一个发音与声符相同，只是现在不是它的常用音（见表 5-41）。

表 5-41　“赞”字及其组成的谐声字组的语音演变

谐声字组	上古拟音	《广韵》	《中原音韵》	普通话
赞	元部精母[tsan]	翰韵则旰切山摄开口一等精母去声［tsɑn］	寒山韵精母去声［tsan］	[tsan^{51}]
攒$_1$	元部见母[dzuan]	换韵在玩切山摄合口一等从母去声［dzuɑn］	桓欢韵清母平声阳［ts′on］	[ts′uan^{35}]
攒$_2$	元部精母[tsan]	翰韵则旰切山摄开口一等精母去声［tsɑn］	寒山韵精母去声［tsan］	[tsan^{51}]

第七节　声符在上古真部的形声字组的演变分析

一、真部从上古到现代的语音演变概述

上古真部对应中古的真谆臻先四韵，三国时，真部原含中古先韵字先转入元部然后又转入先韵；魏晋到南北朝时期，真部分化为真谆臻三韵。中古多在真文韵、先天韵。段玉裁归其古音在十二部。

真部上古的拟音是［en］，包括开口二等（臻）、开合口三等（真谆）、开合口四等（先）五种。其演变历程如下：

开口二等（臻）：［en］（A）→［ĭen］（B）→［ən］（C-D）

开口三等（民）：［ĭen］（A-）→［ĭěn］（B）→［ĭən］（C）→［in］（D）

（身）：［ĭen］（A）→［ĭěn］（B）→［ĭ ən］（C）→［ən］（D）

合口三等（均）：［ĭuen］（A）→［ĭwěn］（B）→［ĭwən］→［yən］（C）→［yn］（D）

开口四等（天）：［ien］（A-B）→［ĭæn］→［ĭan］（C-D）

合口四等（玄）：［iwen］（A）→［iwen］（B）→［yan］（C-D）

从演变历程来看，开口二等韵元音先高化最后央化为［ən］；开口三等在

中古时进入真韵读［ĭěn］，但是到现代分化成［ən］、［in］两个读音；合口三等的韵母也在中古之前呈现韵母高化然后央化的过程，到元之后产生［y］元音，之后央元音弱化。

二、声符在上古真部的分布以及构成的谐声字组

声符在真部的有：天、田、因、申、人、匀、扁、民、玄、旬、辛、令、凡、千、真、寅，共16个，构成谐声字28个，其中与声符相同的22个，不同的6个（见表5-42）。

表5-42　上古真部声符及组成的谐声字组

上古在真部的声符	构字量	由声符构成的谐声字组
天	1	吞
田	1	甸
因	4	姻烟恩咽
申	3	审神伸
人	1	认
匀	3	均韵钧
扁	5	骗偏篇遍编
民	1	眠
玄	2	弦炫
旬	1	询
凡	1	帆
千	3	歼纤迁
真	1	慎
寅	1	演

三、谐声字与声符韵母发音不同的演变情况及分析

（一）谐声字为多音字的影响

“吞”为多音字，一个在真部，一个在文部，真部的读音演变与声符相同，“文部”的与声符不同。

段玉裁将“天”“吞”二字都划在十二部（真部），但是郭锡良、唐作藩

将其划在文部。“吞，咽也。吐根切又音天一”《广韵》，有两个读音。唐作藩认为，“吞”在《中原音韵》中念［t'ən］，符合规律，现在普通话读［t'uən］，是例外。① 孙玉文认为，现代之所以读成合口，是因为普通话中没有［tēn］这个读音，而［tūn］这个读音中管辖的字比较多，所以“吞”也变成了合口。早在宋代《碛砂藏》随函音义，吞咽，他浑反（见表5-43）。②

表5-43　“天”字及其组成的谐声字组的语音演变

谐声字组	上古拟音	《广韵》	《中原音韵》	普通话
天	真部透母［t'ien］	先韵他前切山摄开口四等透母平声［t'ien］	先天韵透母平声阴［t'ian］	［$t'ian^{55}$］
吞$_1$（姓氏）	真部透母［t'ien］	先韵他前切山摄开口四等透母平声［t'ien］	先天韵透母平声阴［t'ian］	［$t'ian^{55}$］
吞$_2$	文部透母［t'ən］	痕韵吐根切臻摄开口一等透母平声［t'ən］	真文韵透母平声阴［t'ən］	［$t'un^{55}$］

（二）不同等的影响

“民”与“眠”的上古音同在真韵但不同等，语音演变也不相同。

王力将“民”上古音归在三等，“眠”在四等。中古“民”进入真韵，“眠”进入先韵，韵母读音产生差别（见表5-44）。

表5-44　“民”字及其组成的谐声字组的语音演变

谐声字组	上古拟音	《广韵》	《中原音韵》	普通话
民	真部明母［mĭen］	真韵弥邻切臻摄开口重纽四等明母平声［mĭěn］	真文韵明母平声阳［min］	［min^{35}］
眠	真部明母［mien］	先韵莫贤切山摄开口四等明母平声［mien］	先天韵明母平声阳［mian］	［$mian^{35}$］

（三）谐声字与声符上古音或不同等、或不同部

“烟”“咽”与声符不同等，“恩”与声符不同部。

真文关系比较近，只是开口与合口的差别。因此韵部之间有转换，上古“因”“咽”“烟”在真部，不同等，“因”在三等，“咽”与“烟”在四等。

① 见唐作藩：普通话语音史话（九），《语文建设》，1987年第3期，第51页。

② 见唐作藩：《汉语史讲义》，第175页，未出版。

“恩”在文部（见表 5-45）。

表 5-45　“因”字及其组成的谐声字组的语音演变

谐声字组	上古拟音	《广韵》	《中原音韵》	普通话
因	真部影母[ǐen]	真韵於真切臻摄开口重纽四等影母平声[iěn]	真文韵影母平声[iən]	[in⁵⁵]
烟	真部影母[ien]	先韵乌前切山摄开口四等影母平声［ien］	先天韵影母平声阴[ian]	[ian⁵⁵]
咽	真部影母[ien]	先韵乌前切山摄开口四等影母平声［ien］	先天韵影母平声阴[ian]	[ian⁵⁵]
恩	文部影母[ən]	痕韵乌痕切臻摄开口一等影母平声［ən］	真文韵影母平声阴[ən]	[ən⁵⁵]

第八节　声符在上古文部的形声字组的演变分析

一、文部从上古到现代的语音演变概述

上古文部对应的是中古的痕魂山文真谆臻先八韵。许多学者认为，真文上古关系较近。一般认为，到两汉时，真部与文部既已合并。但是，孙玉文认为①，汉代真文仍是两部，不过文部的真韵字转入真部，与真部的真韵字合流。三国时，文部的山先两韵字和真部的先韵字转入元部，和元部的山先两韵字合流。南北朝时期，魂痕和元部的魂痕合为一部。文欣此时虽为一部，但文韵独立性已很高，两者是开合口的差别。文部《中原音韵》多在真文韵、先天韵和寒山韵。段玉裁将其古音归在十三部。

文部上古拟音为［ən］，包括开合口一等（痕魂）、开合口二等（山）、开合口三等（真欣文谆先）六种。其从古至今的演变历程如下：

开口一等（根）：［ən］（A）→［ɐn］→［ən］（B-D）

合口一等（昆）：［uən］（A）→［uɐn］→［uən］（B）→［un］（C-D）

开口二等（艰）：［eən］（A）→［eæn］（B）→［an］→［ean］→［ǐan］（C-D）

---

① 见《汉语史讲义》第 99 页，未出版。

（盼）：［eən］（A）→［eæn］（B）→［an］（C-D）
（诜）：［eən］（A）→［en］→［in］→［ĭen］（B）→［ən］（C-D）
合口二等（鳏）：［oən］（A）→［oæn］（B）→［uan］（C-D）
开口三等（巾斤）：［ĭ ən］（A）→［ĭĕn］（B）→［in］→［ĭən］（C）→［in］（D）
（辰）：［ĭən］（A）→［ĭen］（B）→［in］→［ĭən］（C）→［ən］（D）
（旂）：［ĭən］（A）→［ĭəi］（B）→［i］（C-D）
合口三等（麇）：［ĭuən］（A）→［ĭuen］→［iuin］→［ĭuĕn］（B）→［yən］（C）→［yn］（D）
（群春）：［ĭuən］（A）→［ĭuen］→［ĭuən］（B）→［ĭuɐn］→［yən］（C）→［yn］（D）
（闻）：［ĭuən］（A-B）→［ɐn］（C）→［ən］（D）
（辉）：［ĭuən］（A）→［ĭuəi］（B）→［iui］→［uəi］（C-D）
（川）：［ĭuən］（A）→［ĭuɑn］→［ĭuɛn］（B）→［ĭuan］（C）→［uan］（D）

开合口一等演变轨迹较一致，中古时进入魂痕两韵；开合口二等进入山韵和臻韵；开口三等进入真臻韵，还有进入阴声韵微韵；合口三等进入谆韵、文韵、仙韵，辉类进入阴声韵微韵。

二、声符在上古文部的分布以及构成的谐声字组

声符在文部的有：本、存、辰、寸、盾、艮、衮、昏、军、斤、堇、仑、门、刃、孙、屯、昷、文、西、先、云、员、尊、㐱，共 24 个，构成谐声字 71 个，与声符相同的 50 个，不同的 21 个（见表 5-46）。

表 5-46　上古文部声符及组成的谐声字组

上古在真部的声符	构字量	由声符构成的谐声字组
本	1	笨
存	1	荐
辰	4	晨唇振震
寸	1	村
盾	1	循

续表

上古在真部的声符	构字量	由声符构成的谐声字组
艮	12	根跟痕恨很狠垦恳眼艰限银
衮	1	滚
昏	1	婚
军	4	挥辉浑晕
斤	4	近欣祈听
堇	2	谨勤
仑	4	论轮抡伦
门	3	闷们问
刃	1	忍
孙	1	逊
屯	5	纯顿吨盹炖
昷	2	温瘟
文	5	蚊纹坟虔紊
西	3	洒牺栖
先	3	宪选洗
云	2	运魂
员	3	圆陨损
尊	2	蹲遵
㐱	3	珍趁诊

三、谐声字与声符韵母发音不同的演变情况及分析

（一）开合口、不同等的影响

声符“存”与“荐”，“辰”与“唇”，“云”与“魂”，“盾”与“循”，“斤”与“祈”“听”，“军”与“浑”“挥”“辉”，“门”与“问”上古音同在文部不同等。

声符“存”的上古音是合口一等，中古时进入魂韵，韵母读音基本不变，声母从浊音变为送气清音；“荐”的上古音是开口四等，有［i］介音，中古时进入先韵，现代读［ian］（见表5-47）。

表 5-47　“存”字及其组成的谐声字组的语音演变

谐声字组	上古拟音	《广韵》	《中原音韵》	普通话
存	文部从母[dzuən]	魂韵徂尊切臻摄合口一等从母平声[dzuən]	真文韵清母平声阳[ts'uən]	[ts'uən35]
荐	文部从母[dziən]	霰韵在甸切山摄开口四等从母去声[dzien]	先天韵精母去声[tsian]	[tɕian51]

王力将“辰”的古音归在开口三等，“唇”在合口三等。中古时主元音高化，“辰”进入真韵，“唇”进入谆韵，之后主元音央化为［ə］。因近现代声母都变为舌尖后音，所以［i］介音失落。韵母只余下［u］的差别。王力认为，中古知照系的真韵现代读［ən］，知照系的谆韵读［uən］（见表5-48）。

表 5-48　“辰”字及其组成的谐声字组的语音演变

谐声字组	上古拟音	《广韵》	《中原音韵》	普通话
辰	文部禅母[ʑĭən]	真韵植邻切臻摄开口三等禅母平声[ʑĭěn]	真文韵审母平声阳[ʃiən]	[tʂ'ən35]
唇	文部神母[ȡĭuən]	谆韵船伦切臻摄合口三等船母平声[dʑĭuěn]	真文韵彻穿母平声阳[tʃ'iuən]	[tʂ'uən35]

王力将“云”上古即归在三等，“魂”归在一等。到现代“云”韵母［iu］变成了［y］，“魂”韵母为［uən］，与上古差别不大（见表5-49）。

表 5-49　“云”字及其组成的谐声字组的语音演变

谐声字组	上古拟音	《广韵》	《中原音韵》	普通话
云	文部匣母[ɣiuən]	文韵王分切臻摄合口三等云母平声[ɣĭuən]	真文韵影母平声阳[iuən]	[yun35]
魂	文部匣母[ɣuən]	魂韵户昆切臻摄合口一等匣母平声[ɣuən]	真文韵晓母平声阳[xuən]	[xuən35]

王力将“盾”归在一等，“循”归在三等。一等韵从上古到现代韵母变化不大，三等“循”中古时进入谆韵，《中原音韵》中主元音央化为［ə］，喉及精系谆韵现代变为［yn］（见表 5-50）。

表 5-50 “盾”字及其组成的谐声字组的语音演变

谐声字组	上古拟音	《广韵》	《中原音韵》	普通话
盾	文部定母［duən］	混韵徒损切臻摄合口一等定母上声［duən］	真文韵端母去声［tuən］	［tuən^{51}］
循	文部邪母［zĭuən］	谆韵祥尊切臻摄合口三等邪母平声［zĭuěn］	真文韵心母平声阳［siuən］	［ɕyn^{35}］

“祈，从示斤声。”（《说文》）段注：“古音在十三部，音芹。此如旂字。古今音异。”王力将“祈”归在微部，郭锡良将其归在文部，他认为：“斤声大多在文部，读阴声韵应是后起现象。”笔者赞同郭锡良的意见，也就是说，“祈”后来进入了微部。

《说文》：“听，笑貌。从口，斤声。”后来成为“聽”的简体字。因为“听”这个字和音在古籍中很少用了，后来就用这个字形表达“聽”的音义。“聽”在上古时属于耕部，中古时进入青韵，《中原音韵》在庚青韵，现代读［iŋ］，符合语音演变规律（见表 5-51）。

表 5-51 “斤”字及其组成的谐声字组的语音演变

谐声字组	上古拟音	《广韵》	《中原音韵》	普通话
斤	文部见母［kiən］	欣韵举欣切臻摄开口三等见母平声［kĭən］	真文韵见母平声阴［kin］	［tɕin^{55}］
祈	文部群母［gĭən］	微韵渠希切止摄开口三等群母平声［gĭəi］	齐微韵溪母平声阳［k'i］	［tɕi^{35}］
听	文部疑母［ŋiən］	隐韵牛谨切臻摄开口三等疑母上声［ŋĭən］	真文韵疑母上声［ŋiən］	［in^{214}］
聽的简化字	耕部透母［t'ieŋ］	青韵他丁切梗摄开口四等透母平声［t'ieŋ］	庚青韵透母平声［t'iəŋ］	［t'iŋ^{55}］

“军”的上古音归在见母三等，中古时进入文韵，近现代［iu］变为［y］。“浑”的上古音归在匣母一等，中古时进入魂韵，到现代韵母变化不大。

“辉”与“挥”的上古音归在晓母三等，在从上古到中古的演变中，[n] 韵尾消失，增生了 [i] 韵尾，[ĭ] 介音失落，《中原音韵》中读 [uei]，保持到现在。这是 [-n] 韵尾的阳声韵变为阴声韵的例子（见表 5-52）。

表 5-52　“军”字及其组成的谐声字组的语音演变

谐声字组	上古拟音	《广韵》	《中原音韵》	普通话
军	文部见母[kĭuən]	文韵举云切臻摄合口三等见母平声 [kĭuən]	真文韵见母平声阴 [kiuən]	[tɕyn⁵⁵]
浑	文部匣母[ɣuən]	魂韵户昆切臻摄合口一等匣母平声 [ɣuən]	真文韵晓母平声阳 [xuən]	[xuən³⁵]
辉	文部晓母[xĭuən]	微韵许归切止摄合口三等晓母平声 [xĭuəi]	齐微韵晓母平声阴 [xuei]	[xuei⁵⁵]
挥	文部晓母[xĭuən]	微韵许归切止摄合口三等晓母平声 [xĭuəi]	齐微韵晓母平声阴 [xuei]	[xuei⁵⁵]

王力将“门”的上古音归在一等韵，“问”归在三等，《广韵》中“门”入魂韵，“问”入文韵，《中原音韵》同在真文韵，因为“门”的声母为唇母，因此韵母中的 [u] 脱落，“问”的声母为微母，近现代变为零声母，[u] 保留下来（见表 5-53）。

表 5-53　“门”字及其组成的谐声字组的语音演变

谐声字组	上古拟音	《广韵》	《中原音韵》	普通话
门	文部明母[muən]	魂韵莫奔切臻摄合口一等明母平声 [muən]	真文韵明母平声阳 [muən]	[mən³⁵]
问	文部明母[miuən]	问韵亡运切臻摄合口三等微母去声 [mĭuən]	真文韵微母去声 [vuən]	[uən⁵¹]

（二）受不同等或者不同部的影响

这组谐声字中，“退”与声符不同部，是入声韵，阳入互转。其他谐声字与声符同部不同等。

“艮”的上古音为一等，中古时进入痕韵，现代韵母仍读 [ən]。“眼”

“限”“艰”为二等，“眼”“限”“艰”中古时都进入开口二等山韵，近现代增生了［i］介音。“眼”与“限”的声母为疑母，“艰”的声母为见母，因为它们的声母为喉音和舌根音，所以现代读［ian］。“银”中古为三等真韵，声母为非知照系，按照王力的观点，现代读［in］（见表5-54）。

表5-54 “艮”字及其组成的谐声字组的语音演变

谐声字组	上古拟音	《广韵》	《中原音韵》	普通话
艮	文部见母［kən］	恨韵古恨切臻摄开口一等见母去声［kən］	真文韵见母去声［kən］	［kən51］
眼	文部疑母［ŋeən］	产韵五限切山摄开口二等疑母上声［ŋæn］	寒山韵影母上声［ian］	［ian214］
限	文部匣母［ɣeən］	产韵胡简切山摄开口二等匣母上声［ɣæn］	寒山韵晓母上声［xian］	［ɕian51］
银	文部疑母［ŋiuən］	真韵语巾切臻摄开口重纽三等疑母平声［ŋĭěn］	真文韵影母平声阳［iən］	［in35］
艰	文部见母［keən］	山韵古闲切山摄开口二等见母［kæn］	寒山韵见母平声阳［kian］	［tɕian55］

（三）声符与谐声字不同部

“虔”的上古音为元部，“文”为文部，“虔”是否为谐声字存在争议。

“虔，虎形貌，从虍，文声。读若矜。”（《说文》）但后人多有异议。段玉裁注：“按：‘声’当是衍字。虎行而箸其文，此会意。”万光泰认为，“虔，从虍从文”，与段玉裁所见一致。笔者赞同段玉裁、万光泰的意见，因为从上古音的韵部来说，二者差别太大（见表5-55）。

表5-55 “文”字及其组成的谐声字组的语音演变

谐声字组	上古拟音	《广韵》	《中原音韵》	普通话
文	文部明母［miuən］	文韵无分切臻摄合口三等微母平声［mĭuən］	真文韵微母平声阳［vuən］	［uən35］
虔	元部群母［gĭan］	仙韵渠焉切山摄开口重纽三等群母平声［gĭɛn］	先天韵溪母平声阳［k'ian］	［tɕ'ian35］

（四）谐声字是多音字

“洒”“洗”都有本音，后又被假借，因此成为多音字，与声符字的读音不同。

“洒，涤也。从水，西声。古文以为灑扫字，先礼切。”“灑，汛也。从水，丽声。山豉切。”（《说文》）段玉裁注：“凡言某字古文以为某字者，皆谓古文假借字也。”“下文云‘沬，洒面也’‘浴，洒身也’‘澡，洒手也’‘洗，洒足也’。”“今人假洗为洒，非古字。”“洒”的本义应为“洗”，音也同“洗”。《简化字源》认为，“‘洒’字在先秦时代假借为‘灑’字”。因此，“洒”的古音有两个（见表5-56）。

表5-56　“西”字及其组成的谐声字组的语音演变

谐声字组	上古拟音	《广韵》	《中原音韵》	普通话
西	文部心母[siən]	齐韵会稽切蟹摄开口四等心母平声［siei］	齐微韵心母平声阴［si］	［ɕi⁵⁵］
$洒_1$	文部心母[siən]	齐韵会稽切蟹摄开口四等心母平声［siei］	齐微韵心母平声阴［si］	［ɕi²¹⁴］
$洒_2$	歌部山母[ʃea]	卦韵所卖切蟹摄开口二等生母去声［ʃai］	皆来韵审母去声［ʃai］	［sa²¹⁴］

“洗（［ɕian⁵⁵］），洒足也。从水，先声。”（《说文》）段玉裁注：“自后人以洗代洒涤字，读先礼切。”《广韵》中“洗”字有两个读音，因此，“洗”有一个读音与声符相同，但现在已经不用了，而另外一个是现在的常用音（见表5-57）。

表5-57　“先”字及其组成的谐声字组的语音演变

谐声字组	上古拟音	《广韵》	《中原音韵》	普通话
先	文部心母[siən]	先韵苏前切山摄开口四等心母平声［sien］	先天韵心母平声阴［sian］	［ɕian⁵⁵］
$洗_1$	文部心母[siən]	铣韵苏典切山摄开口四等心母上声［sien］	先天韵心母上声［sian］	［ɕian²¹⁴］
$洗_2$	微部心母[siəi]	荠韵先礼切蟹摄开口四等心母上声［siei］	齐微韵心母上声［si］	［ɕi²¹⁴］

（五）声符特殊音变的原因

声符“员”上古时属于文部，但是中古时进入仙韵，与文部其他字的演变规律不同。而“损”与“陨”的演变符合演变规则，造成现代韵母读音不同。

“损”与“员”不同等，中古“损”进入魂韵，到现代韵母基本不变。“员”中古时进入仙韵，属于不合规则的变化，现代韵母读［yɛn］。“陨”的上古音与声符完全一致，但是，中古时进入真韵，现代与声符读音不同，韵母读［yn］（见表5-58）。

表5-58 “员”字及其组成的谐声字组的语音演变

谐声字组	上古拟音	《广韵》	《中原音韵》	普通话
员	文部匣母［ɣĭuən］	仙韵王权切山摄合口三等云母平声［ɣĭuɛn］	先天韵影母平声阳［iuɛn］	［$yɛn^{35}$］
损	文部心母［suən］	混韵苏本切臻摄合口一等心母上声［suən］	真文韵心母上声［suən］	［$suən^{214}$］
陨	文部匣母［ɣĭuən］	轸韵于敏切臻摄合口重纽三等云母上声［ɣĭuěn］	真文韵影母上声［iuən］	［yn^{214}］

第九节 声符在上古侵部的形声字组的演变分析

一、侵部从上古到现代的语音演变概述

上古侵部对应中古的覃侵咸添谈凡六韵。南北朝时期，覃韵独立，咸韵也从侵部分化出来与谈部的咸韵字合成中古的咸韵。《中原音韵》中多在监咸韵和廉纤韵。段玉裁将其古音归在第七部。

侵部上古的拟音为［əm］，是开口呼，包括一等、二等、三等、四等四种。从古至今的演变历程如下：

开口一等（南）：［əm］（A）→［ɒm］（B）→［am］（C）→［an］（D）

（三）：［əm］（A）→［æm］→［ɑm］（B）→［am］（C）→［an］（D）

开口二等（咸）：［eəm］（A）→［eɑm］→［ɐm］（B）→［ĭam］

（C）→［ĭan］（D）

（掺）：［eəm］（A）→［eɑm］→［ɐm］（B）→［am］（C）→［an］（D）

开口三等（琴）：［ĭ əm］（A）→［ĭĕm］（B）→［im］（C）→［in］（D）

（深）：［ĭəm］（A）→［ĭĕm］（B）→［im］（C）→［ən］（D）

合口三等（凡）：［ĭ uəm］（A）→［ĭuɐm］（B）→［am］（C）→［an］（D）

开口四等（忝）：［iəm］（A）→［iem］（B）→［ĭæm］（C）→［ĭan］（D）

中古开口一等进入覃韵和谈韵；开口二等进入咸韵；开口三等进入侵韵，合口三等进入凡韵；开口四等进入添韵。

二、声符在上古侵部的分布以及构成的谐声字组

上古音在侵部的声符有：冘、凡、欠、咸、覃、林、甚、音、壬、今、彡，共11个，构成谐声字19个，与声符韵母相同的有10个，不同的有9个。（见表5-59）。

表5-59　上古侵部声符及组成的谐声字组

上古在侵部的声符	数量	谐声字组
冘	2	耽枕
凡	1	帆
欠	2	砍嵌
咸	3	感喊减
覃	1	潭
林	3	禁淋婪
甚	1	堪
音	1	暗
壬	1	任
今	3	念琴贪
彡	1	衫

三、谐声字与声符韵母发音不同的演变情况及分析

（一）受开合口或者不同等的影响

“砍”是后起字，在《广韵》中，“欠”与“砍”同在咸摄，但“欠”在凡韵，“砍”在咸韵。

“林”和“婪”，“甚”和“堪”，“音”和“暗”，“今”和“贪”“念”都是同在一部但不同等。

“砍”，《说文》无；“楷书从石，欠声。”（《源流字典》）“砍，砍斫也。”（《篇海类编·地理篇·石部》），《广韵》中“砍”在覃韵，现代韵母变为［an］；“欠”在《广韵》中在严韵，属于开口三等韵，现代韵母读［ian］（见表5-60）。

表5-60 “欠”字及其组成的谐声字组的语音演变

谐声字组	上古拟音	《广韵》	《中原音韵》	普通话
欠	侵部溪母［k'ǐəm］	严韵去剑切咸摄开口三等溪母去声［k'ǐɐm］	真文韵溪母去声［k'iɛm］	［tɕ'ian^{51}］
砍		感韵苦感切咸摄开口一等溪母上声［k'ɒm］	监咸韵溪母上声［k'am］	［k'an^{214}］

王力将“林”的上古音归为三等，“婪”归在一等。中古“林”受［ǐ］介音影响高化，进入侵韵，“婪”的主元音低化，进入覃韵。在《中原音韵》中“林”主元音央化为［ə］，到了近现代，［ə］弱化。“婪”的主元音低化为a，保持到现在（见表5-61）。

表5-61 “林”字及其组成的谐声字组的语音演变

谐声字组	上古拟音	《广韵》	《中原音韵》	普通话
林	侵部来母［lǐəm］	侵韵力寻切深摄开口三等来母平声［lǐěm］	侵寻韵来母平声阳［liəm］	［lin^{35}］
婪	侵部来母［ləm］	覃韵卢含切咸摄开口一等来母平声［lɒm］	监咸韵来母平声阳［lam］	［lan^{35}］

“甚”与“堪”在中古时进入的韵部与“林”与“婪”相同，前者进入侵韵，后者进入覃韵。之后“堪”与“婪”的韵母演变相同，但“甚”与

“林”的演变不同，原因是声母不同。“甚”的上古声母为禅母，《中原音韵》的变为审母，近现代又变为卷舌音，[i] 介音失落，现代韵母读 [ən]（见表5-62）。

表 5-62 “甚”字及其组成的谐声字组的语音演变

谐声字组	上古拟音	《广韵》	《中原音韵》	普通话
甚	侵部禅母[ʑĭəm]	沁韵时鸩切咸摄开口三等常母去声［ʑĭěm］	侵寻韵审母去声[ʃəm]	[ʂən^{51}]
堪	侵部溪母[k′əm]	覃韵口含切咸摄开口一等溪母平声[k′ɒm]	监咸韵溪母平声阴[k′am]	[k′an^{55}]

“暗，从日，音声”（《说文》），王力将“音”“暗”的上古音分作三、一等。中古时它们分别进入侵韵和覃韵。现代，“音”的韵母读 [in]，“暗”的韵母读 [an]，声母本是影母，现代变为零声母（见表5-63）。

表 5-63 “音”字及其组成的谐声字组的语音演变

谐声字组	上古拟音	《广韵》	《中原音韵》	普通话
音	侵部影母[ĭəm]	侵韵於金切深摄开口重纽三等影母平声[ʔĭěm]	侵寻韵影母平声阴[iəm]	[in^{51}]
暗	侵部影母[əm]	勘韵乌绀切咸摄开口一等影母去声［ʔɒm］	监咸韵影母去声[am]	[an^{51}]

表5-64中的谐声字组的上古音被王力分作三、一、四等。三者都符合语音演变规律。

表 5-64 “今”字及其组成的谐声字组的语音演变

谐声字组	上古拟音	《广韵》	《中原音韵》	普通话
今	侵部见母[kĭəm]	侵韵居吟切深摄开口重纽三等见母平声[kĭěm]	侵寻韵见母平声阴[kiəm]	[tɕin^{55}]
贪	侵部透母[t′əm]	覃韵他含切咸摄开口一等透母平声［t′ɒm］	监咸韵透母平声阴[t′am]	[t′an^{55}]

续表

谐声字组	上古拟音	《广韵》	《中原音韵》	普通话
念	侵部泥母[niəm]	添韵奴店切咸摄开口四等泥母去声［niɛm］	廉纤韵泥母去声［niɛm］	[$nian^{51}$]

（二）受一字多音的影响

谐声字“潭”有两音，声符“冘”有两音。

表5-65可以看出，“潭”有两个读音，其中一个与声符的演变相同。

表5-65　“覃”字及其组成的谐声字组的语音演变

谐声字组	上古拟音	《广韵》	《中原音韵》	普通话
覃$_1$	侵部定母[dəm]	覃韵徒含切咸摄开口一等定母平声［dɒm］	监咸韵透母平声阳［t'am］	[$t'an^{35}$]
覃$_2$				[$tɕ'in^{35}$]
潭$_1$	侵部馀母[ʎĭəm]	寝韵以在切深摄开口三等疑以母上声［jĭěm］	侵寻韵影母上声［iəm］	[in^{214}]
潭$_2$	侵部定母[dəm]	覃韵徒含切咸摄开口一等定母平声［dɒm］	监咸韵透母平声阳［t'am］	[$t'an^{35}$]

声符“冘”上古时有两个读音，分属幽部和侵部。“耽”属侵部，与侵部的声符“冘”分属一等和三等。在之后的演变中，“耽”的元音不断低化，而“冘”一路高化，现代读［yin］（见表5-66）。

表5-66　“冘”字及其组成的谐声字组的语音演变

谐声字组	上古拟音	《广韵》	《中原音韵》	普通话
冘$_1$	幽部以母［ju］	尤韵以周切流摄开口三等以母平声［ju］	无此字［yin^{35}］	[yin]
冘$_2$	侵部以母［jim］	侵韵余针切深摄开口三等以母平声［jeˇm］	无此字	[you^{35}]
耽	侵部端母[təm]	覃韵丁含切咸摄开口一等端母平声［tɒm］	监咸切端母平声阴［tam］	[tan^{55}]

（三）例外音变的影响

“咸”与“喊”在《中原音韵》之前的演变轨迹相同，到了现代读音不同。可能“喊”是口语常用词，所以没有按照语音规则变。

王力认为，中古咸韵喉音现代读音为［ian］，那么依据这种说法，“喊”也应该现代读［ian］，但是现代没有［i］介音，读［an］（见表5-67）。

表5-67 “咸”字及其组成的谐声字组的语音演变

谐声字组	上古拟音	《广韵》	《中原音韵》	普通话
咸	侵部匣母［ɣeam］	咸韵胡馋切咸摄开口二等匣母平声［ɣɐm］	监咸韵晓母平声［xiam］	［ɕian^{35}］
喊	侵部匣母［xeam］	咸韵下斩切咸摄开口二等匣母上声［ɣɐm］	监咸韵晓母上声［xiam］	［xan^{214}］

第十节 声符在上古谈部的形声字组的演变分析

一、谈部从上古到现代的语音演变概述

上古谈部对应中古的谈咸衔盐严添凡七韵。晋宋时期，谈部分为谈（谈衔）、盐（盐添严凡）两部。段玉裁将其上古音归在第八部。

谈部上古拟音为［am］，包括开口一等（谈）、开口二等（咸衔）、开合口三等（盐严凡）、开口四等（添）五种。语音演变历程如下：

开口一等（谈）：［am］（A）→［ɑm］（B）→［am］（C）→［an］（D）

开口二等（监）：［eam］（A）→［eɑm］→［am］（B）→［ĭam］（C）→［ĭan］（D）

（谗）：［eam］（A）→［eɑm］→［am］（B）→［eam］→［am］（C）→［ĭan］（D）

开口三等（炎）：［ĭam］（A）→［ĭɑm］→［ĭɛm］（B-C）→［ĭan］（D）

（詹）：［ĭam］（A）→［ĭɑm］→［ĭɛm］（B-C）→［ĭan］（D）

开口三等（严）：［ĭam］（A）→［ĭɑm］→［ĭɐm］（B-C）→［ĭan］（D）

合口三等（犯）：［ĭuam］（A）→［ĭuɑm］→［ĭuɐm］（B-C）→［ĭan］（D）

开口四等（兼）：［iam］（A）→［ĭɑm］→［iem］（B-C）→［ĭan］（D）

中古时，开口一等进入谈韵，开口二等进入衔韵，开口三等进入盐韵和严韵，合口三等进入凡韵，开口四等进入添韵。《中原音韵》中大多在监咸韵、寒山韵和廉纤韵。

二、声符在上古谈部的分布以及构成的谐声字组

声符在谈部的有：炎、詹、斩、甘、奄、佥、兼、夹、臽、占，共 10 个，构成的谐声字有 43 个，和声符韵母相同的有 30 个，不同的有 13 个（见表 5-68）。

表 5-68　上古谈部声符及组成的谐声字组

上古在谈部的声符	构字量	由声符构成的谐声字组
炎	4	淡谈痰毯
詹	2	瞻赡
斩	4	惭渐暂崭
甘	2	钳酣
奄	2	掩淹
佥	8	剑俭捡检脸签险验
兼	4	歉谦赚嫌
夹	3	峡狭颊
臽	5	陷馅焰掐阎
占	9	点店粘站战沾钻帖贴

三、谐声字与声符韵母发音不同的演变情况及分析

下面的声符与谐声字中，大多是同在谈部，但是不同等，从而导致语音差别。“赚”到了近现代的语音变化不符合语音演变规律，出现了例外音变。

“痰”“毯”，《说文》中无，为后起字。《源流字典》：“痰，从疒炎声”；“毯，从毛炎声”。

这组谐声字中，“炎”的上古音被归在三等，中古时进入盐韵，元音高化。谐声字“淡”与“谈”归在一等，中古时在谈韵，主元音不变。因此，谐声字与声符产生语音差别（见表 5-69）。

表 5-69　“炎”字及其组成的谐声字组的语音演变

谐声字组	上古拟音	《广韵》	《中原音韵》	普通话
炎	谈部匣母[ɣĭam]	盐韵于廉切咸摄开口三等云母平声［ɣĭɛm］	廉纤韵影母平声阳［iɛm］	［ian^{35}］
淡	谈部定母[dam]	敢韵徒敢切咸摄开口一等定母上声［dɑm］	监咸韵端母去声［tam］	［tan^{51}］
谈	谈部定母[dam]	谈韵徒甘切咸摄开口一等定母平声［dɑm］	监咸韵透母平声阳［t'am］	［$t'an^{35}$］
痰	谈部定母[dam]	（集韵）谈韵徒甘切咸摄开口一等定母平声［dɑm］	监咸韵透母平声阳［t'am］	［$t'an^{35}$］
毯	谈部透母[t'am]	敢韵吐敢切咸摄开口一等透母上声［t'ɑm］	监咸韵透母上声［t'am］	［$t'an^{214}$］

“斩”的上古音归为二等，“渐”归为三等。中古“斩”进入咸韵，之后，因“斩”声母非喉音，因此元音低化，现代韵母读［an］；“渐”有［ĭ］介音，受介音影响，中古时进入盐韵，主元音高化为［ɛ］，《中原音韵》进入廉纤韵，主元音保持［ɛ］到现在（见表 5-70）。

表 5-70　“斩”字及其组成的谐声字组的语音演变

谐声字组	上古拟音	《广韵》	《中原音韵》	普通话
斩	谈部庄母[tʃeam]	豏韵测减切咸摄开口二等庄母上声［tʃɐm］	监咸韵知照母上声［tʃam］	［$tʂan^{214}$］
渐	谈部精母[tsĭam]	盐韵子廉切咸摄开口三等精母平声［tsĭɛm］	廉纤韵精母平声阴［tsiɛm］	［$tɕian^{35}$］

“钳，从金，甘声。”（《说文》）“甘”的上古音归为一等，“钳”归在三等。中古时“甘”进入谈韵，而后主元音保持不变到现在。“钳”进入盐韵，韵母为［ɛ］，到现在也保持不变（见表 5-71）。

表 5-71　“甘”字及其组成的谐声字组的语音演变

谐声字组	上古拟音	《广韵》	《中原音韵》	普通话
甘	谈部见母[kam]	谈韵古三切咸摄开口一等见母平声［kɑm］	监咸韵见母平声阴［kam］	［kan^{35}］

续表

谐声字组	上古拟音	《广韵》	《中原音韵》	普通话
钳	谈部群母[gǐam]	盐韵巨淹切咸摄开口重纽三等群母平声[gǐɛm]	廉纤韵溪母平声阳[k'iɛm]	[tɕian35]

“赚”，《说文》新附：“重买（卖）也，从贝，廉声。”“直陷切”（《集韵》），陷韵。《中原音韵》中增生了［i］介音，由于声母为知照母，近现代变成舌尖后音［tʂ］，不再与［i］相拼。王力认为，“赚”近现代读［uan］是一个例外音变（见表5-72）。

表5-72 “兼”字及其组成的谐声字组的语音演变

谐声字组	上古拟音	《广韵》	《中原音韵》	普通话
兼	谈部见母[kiam]	添韵古甜切咸摄开口四等见母平声[tsǐem]	廉纤韵见母平声阴[tsiɛm]	[tɕian35]
赚	王力、郭锡良书未找到其古音	（集韵）陷韵直陷切咸摄开口二等澄母去声[ȶ'ɐm]	监咸韵知照母去声[ȶ'iam]	[tʂuan51]

“臽”与谐声字“掐”上古时分属谈部和叶部，主元音相同。“臽”上古时为一等，中古时进入覃韵，《中原音韵》中在监咸韵，增生了［i］介音，主元音前化。近现代［m］韵尾变［n］，元音高化为［iɛ］。“掐”中古时进入洽韵，与咸韵对应，之后，洽韵和狎韵合流之后，韵尾失落，再和麻合流，进入了家麻韵，保留［ia］这一读音到现在（见表5-73）。

表5-73 “臽”字及其组成的谐声字组的语音演变

谐声字组	上古拟音	《广韵》	《中原音韵》	普通话
臽	谈部溪母[k'am]	咸韵户韽切咸摄开口二等溪母上声[k'ɐm]	监咸入韵去声[k'iam]	[ɕian51]
掐	叶部溪母[k'eap]	洽韵苦洽切咸摄开口二等溪母入声[k'ɐp]	家麻入韵溪母上声[k'ia]	[tɕ'ia55]

“占，视兆问也。”（《说文》）是“占卜”的意思。“占有”的意思始见于《集韵》：“占，固有也。”《广韵》中都进入盐韵，一个是职廉切，一个是

章艳切。《中原音韵》中在廉纤韵。因为声母是照母和章母，韵母有［i］介音，因此近现代声母变为舌尖后音［tʂ］，不再与［i］相拼。

“点”与“店”上古时归为四等韵，声母为端母。中古时进入添韵，在《中原音韵》中与声符同在廉纤韵，到了近现代，因为声母的影响，与声符的韵母只是［i］介音的差别。

现代汉字“钻”，是一个新简化字。它用形体简单的“占”取代形体复杂的“赞”作为声符，和“钅”字旁构成新的形声字。

“粘（［tʂan^{55}］），沾上，胶合。”　“粘（［nian^{35}］），具有粘性。”（《汉语大字典》）其中，［tʂan^{55}］应为现代读音和意义，古音只有［nian^{35}］。

粘（［nian^{35}］），上古时与声符同等，中古时都进入盐韵，语音演变相同。只是“粘”的声母为“n”，因此保留了［i］介音。

“钻”在历史上也本有其字。“钻，铁銸也。从金，占声。一曰膏车铁钻。”（《说文》）段玉裁注：“敕淹切，古音在七部。读如砧。刘氏渠金反。”《广韵》中是“巨淹切”。

因此，现代汉字“钻”因其字义较少用，因此借其字形表示繁体字“鑽”的读音和意义。但“鑽”的古音在寒部，与简体字“钻”不同，但到了现代，韵尾都变为了［n］。

“帖，帛书署也。从巾，占声。”（《说文》）“贴”，《说文》新附：“以物为质也。从贝，占声。”它们的上古音属于叶部，与谈部主元音相同，属于阳入互转。中古时进入帖韵，在《中原音韵》中韵尾消失，韵母高化为［iɛ］，保留到现在（见表 5-74）。

表 5-74　“占”字及其组成的谐声字组的语音演变

谐声字组	上古拟音	《广韵》	《中原音韵》	普通话
占$_1$（占卜义）	谈部照母［tĭam］	盐韵职廉切咸摄开口三等章母平声［tɕĭɛm］	廉纤韵知照母平声阴［tʃiɛm］	［tʂan^{55}］
占$_2$（占有义）	谈部章母［tĭam］	艳韵章艳切咸摄开口三等章母去声［tɕĭɛm］	廉纤韵知章母去声［tʃiɛm］	［tʂan^{51}］
点（點）	谈部端母［tiam］	忝韵多忝切咸摄开口四等端母上声［tiem］	廉纤韵端母上声［tiɛm］	［tian^{214}］
店	侵部端母［tiam］	掭韵都念切咸摄开口四等端母去声［tiem］	廉纤韵端母去声［tiɛm］	［tian^{51}］

续表

谐声字组	上古拟音	《广韵》	《中原音韵》	普通话
粘	谈部泥母[nĭam]	盐韵女廉切咸摄开口三等泥母平声［nĭɛm］	廉纤韵泥母平声阳［niɛm］	[nian[35]]
钻$_1$（鑽）	元部精母[tsuan]	桓韵借官切山摄合口一等精母平声[tsuan]	桓欢韵精母平声阴[tson]	[tsuan[55]]
钻$_2$	元部精母[tsuan]	换韵子筭切山摄合口一等精母去声[tsuɑn]	桓欢韵精母去声[tson]	[tsuan[51]]
帖$_1$	叶部透母[t'iap]	帖韵他协切咸摄开口四等透母入声［t'iep］	车遮入韵透母上声[t'iɛ]	[t'iɛ[55]]
帖$_2$	叶部透母[t'iap]	帖韵他协切咸摄开口四等透母入声［t'iep］	车遮入韵透母上声[t'iɛ]	[t'iɛ[214]]
贴	叶部透母[t'iap]	帖韵他协切咸摄开口四等透母入声［t'iep］	车遮入韵透母上声[t'iɛ]	[t'iɛ[55]]

第六章　入声韵形声字的语音演变及规律分析

王力将上古入声韵分为职觉药屋铎锡月质物缉叶十一部。从上古到两汉，入声韵变化不大，只是质部和物部合并，月部去声分出独立为祭部两种变化。三国时期，药铎合为一部，月部分为屑（月屑薛黠）、曷（曷末辖）两部，祭部分为祭（祭霁怪）、泰（泰夬废怪）两部。缉部分为缉、合两部，缉部独立。另外，质部屑（结）薛（设）黠（八）三类字归入屑部。晋代，质部分化为质（质术栉迄物）、没两部，没韵独立，不与质术相混。此时入声的分化已经与阳声韵部同步，南北朝前期，质部分化为质（质术栉）、物（迄物）两部，屑部所含的月韵字转入没部，屋部分化为屋、沃（沃烛）两部。

王力认为，上古时入声韵有短入和长入两种，上述入声韵的演变主要指短入。长入因为数量少将在每节中附带说明。

《中原音韵》中，所有的入声韵已被派入阴声韵。因此，入声韵大部分在：支思、齐微、皆来、车遮、家麻、鱼模、尤侯、萧豪、歌戈九韵。

第一节　声符在上古职部的形声字组的演变分析

一、职部语音演变概述

上古职部对应中古的职德屋麦四韵。三国到魏晋时期，职部分化为职德两部。职部包括职屋两韵，德部包括德麦两韵。到了晋代，职部的屋韵字转入觉部，跟觉部屋韵字相混。南北朝时期，德部的麦韵字开始与陌昔相近，先秦职、铎、锡三部的麦韵字合流。最晚到元朝时，职部字丢失［k］韵尾，归入阴声韵，大多在齐微、鱼模二韵。段玉裁将其古音多归在第一部。

上古职部拟音为［ək］，包括开合口一等、开合口三等四种情况。从先秦到现在的演变历程如下：①

开口一等（德）：［ək］（A）→［ɐk］→［ək］（B）→［əi］（C）→

① 见王力：《汉语语音史》，商务印书馆2008年版，第567页。

［e］→［ə］（D）

（革）：［ək］（A）→［ek］→［ɐk］→［ək］（B）→［ai］（C）→［e］→［ə］（D）

（戒）：［ə：k］（A）→［ei］→［ai］（B）→［ĭai］（C）→［ĭe］（D）

合口一等（国）：［uək］（A）→［uɐk］→［uək］（B）→［uəi］（C）→［ue］→［uo］（D）

开口三等（亿）：［ĭək］（A-B）→［it］→［i］（C-D）

（侧）：［ĭək］（A-B）→［ək］→［i］（C）→［e］→［ə］（D）

（式）：［ĭək］（A-B）→［it］→［i］（C）→［ʅ］（D）

（意）：［ĭə：k］（A）→［ĭə］→［i］（B-D）

合口三等（域）：［ĭuək］（A-B）→［ĭuit］→［i］（C）→［y］（D）

（或）：［ĭuək］（A）→［ĭok］→［ĭwok］（B）→［ĭu］（C）→［y］（D）

（牧福）：［ĭuək］（A）→［ĭok］→［ĭwok］（B）→［u］（C-D）

（富）：［ĭuək］（A）→［ĭu］（B）→［ĭou］→［u］（C-D）

一等韵在中古时进入德韵，二等韵在中古时进入麦韵，三等韵进入职屋韵，四等韵进入职韵。长音最晚到两汉时并入之部。

二、声符在上古职部的分布以及构成的谐声字组

常用形声字声符在职部的有：畐、戒、異、北、戠、则、或、息、亟、力、黑、伏、矢、艮，共 14 个，职部声符构成的谐声字一共有 32 个，从现代汉字的角度看，谐声字组中和声符韵母相同的有 29 个，不同的有 3 个（见表 6-1）。

表 6-1　上古职部声符及组成的谐声字组

上古在职部的声符	数量	谐声字组
畐	6	逼福幅副富辐
戒	2	械诫
異	1	翼
北	1	背

续表

上古在职部的声符	数量	谐声字组
戠	4	识织职帜（識、織、職、幟）
则	3	测侧厕
或	1	惑
息	2	熄媳
亟	1	极（極）
力	2	勒历
黑	3	墨默嘿
伏	1	袱
矢	4	知疑医疾
艮	1	服

三、谐声字与声符韵母发音不同的演变情况及分析

（一）受声符多音字的影响

“畐”原有两个读音，造成现在同一声符的谐声字读音不同。

这组的谐声字的声符“畐”上古时即有两个音值：“职部滂母［p′ĭək］”和“职部滂母［p′ĭuk］”，广韵中分别进入曾摄职韵和通摄屋韵。以“畐”为声符的谐声字也分出两组谐声字，由此引出不同的读音。这组谐声字的声母都是唇音（见表6-2）。

表6-2　“畐”字及其组成的谐声字组的语音演变

谐声字组	上古拟音	《广韵》	《中原音韵》	普通话
畐$_1$	职部滂母［p′ĭək］	屋韵方六切通摄合口三等非母入声［fĭuk］（《集韵》）		［fu^{35}］
畐$_2$	职部滂母［p′ĭuk］	职韵芳逼切曾摄开口三等滂母入声［p′ĭək］	齐微入韵帮母上声［pi］	［pi^{51}］
逼	职部帮母［pĭək］	职韵彼侧切曾摄开口三等帮母入声［pĭək］	齐微入韵帮母上声［pi］	［pi^{55}］

续表

谐声字组	上古拟音	《广韵》	《中原音韵》	普通话
福	职部帮母[pĭək]	屋韵方六切通摄合口三等非母入声［pĭuk］	鱼模入韵非母上声［fu］	［fu^{35}］
幅	职部帮母[pĭək]	屋韵方六切通摄合口三等非母入声［pĭuk］	鱼模入韵非母上声［fu］	［fu^{35}］
副	职部滂母[p'ĭək]	屋韵芳福切通摄合口三等敷母入声［p'ĭuk］	鱼模入韵非母上声［fu］	［fu^{51}］
富	职部帮母[pĭə1k]	宥韵方副切流摄开口三等非母去声［pĭəu］	鱼模韵非母去声［fu］	［fu^{51}］
辐	职部帮母[pĭək]	宥韵方副切流摄开口三等非母去声［pĭəu］	尤候韵非母去声［fu］	［fu^{51}］

（二）受韵母不同等的影响

“力”与“勒”的上古音同部不同等。

“勒”与声符“力”上古均为来母，韵母分属一、三等，有介音的差别。中古时，“力”进入职韵，因为声母为非知照系，《中原音韵》中丢失［ə］读［i］，保持到现在；“勒”中古时进入德韵，在《中原音韵》中进入齐微韵，到了现代，因为声母是非唇音，韵母变为［ɣ］（见表6-3）。

表6-3　“力”字及其组成的谐声字组的语音演变

谐声字组	上古拟音	《广韵》	《中原音韵》	普通话
力	职部来母[lĭək]	职韵林直切曾摄开口三等来母入声［lĭək］	齐微入韵来母去声［li］	［li^{51}］
勒	职部来母[lək]	德韵盧则切曾摄开口一等来母入声［lək］	齐微入韵来母去声［lei］	［lɣ^{51}］

（三）受声母不同的影响

“黑”与“默”“墨”中古之前韵母拟音不同，声母不同，到了近现代韵母变化不同。

声符“黑”和谐声字“默”“墨”上古时都是开口一等，“黑”声母是喉音，“墨”“默”的声母是唇音。到元代的《中原音韵》中，“黑”仍为开口，声母为喉音晓母，按照一般的规律，德韵开口一等非唇音到现代应该读［xɣ^{55}］，现实中很多方言确实读这个音，但是北京话读［xei^{55}］，高晓虹认为这是北京话的口语音（也称为白读）。据她考证，反映北京话的明代韵书《合并字学韵集》中，中古曾摄部分字有了文白两读，其中“黑”有［xei］（白读）和［xə］（文读）两个读音，之后，白读［xei］成了北京话的主要读音。① 而“墨”“默”则因为唇音［m］的原因到了现代读［mo^{51}］（见表6-4）。

表 6-4　“黑”字及其组成的谐声字组的语音演变

谐声字组	上古拟音	《广韵》	《中原音韵》	普通话
黑	职部晓母［xək］	德韵呼北切曾摄开口一等晓母入声［xək］	齐微入韵晓母上声［xei］	［xei^{55}］
墨	职部明母［mək］	德韵莫北切曾摄开口一等明母入声［mək］	齐微入韵明母去声［mei］	［mo^{51}］
默	职部明母［mək］	德韵莫北切曾摄开口一等明母入声［mək］	齐微入韵明母去声［mei］	［mo^{51}］

第二节　声符在上古觉部的形声字组的演变分析

一、觉部语音演变概述

上古觉部短入对应中古的沃觉屋锡四韵。魏晋时期，觉部和药部的锡韵字合流，刘宋时期，觉部锡韵字转入锡部，跟锡部的锡韵字合流，觉部与职部的屋韵字、觉韵字合流。《中原音韵》多在鱼模韵和萧豪韵。段玉裁将其古音多归在三部。

上古觉部长入最晚在两汉时并入幽部。

上古觉部的拟音为［uk］，包括合口一等、合口二等、合口三等、合口四等四种。其演变历程如下：

合口一等（鹄）：［uk］→［uok］（B）→［u］（C-D）

（告）：［u：k］→［ou］→［au］（B-D）

合口二等（觉）：［eu：k］→［eou］→［ɔk］（B）→［ak］→［ĭau］（C）→［ye］（D）

（觉）：［eu：k］→［eou］→［au］（B）→［ĭau］（C-D）

合口三等（匊）：［ĭwok］→［ĭou］→［ĭwok］（B）→［y］（C-D）

① 见高晓虹：北京话入声字文白异读的历史层次，《语文研究》，2001 年第 2 期，第 40 页。

（肃）：［ǐwok］→［ǐok］→［ǐwok］（B）→［y］（C）→［u］（D）

（叔）：［ǐwok］→［ǐok］→［ǐwok］（B）→［iu］（C）→［u］（D）

（肉）：［ǐwok］→［ǐok］→［ǐwok］（B）→［əu］（C-D）

（六）：［ǐwok］→［ǐok］→［ǐwok］（B）→［ǐəu］（C-D）

合口四等（戚）：［iuk］→［iok］→［ik］→［ǐek］（B）→［i］（C-D）

（耀）：［iu：k］→［iou］→［iæu］→［ǐæu］（B）→［ǐau］（C-D）

一等韵短入中古时进入沃韵，长音进入佳韵；二等韵短入进入觉韵，长音进入肴韵；三等韵进入屋韵，四等韵短入进入锡韵，长音进入宵韵。

二、声符在上古觉部的分布以及构成的谐声字组

声符在觉部的有：尗、告、畜、竹、匊、复、臼、孰，共8个，共构成13个谐声字，其中，与声符相同的有10个，不同的有3个（见表6-5）。

表6-5 上古觉部声符及组成的谐声字组

上古在觉部的声符	构字量	由声符构成的谐声字组
尗	2	叔戚
告	4	浩靠酷造
畜	1	蓄
竹	1	筑
匊	2	菊鞠
复	1	腹
臼	1	舅
孰	1	熟

三、谐声字与声符韵母发音不同的演变情况及分析

“尗”与“戚”，“告”与“酷”上古时即在觉部但不同等，已有语音的差别。

“戚，从戉，尗声。”（《说文》）“尗，豆也。像豆生之形也。”（《说

文》）段玉裁将它们的古音都归在三部。王力将“尗”归在觉部三等，“戚”为四等。“尗”在《广韵》中的读音与上古时相同，《中原音韵》中丢失辅音韵尾，又因为声母由舌面音书母［ɕ］变为舌叶音［tʃ］，继而丢失了介音，现代声母又变为舌尖后音，韵母不变。“戚”在《广韵》中的读音之于上古元音前化，在《中原音韵》中进入齐微韵，丢失韵尾，韵母由［ie］变为［i］，保持到现代（见表6–6）。

表6–6　“尗”字及其组成的谐声字组的语音演变

谐声字组	上古拟音	《广韵》	《中原音韵》	普通话
尗	觉部书母[ɕĭwuk]	屋韵式竹切通摄合口三等书母入声[ɕĭwuk]	鱼模入韵平声［tʃu］	[tʂu^{55}]
戚	觉部清母[ts′iuk]	锡韵仓历切梗摄开口四等清母入声[ts′iek]	齐微入韵清母上声[tɕ′i]	[tɕ′i^{55}]

“告”，《说文》认为其为会意字，“牛触人，角著横木，所以告人也。从牛从口。”段注认为《说文》分析得不对，他认为：“牛与人口非一体，牛口为文，未见告义，且字形中无木，则告意未显。且如所云是未尝用口，是告可不用口也，何以为一切告字见义哉。”“此字当入口部。从口，牛声。牛可入声读玉也。《广韵》：告上曰告，发下曰诰。古沃切。三部。音转古到切。”

“酷，酒味厚也。从酉，告声。”（《说文》）段注：“苦沃切，三部。”

王力将这组谐声字上古都归为觉部合口一等，“告”为长音，《广韵》中已丢失辅音韵尾，进入豪韵，之后声韵母保持不变；“酷”为短促音，《广韵》中进入沃韵，《中原音韵》中进入鱼模韵，变为阴声韵，之后声韵母读音不变。二者韵母读音的差别自上古时就已产生（见表6–7）。

表6–7　“告”字及其组成的谐声字组的语音演变

谐声字组	上古拟音	《广韵》	《中原音韵》	普通话
告	觉部见母[kuː k]	号韵古到切效摄合口一等见母去声［kɑu］	萧豪韵见母去声[kau]	[kau^{51}]
酷	觉部溪母[k′uk]	沃韵苦沃切通摄合口一等溪母入声［k′uok］	鱼模入韵溪母上声[k′u]	[k′u^{51}]

第三节　声符在上古药部的形声字组的演变分析

一、药部语音演变概述

上古药部短入对应中古的铎觉药锡屋沃六部。上古药部一等和铎部一等合流，称为中古的铎韵；上古药部二等和屋觉二等合流称为中古的觉韵；上古药部三等和铎部三等合流成为中古的药韵；上古药部四等和锡觉两部四等合流成为中古的锡韵。段玉裁将其古音归在第二部。

药部长入最晚到两汉时并入宵部。

药部在《中原音韵》中多在萧豪、歌戈、鱼模、齐微韵。

上古药部的拟音为［ɔk］，包括开口一等、开口二等、开口三等开口四等四种拟音。其从先秦到现在的演变历程如下：

开口一等（乐）：［ɔk］（A）→［ɑk］（B）→［uo］（C）→［ɣ］（D）

（瀑）：［ɔk］（A）→［uk］（B）→［u］（C-D）

（沃）：［ɔk］（A）→［uok］（B）→［uo］（C）

（悼）：［ɔ：k］（A）→［au］（B）→［au］（C-D）

开口二等（乐）：［eɔk］（A）→［euk］→［ɔk］（B）→［eak］→［ĭau］（C）→［ĭɔ］→［ye］（D）

（卓）：［eɔk］（A）→［euk］→［ɔk］（B）→［eak］→［ĭau］（C）→［uɔ］→［uo］（D）

（驳）：［eɔk］（A）→［euk］→［ɔk］（B）→［eak］→［ɔ］→［uɔ］（C）→［uo］（D）

开口三等（约）：［ĭɔk］→［ĭak］（B）→［ĭue］（C）→［ye］（D）

（灼）：［ĭɔk］（A）→［ĭak］（B）→［ĭau］（C）→［uo］（D）

（耀）：［ĭɔ：k］（A）→［ĭɛu］（B）→［iau］（C-D）

开口四等（激）：［iɔk］（A）→［iek］（B）→［i］（C-D）

中古一等短入归入铎屋沃三韵，长入进入豪韵；二等归入觉韵；三等短入进入药韵，长入进入豪韵；四等进入锡韵。

二、声符在上古药部的分布以及构成的谐声字组

声符在药部的有：卓、勺、龠、乐、翟、爵、敫、隺、暴，共9个，共构成谐声字18个，与声符相同的有6个，不同的有12个（见表6-8）。

表 6-8　上古药部声符及组成的谐声字组

上古在药部的声符	构字量	由声符构成的谐声字组
卓	3	罩悼掉
勺	6	的豹钓约酌灼
乐	1	烁
翟	1	耀
敫	3	缴邀激
隺	1	鹤
暴	3	爆曝瀑

三、谐声字与声符韵母发音不同的演变情况及分析

（一）谐声字与声符在上古读音已有差异

王力认为，中古觉韵的舌齿音经历了一个齐齿的阶段，即［ɔk］→［ĭak］→［uo］，到了近现代，声母变为卷舌音，主元音［a］受韵头的影响高化为合口呼，譬如“卓”。① 但是，“掉”中古是觉韵泥母，《中原音韵》也在萧豪韵，但是现代主元音仍读［au］，可能是坚持了口语读音的原因。“卓”的读音变化坚持了文读的规律。②

“罩”“悼”在中古时进入阴声韵效摄，《中原音韵》在萧豪韵，保持读音到现在（见表 6-9）。

表 6-9　“卓”字及其组成的谐声字组的语音演变

谐声字组	上古拟音	《广韵》	《中原音韵》	普通话
卓	药部端母［teɔk］	觉韵竹角切江摄开口二等知母入声［ȶɔk］	萧豪入韵知照母上声［ʧau］	［tʂuo⁵⁵］
罩	药部端母［teɔ：k］	效韵都叫切效摄开口二等知母上声［ȶau］	萧豪入韵知照母上声［ʧau］	［tʂau⁵¹］

① 见王力：《汉语史稿》，中华书局 2013 年版，第 145 页。

② 可参看高晓虹：北京话入声字文白异读的历史层次，《语文研究》，2001 年第 2 期，第 38 页。

续表

谐声字组	上古拟音	《广韵》	《中原音韵》	普通话
悼	药部定母[diɔ：k]	号韵徒到切效摄开口一等定母去声［dɑu］	萧豪韵端母去声［tau］	[tau51]
掉	药部泥母[neɔk]	觉韵女角切江摄开口二等泥母入声［nɔk］	萧豪入韵泥母去声［nau］	[tiau51]

中古时药韵声母为非知照系转入车遮（如“约”）的时间，比较晚，在18世纪之后，可能介音先变为撮口呼，然后带动韵母改变。中古时药韵声母为知照系的，现代的读音大多变为［uo］，如“灼”“酌”，韵母在卷舌音后变为了合口呼，主要原因也变为［o］。“勺”中古时也为药韵，声母也属于知照系，但是现代仍读《中原音韵》中的［au］，是因为它保留的是元代时的口语读音,① “灼”与“酌”的读音演变是文读规律。“钓”中古时则进入阴声韵效摄，近现代仍保留［au］的读音（见表6-10）。

表 6-10　“勺”字及其组成的谐声字组的语音演变

谐声字组	上古拟音	《广韵》	《中原音韵》	普通话
勺	药部禅母[ʑĭɔk]	药韵市若切宕摄开口三等禅母［ʑĭak］	萧豪入韵审母平声阳［ʃiau］	[ʂau35]
的	药部端母[tiɔk]	锡韵都历切梗摄开口四等端母入声［tiek］	齐微入韵端母上声［ti］	[ti]
钓	药部端母[tiɔ：k]	啸韵多啸切效摄开口四等端母去声［tieu］	萧豪韵端母去声［tiɛu］	[tiau51]
酌	药部照母[tĭɔk]	药韵之若切宕摄开口三等章母入声［tɕĭak］	萧豪入韵知照母上声［tʃiau］	[tʂuo35]
灼	药部照母[tĭɔk]	药韵之若切宕摄开口三等章母入声［tɕĭak］	萧豪入韵知照母上声［tʃiau］	[tʂuo35]
约	药部影母[ĭɔk]	药韵之若切宕摄开口三等影母入声［ʔĭak］	萧豪入韵影母去声［iau］	[yɛ55]

“翟”和“耀”的上古音即分为不同等，长短音也不同。“翟”为四等短入，“耀”为三等长入，中古“翟”进入锡韵，“耀”进入宵韵，差别加大

① 见高晓虹：北京话入声字文白异读的历史层次，《语文研究》，2001年第2期，第38页。

（见表 6-11）。

表 6-11　“翟”字及其组成的谐声字组的语音演变

谐声字组	上古拟音	《广韵》	《中原音韵》	普通话
翟	药部定母[deɔk]	锡韵徒历切梗摄开口四等定母入声［diek］	齐微入韵端母平声阳［ti］	[ti^{35}]
耀	药部喻母［ʎĭɔ：k］	宵韵弋照切效摄开口三等以母去声［jĭɛu］	萧豪入韵影母去声［iau］	[iau^{51}]

王力将“敫”的上古音归在三等，“激”归在四等。中古“敫”进入药韵，现代韵母读［au］，“激”中古时进入锡韵，之后辅音韵尾消失，韵母高化为［i］（见表 6-12）。

表 6-12　“敫”字及其组成的谐声字组的语音演变

谐声字组	上古拟音	《广韵》	《中原音韵》	普通话
敫	药部匣母[ɣĭɔk]	药韵以灼切宕摄开口三等以母入声［jĭauk］	萧豪入韵影母去声［iau］	[tɕiau^{214}]
激	药部见母[kiɔk]	锡韵古历切梗摄开口四等见母入声［kiek］	齐微入韵见母上声［ki］	[tɕi^{55}]

“乐”的上古音为开口一等和二等，一等音中古时进入铎韵，之后元音高化，继而央化，现代读［ɣ］。二等音中古时进入觉韵，在《中原音韵》中进入萧豪韵，而后元音高化为［yɛ］。王力认为，中古的觉韵只有喉音到了近现代读［yɛ］，而且时间不早于 18 世纪。“烁”上古音为三等，声母为审母，中古时进入药韵，在《中原音韵》中进入萧豪韵，现代元音高化为［uo］（见表 6-13）。

表 6-13　“乐”字及其组成的谐声字组的语音演变

谐声字组	上古拟音	《广韵》	《中原音韵》	普通话
乐$_1$	药部来母[lɔk]	铎韵盧各切宕摄开口一等来母入声［lɑk］	歌戈入韵来母去声［luo］	[lɣ^{51}]
乐$_2$	药部疑母[ŋeɔk]	觉韵五角切江摄开口二等疑母入声［ŋɔk］	萧豪入韵影母去声［iau］	[yɛ^{51}]
烁	药部审母[ɕĭɔk]	药韵书药切宕摄开口三等书母入声［ɕĭak］	萧豪入韵审母上声［ʃiau］	[ʂuo^{51}]

（二）声符是多音字的影响

“暴”有两个读音，有一个与谐声字“瀑”相同。

“暴”从古至今有两个发音，“瀑”与其中的一个声符［p′u^51］发音一致，但不是现在的常用音（见表6-14）。

表6-14 “暴”字及其组成的谐声字组的语音演变

谐声字组	上古拟音	《广韵》	《中原音韵》	普通话
暴$_1$	药部并母［bɔk］	屋韵蒲木切通摄合口一等并母入声［buk］	鱼模入韵帮母平声阳［pu］	［p′u^{51}］
暴$_2$	药部并母［bɔk］	号韵薄报切效摄开口一等并母去声［bɑu］	萧豪韵帮母去声［pau］	［pau^{51}］
瀑	药部并母［bɔk］	屋韵薄木切通摄合口一等并母入声［buk］	鱼模入韵帮母平声阳［pu］	［p′u^{51}］

第四节 声符在上古屋部的形声字组的演变分析

一、屋部语音演变概述

上古的屋部对应中古的屋沃烛三韵。大概在南北朝时期，屋部分化为屋、沃（沃烛）两部。在《中原音韵》中，屋部大部分进入鱼模韵和萧豪韵。段玉裁将其古音归入第三部。

屋部长入最晚到两汉并入侯部。

上古屋部的拟音为［ok］，包括开口一等、开口二等、开口三等三种拟音。其从先秦到现在的演变历程如下：

开口一等（木）：［ok］（A）→［ok］→［uk］（B）→［u］（C-D）

（奏）：［oːk］（A）→［u］→［ou］（B）→［əu］（C-D）

开口二等（角）：［eok］（A）→［euk］→［ɔk］（B）→［ĭau］（C）→［ĭɔ］→［ye］（D）

（握）：［eok］（A）→［euk］→［ɔk］（B）→［ĭau］（C）→［uɔ］→［uo］（D）

（浊）：［eok］（A）→［euk］→［ɔk］（B）→［ɔ］（C）→［uɔ］→［uo］（D）

开口三等（局）：［ĭok］（A）→［ĭwok］（B）→［ĭu］（C）→［y］

(D)

（绿）：［ĭok］(A) →［ĭwok］(B) →［ĭu］(C) →［y］(D)

（足）：［ĭok］(A) →［ĭwok］(B) →［ĭu］(C) →［y］→［u］(D)

（裕）：［ĭo：k］(A) →［ĭo］→［ĭu］(B) →［y］(C-D)

屋部的韵部演变大部分呈现元音高化的趋势。王力认为一等韵短入中古时多进入屋韵，长入进入侯韵，二等韵多进入觉韵，三等韵短入多进入烛韵，长入进入遇韵。

二、声符在上古屋部的分布以及构成的谐声字组

声符在屋部的有：谷、屋、束、卜、足、豖、于，共 7 个，共构成 15 个谐声字，其中与声符相同的有 12 个，不同的有 3 个（见表 6-15）。

表 6-15　上古屋部声符及组成的谐声字组

上古在屋部的声符	构字量	由声符构成的谐声字组
谷	4	俗欲浴裕
屋	1	握
束	1	速
卜	5	补赴扑仆朴
足	2	促捉
豖	1	琢
于	1	宇

三、谐声字与声符韵母发音不同的演变情况及分析

“屋”与“握”，“足”与“捉”，“豖”与“琢”的上古音即分等不同。

段注：“屋，乌谷切，三部”；“握，於角切，三部”。王力将“屋”上古韵部归为开口一等，“握”为开口二等，声母同为影母，到现代变为零声母。先秦一等屋韵字“屋”元音演变中高化为［u］；二等觉韵字“握”在中古之后裂化为复元音［au］，近现代高化为［uo］（见表 6-16）。

表 6-16　“屋”字及其组成的谐声字组的语音演变

谐声字组	上古拟音	《广韵》	《中原音韵》	普通话
屋	屋部影母[ok]	屋韵乌谷切通摄开口一等影母入声［uk］	鱼模入韵影母去声［u］	[u^{55}]
握	屋部影母[eok]	觉韵于角切江摄开口二等影母入声［ɔk］	萧豪入韵影母去声［au］	[uo^{51}]

段注：“足，即玉切，三部”；“侧角切，三部”。王力将二者古韵一个分在三等，一个分在二等。“足”演变中主要元音高化为［u］，而后受声母精母影响丢掉［i］介音，现代韵母读［u］；“捉”到现代裂化为复韵母［uo］(见表 6-17)。

表 6-17　“足”字及其组成的谐声字组的语音演变

谐声字组	上古拟音	《广韵》	《中原音韵》	普通话
足	屋部精母[tsǐok]	烛韵即玉切通摄开口三等精母入声[tsǐwok]	鱼模入韵精母上声[tsiu]	[tsu^{35}]
捉	屋部精母[tseok]	觉韵侧角切江摄开口二等庄母入声［tʃɔk］	萧豪入韵知照母上声［tʃau］	[tʂuo^{55}]

段注中将“豕”　“啄”归为三部，王力将其先秦音一个归在三等（“豕”），一个归在二等（“啄”），声母为舌尖中音端透母，相同部位。从王力的拟音来看，先秦二者的介音不同，《广韵》中“豕”进入烛韵，元音高化，“啄”进入觉韵，介音丢失。之后，二者声母进入知照组，进而现代变为舌尖后音［tʂ'］和［tʂ]，受声母影响，“豕”不与［i］相拼，韵母省掉介音。“啄”元音［ɔ］裂化为［au]，现代变为［uo］(见表 6-18)。

表 6-18　“豕”字及其组成的谐声字组的语音演变

谐声字组	上古拟音	《广韵》	《中原音韵》	普通话
豕	屋部透母[ȶ'ǐok]	烛韵丑玉切通摄开口三等彻母入声[ȶ'ǐwo]	鱼模入韵彻穿母去声［tʃ'u]	[tʂ'u^{51}]
啄	屋部端母[teok]	觉韵竹角切江摄开口二等知母入声［ȶɔk］	萧豪入韵知照母上声［tʃau]	[tʂuo^{35}]

第五节　声符在上古铎部的形声字组的演变分析

一、铎部语音演变概述

上古的铎部对应中古的铎陌觉药昔五韵。魏晋时期，铎部与药部混为一部，两部铎韵、药韵、觉韵分别合流，形成中古时期的三韵。刘宋时期，铎部的陌昔并入锡部，麦昔分别合流。① 段玉裁将上古铎部归入第五部，和鱼虞模药韵一部。万光泰亦将上古铎部与阴声韵鱼虞模归为一部，另外包括中古的陌昔两韵。《中原音韵》多在萧豪韵、歌戈韵、支思韵、齐微韵和皆来韵。

王力认为，大约在战国时代，铎部长入开始丢失［-k］韵尾，和鱼部合流：模韵并入鱼部模韵，祃韵并入鱼部祃韵，御韵并入鱼部御韵。

上古铎部的拟音为［ak］，包括开合口一等、开合口二等、开合口三等、开口四等七种。其从先秦到现在的演变历程如下：

开口一等（各）：［ak］（A）→［ɑk］→［ak］（B）→［ɔ］（C）→［ə］（D）

（洛）：［ak］（A）→［ɑk］→［ak］（B）→［ɔ］（C）→［uo］（D）

（路）：［a：k］（A）→［o］→［u］（B-D）

合口一等（郭）：［uak］（A）→［uɑk］→［uak］（B）→［uɔ］（C）→［uo］（D）

开口二等（白）：［eak］（A）→［ek］→［ɐk］（B）→［ək］→［ai］（C-D）

（泽）：［eak］（A）→［ek］→［ɐk］（B）→［ək］→［ai］（C）→［ə］（D）

合口二等（获）：［oak］（A）→［oek］→［uɐk］（B）→［uək］→［ua］（C）→［uo］（D）

开口三等（略）：［ĭak］（A-B）→［ĭau］（C）→［ye］（D）

（戟）：［ĭak］（A）→［ĭek］→［ĭɐk］（B）→［ĭək］→［it］（C）→［i］（D）

（剧）：［ĭak］（A）→［ĭek］→［ĭɐk］（B）→［ĭək］→［it］→［i］（C）→［y］（D）

（庶）：［ĭa：k］（A）→［ĭɔ］→［ĭo］→［ĭu］（B）→［y］

① 见孙玉文《汉语史讲义》第86页，未出版。

（C）→［u］（D）
合口三等（矍）：［ǐwak］（A-B）→［yɔ］（C）→［ye］（D）
（缚）：［ǐwak］（A-B）→［ɔ］（C）→［u］（D）
开口四等（昔）：［iak］（A）→［ǐek］→［ǐɐk］（B）→［ǐək］→［it］（C）→［i］（D）
（石）：［iak］（A）→［ǐek］→［ǐɐk］（B）→［ǐək］→［it］→［i］（C）→［ʅ］（D）
（夜射）：［ia：k］（A）→［ǐɑ］→［ǐo］→［ǐa］（B）→［ǐæ］（C）→［ǐe］（D）

开口一等短入中古多进入铎韵，长入进入模韵；二等短入进入陌韵，三等短入进入药韵、昔韵和铎韵，开口四等短入进入昔韵，长入进入麻韵。

二、声符在上古铎部的分布以及构成的谐声字组

声符在铎部的有：各、屰、昔、若、白、乇、尺、亦、庶、乍、射、亚，共 12 个，共构成 41 个谐声字，与声符相同的有 12 个，与声符不同的有 29 个（见表 6-19）。

表 6-19　上古铎部声符及组成的谐声字组

上古在铎部的声符	构字量	由声符构成的谐声字组
各	6	阁格胳路略络
屰	1	逆
昔	8	醋错措借腊蜡猎惜
若	3	诺惹匿
白	9	伯柏泊舶怕拍迫魄帕
乇	2	宅托
尺	1	迟
亦	1	迹
庶	1	遮
乍	6	炸诈怎窄昨作
射	1	谢
亚	2	哑恶

三、谐声字与声符韵母发音不同的演变情况及分析

（一）受同部不同等或长短音不同的影响

以“各”“昔”“乇”“乍”“亚”为声符的谐声字与声符上古同在铎部，但是或者不同等，或者长短音不同，因而语音的发展演变不同。

这组谐声字段玉裁都将其归在第五部，王力将“各”“络”上古音归为开口一等短入，“路”为开口一等长入，“略”为开口三等短入。“各”声母为见母，“路”“略”“络”声母为来母。

“各”“络”中古时都进入铎韵，铎韵到现代读音分化为两种：[ɣ] 和 [o]（[uo]）。声母是喉舌音的字，韵母现代读 [ɣ]，譬如“各”；声母为非喉舌音的字，现代读 [o]（[uo]），譬如“络”。

“路”为长入，中古时期已经丢失辅音韵尾，《广韵》中进入阴声韵模韵。“略”为三等韵，《广韵》中在药韵，因为声母是来母，非知照组，《中原音韵》中进入萧豪韵，现代韵母高化读 [ye]（见表 6-20）。

表 6-20　“各”字及其组成的谐声字组的语音演变

谐声字组	上古拟音	《广韵》	《中原音韵》	普通话
各	铎部见母[kak]	铎韵古洛切宕摄开口一等见母入声 [kɑk]	萧豪入韵见母上声 [kau]	[kɣ51]
路	铎部来母[lak]	暮韵洛故切遇摄合口一等来母去声 [lu]	鱼模韵来母去声 [lu]	[lu51]
略	铎部来母[lĭwak]	药韵离灼切宕摄开口三等来母入声 [lĭak]	萧豪入韵来母去声 [liau]	[lye51]
络	铎部来母[lak]	铎韵盧各切宕摄开口一等来母入声 [lɑk]	歌戈入韵来母入声 [luo]	[luo51]

这组谐声字段玉裁归在第五部，王力将其归入铎部，声母均为精组，韵母分等不同。

“昔”为四等短入，“错”“措”为开口一等短入，“借”为三等长入，“醋”为合口一等长入。“昔”在《中原音韵》中丢失辅音韵尾，元音高化为 [i]；“错”“措”演变轨迹相同，因为是非开口喉音，近现代主元音裂变为复合元音 [au]，现代高化为 [uo]；“借”在《广韵》中进入清母三等麻韵，《中原音韵》中元音高化进入车遮韵；“醋”在《广韵》中进入模韵，韵母读音保持到现在（见表 6-21）。

表 6-21 “昔”字及其组成的谐声字组的语音演变

谐声字组	上古拟音	《广韵》	《中原音韵》	普通话
昔	铎部心母[siak]	昔韵思积切梗摄开口三等心母入声［sĭɛk］	齐微入韵心母上声［si］	[ɕi⁵⁵]
错	铎部清母[ts′ak]	铎韵仓各切宕摄开口一等清母入声［ts′ɑk］	萧豪入韵清母上声［ts′au］	[ts′uo⁵¹]
措	铎部清母[ts′ak]	铎韵仓各切宕摄开口一等清母入声［ts′ɑk］	萧豪入韵清母上声［ts′au］	[ts′uo⁵¹]
借	铎部精母[tsiaːk]	禡韵慈夜切梗摄开口三等精母入声［tsĭa］	车遮韵精母去声［tsiɛ］	[tɕiɛ⁵¹]
醋	铎部清母[ts′aːk]	暮韵仓故切遇摄合口一等清母去声［ts′u］	鱼模韵清母去声［ts′u］	[tsu⁵¹]

“怎”,《汉字源流字典》:“形声字。楷书从心,乍声。《说文》无。是记录口语的俗字。唐诗中多写作‘争’,宋人作品始写作‘怎’。《广韵》中无此字,《中原音韵》中增收。”

表 6-22 中其他谐声字段注中归为第五部,王力将“作”“昨”归为一等,“昨”为短入,中古时进入开口铎韵,因为是非喉舌音,现代读音高化为[uo];“作”为长入,中古时进入合口模韵。

“乍”与“窄”为二等,“乍”为长入,“窄”为短入。声母为床母和庄母。“乍”中古时进入麻韵,“窄”中古时进入陌韵,《中原音韵》中进入皆来韵。麻韵二等字到现在韵母读音仍是[a],“窄”在《中原音韵》中读[ai],孙玉文认为是白话音,保持到现在。明代《合并字学集韵》中“宅”也有文白两个读音(见表 6-22)。①

表 6-22 “乍”字及其组成的谐声字组的语音演变

谐声字组	上古拟音	《广韵》	《中原音韵》	普通话
乍	铎部床母［dʒeaːk］	禡韵锄驾切假摄开口二等崇母去声［dʒa］	家麻韵知照母去声［tʃa］	[tʂa⁵¹]
怎(《五音集韵》收有此字)			侵寻韵精母上声［tsəm］	[tsən²¹⁴]

① 高晓虹:北京话入声字文白异读的历史层次,《语文研究》,2001 年第 2 期,第 40 页。

续表

谐声字组	上古拟音	《广韵》	《中原音韵》	普通话
窄	铎部庄母[tʃeak]	陌韵侧伯切梗摄开口二等庄母入声 [tʃɐk]	皆来入韵知照母上声 [tʃai]	[tʂai²¹⁴]
昨	铎部从母[dzak]	铎韵在各切宕摄开口一等从母入声 [dzɑk]	萧豪入韵精母平声阳 [tsau]	[tsuo³⁵]
作	铎部精母[tsa：k]	暮韵臧祚切遇摄合口一等精母去声 [tsu]	鱼模韵精母去声 [tsu]	[tsuo⁵¹]

段玉裁分“亚”与“恶”的古音在五部，王力分“恶”的上古音为一等，中古时入铎韵，因为是开口喉音，到了现代发展为［ɣ］。“亚”是长入音，因此在《广韵》中已进入影母二等麻韵，《中原音韵》中增生［i］介音读［ia］，保持到现在（见表6-23）。

表6-23　“亚”字及其组成的谐声字组的语音演变

谐声字组	上古拟音	《广韵》	《中原音韵》	普通话
亚	铎部影母[ea：k]	禡韵衣嫁切假摄开口二等影母去声 [a]	家麻韵影母去声 [ĭa]	[ia⁵¹]
恶	铎部影母[ak]	铎韵乌各切切宕摄开口一等影母入声 [ɑk]	萧豪入韵影母入声 [au]	[ɣ⁵¹]

（二）受声母的影响

“射”和“谢”的读音差别在于声母。

从表6-24中的演变可以看到，在《中原音韵》及之前，“射”与“谢”的韵母相同，“射”的声母为审母［ʃ］，“谢”声母为心母［s］。到清代，“射”的声母由审母变为卷舌后音［ʂ］，介音［i］失落，同时主元音央化。“谢”声母为舌尖前音，可以和［i］相拼，因此保留到现代，韵母未改变。

同时，因为“射”的声母为审母，按照王力先生的总结，声母为照组的麻韵三等字现代读［ɣ］，其他现代读［iɛ］（见表6-24）。

表6-24　“射”字及其组成的谐声字组的语音演变

谐声字组	上古拟音	《广韵》	《中原音韵》	普通话
射	铎部神母 [dʑĭa：k]	禡韵神夜切假摄开口三等船母入声 [dʑĭa]	车遮韵审母去声 [ʃiɛ]	[ʂɣ⁵¹]

续表

谐声字组	上古拟音	《广韵》	《中原音韵》	普通话
谢	铎部邪母 [zĭa：k]	禡韵辝夜切假摄开口三等邪母去声［zĭa］	车遮韵心母去声 [siɛ]	[ɕiɛ[51]]

段玉裁："宅，从宀，乇声。"并将二者归在五部。

"乇"与"宅"在中古时是陌韵开口二等音，不同的是，"乇"的声母为清音知母，"宅"为全浊定母，按王力的描述，声母为非唇音的陌韵，近现代主元音央化为［ɣ］，"乇"的语音变化符合语音演变规律。而"宅"理应也变为［ɣ］，但现代读音为［ai］，孙玉文（《汉语史讲义》）认为是白话音①。高晓虹通过考证《李氏音鉴》（清代）证明"宅"有文白两个读音，［tʂai］是白话音（见表 6-25）。②

表 6-25　"乇"字及其组成的谐声字组的语音演变

谐声字组	上古拟音	《广韵》	《中原音韵》	普通话
乇	铎部端母[teak]	《集韵》陌韵陟格切梗摄开口二等知母入声［ʈɐk］	（无此字）	[tʂɣ[35]]
宅	铎部定母[deak]	陌韵场伯切梗摄开口二等澄母入声［ɖɐk］	皆来入韵知照母平声阳［tʃai］	[tʂai[35]]

（三）谐声字是多音字或者与声符不同部

"惹"是多音字，其中一个与声符"若"的语音演变相同；"匿"与其声符在上古时已不同部，是否谐声字存在争议。

"惹，乱也。从心，若声。"（《说文》）"惹"的上古拟音有两个，现代常用音在鱼部，鱼部与铎部阴入互转，关系紧密。

"匿，亡也。从匚，若声。读如羊騶箠。"（《说文》）段注："古读尼质切，在十二部，不在一部也。今音乃女力切。"王力将"匿"的上古音归为职部，万光泰也将其归在之部，认为"与之部入声相谐，而'若'字在鱼部入声，故知若声为非。"段氏认为"匿"为双声形声，朱骏声则认为"匿"字从匚从若，会意（见表 6-26）。

① 见《汉语史讲义》，第 124 页，未出版。

② 见高晓虹：北京话入声字文白异读的历史层次，《语文研究》，2001 年第 2 期，第 41 页。

表 6-26 "若"字及其组成的谐声字组的语音演变

谐声字组	上古拟音	《广韵》	《中原音韵》	普通话
若	铎部日母[ȵĭak]	药韵而灼切宕摄开口三等日母入声[ȵ/nʑĭak]	歌戈入韵日母去声[ʒio]	[ɻuo51]
惹1	铎部日母[ȵĭak]	药韵而灼切宕摄开口三等日母入声[ȵ/nʑĭak]	萧豪入韵日母去声[ʒiau]	[ɻuo51]
惹2	鱼部日母[ȵĭɑ]	马韵人者切假摄开口三等日母上声[ȵ/nʑĭa]	车遮韵日母上声[ʒiɛ]	[ɻɤ214]
匿	职部泥母[nĭək]	职韵女力切曾摄开口三等泥母入声[nĭək]	齐微入韵泥母去声[ni]	[ni51]

这组谐声字被段玉裁归在五部，王力将其上古音归在铎部。虽然到现在，一些谐声字与声符字读音不同，但我们可以看到，《广韵》中除"洦"外，"白""伯""舶""怕""拍""迫""魄""帕"都整齐地属于二等韵，声母为唇音帮组。

从表 6-27 中我们可以看出，"白""伯""舶""迫""魄"中古时都在陌韵，《中原音韵》中都在皆来韵，韵母读［ai］，其中"白""伯""舶"从上古到《中原音韵》声韵母拟音相同，按一般规律，陌韵唇音到近现代都读［o］，譬如"伯"与"舶"的韵母读［o］，符合演变规律。但是，"白"的韵母现代读［ai］，是保留了北京话中的白话音。北京话中"白"在元代就有［pai］和［po］两个读音，［pai］是白读，［po］是文读，到了现代，白读在北京话和普通话中占了优势，可能因为它使用频率高，所以读音未改变。而"伯"与"舶"的文读占了优势，但是，我们仍然能从北方话的其他方言中听到它们的白读音。

"迫"与"魄"的上古声母是帮母，清音，现代读［p′o］，符合演变规律。"怕"与"帕"现代读音读［p′a51］，与其他谐声字不同，原因是在《广韵》中已丢失辅音韵尾，进入阴声韵麻韵，因此其后的演变按照阴声韵的规律在变（见表 6-27）。

表 6-27 “白”字及其组成的谐声字组的语音演变

谐声字组	上古拟音	《广韵》	《中原音韵》	普通话
白	铎部并母[beak]	陌韵傍陌切梗摄开口二等并母入声[bek]	皆来入韵帮母平声阳[pai]	[pai^{35}]
伯	铎部帮母[peak]	陌韵博陌切梗摄开口二等帮母入声[pek]	皆来入韵帮母上声[pai]	[po^{35}]
泊	铎部并母[bak]	铎韵傍各切宕摄开口一等并母入声[bak]	哥戈入韵帮母平声阳[po]	[po^{35}]
舶	铎部并母[beak]	陌韵傍陌切梗摄开口二等并母入声[bek]	皆来入韵帮母平声阳[pai]	[po^{35}]
迫	铎部帮母[peak]	陌韵博陌切梗摄开口二等帮母入声[p'ek]	皆来入韵帮母上声[pai]	[$p'o^{35}$]
魄	铎部滂母[p'eak]	陌韵普伯切梗摄开口二等滂母入声[p'ek]	皆来入韵滂母上声[p'ai]	[$p'o^{35}$]
怕	铎部滂母[p'a：k]	禡韵普驾切假摄开口二等滂母去声[p'a]	家麻韵滂母去声[p'a]	[$p'a^{51}$]
帕	铎部滂母[p'a：k]	禡韵普驾切假摄开口二等滂母去声[p'a]	家麻韵滂母去声[p'a]	[$p'a^{51}$]

第六节 声符在上古锡部的形声字组的演变分析

一、锡部语音演变概述

上古锡部短入对应中古的麦昔锡三韵。在刘宋时期，锡部的昔韵字与铎部的昔韵字合流，锡韵字与转入锡部的觉部锡韵字合流。锡部长入最晚到了两汉并入支部：卦韵并入支部卦韵，寘韵并入支部寘韵，霁韵并入支部。段玉裁将其古音归在第十六部。《中原音韵》中多在支思韵、齐微韵和皆来韵。

锡部长入最晚到两汉归入支部。

上古锡部的拟音为［ek］，包括开合二等、开合三等、开合四等六种，其演变历程如下：

开口二等（策）：［ek］（A）→［æk］（B）→［ək］→［ai］（C）→［e］→［ə］（D）

（隘）：［e：k］（A）→［eai］→［ai］（B-D）

合口二等（画）：［oek］（A）→［oæk］（B）→［oək］→［ua］（C-D）

（画）：［oe：k］（A）→［oai］→［uai］（B）→［ua］（C-D）

开口三等（益）：［ĭek］（A）→［ĭɛk］（B）→［ĭək］→［it］→［i］（C-D）

（適）：［ĭek］（A）→［ĭɛk］（B）→［ĭək］→［it］→［i］（C）→［ʅ］（D）

（臂）：［ĭe：k］（A）→［ĭe］（B）→［i］（C-D）

（赐）：［ĭe：k］（A）→［ĭe］（B）→［i］→［ʅ］（C-D）

合口三等（役）：［ĭwek］（A）→［ĭwɛk］（B）→［ĭwək］→［ĭwit］→［i］（C-D）

开口四等（析）：［iek］（A-B）→［iək］→［it］→［i］（C-D）

（帝）：［ie：k］（A）→［ĭæi］（B）？→［i］（C-D）

合口四等（鹅）：［iwek］（A-B）→［iwik］→［iwək］→［ĭwit］→［i］（C）→［y］（D）

二等韵中古时多入麦韵和卦韵，三等韵中古时多入昔韵和支韵，四等韵中古时多进入锡韵和霁韵。

二、声符在上古锡部的分布以及构成的谐声字组

声符在锡部的有：朿、益、易、析、辟、鬲、帝，共 7 个，共构成谐声字 19 个，其中与声符相同的有 17 个，不同的有 2 个（见表 6-28）。

表 6-28　上古锡部声符及组成的谐声字组

上古在锡部的声符	构字量	由声符构成的谐声字组
朿	2	策刺
益	2	隘溢
易	5	赐惕踢锡剔
析	1	晰
辟	6	壁避臂譬僻劈
鬲	1	隔
帝	2	缔蒂

三、谐声字与声符韵母发音不同的演变情况及分析

“朿”与“策”，“益”与“隘”在上古音中同部但不同等，长短音也不同。

段玉裁将两者分在第十六部。王力将“朿”古韵归在三等长入，“策”归在开口三等，声母分别为舌尖前音［ts］和舌叶音［tʃ］。

“朿”在汉朝时已丢失辅音韵尾，变为寘韵去声入支部；《中原音韵》中受声母［ts］的影响，高化为［ï］，进而到现代变为舌尖前元音［ɿ］。策，在中古时是初母麦韵，王力认为，非唇音的中古麦韵最晚到17世纪初期在北方话已读［ɣ］了。①“策”的声母由中古的庄母变为现代的清母也是不常见的变化。王力在《汉语史稿》中提到，在上古语音系统中，照系二等（庄初崇山）和精系相近，三等（章昌船书禅）和知系很近。有了这个历史渊源，“庄初崇山”到后来有一部分并到“章昌船书”去了，但是也有一部分并到“精清从心”里了，分化的条件尚不清楚。② 高晓虹持不同意见，她考证了《中原音韵》《合并自学集韵》《李氏音鉴》等元、明、清的韵书，认为知庄组入声字读同精组很有可能是受明代官话影响产生的。理由是在《中原音韵》《合并自学集韵》中此类字数量很少，到明清与现代北京话基本一致的《音韵逢源》《京音字汇》中才多了起来。而且这些字多是口语中不常用的，是标准话中使用的（见表6-29）。③

表6-29 “朿”字及其组成的谐声字组的语音演变

谐声字组	上古拟音	《广韵》	《中原音韵》	普通话
朿	锡部清母［ts′ie：k］	寘韵七赐切止摄开口三等去声［ts′ie］	支思韵清母去声［ts′ï］	［$ts'ɿ^{51}$］
策	锡部初母［tʃ′ek］	麦韵楚革切梗摄开口二等初母入声［tʃ′æk］	皆来入韵彻穿母上声［tʃ′ai］	［$ts'ɣ^{51}$］

段玉裁将“益”和“隘”归在第十四部，王力归先秦音“益”在三等短入，“隘”在二等长入，声母为影母。《广韵》中“隘”已变为阴声韵去声，读［ai］。“益”则进入昔韵，而后主元音高化为［i］（见表6-30）。

① 见王力：《汉语史稿》中华书局2013年版，第154页。

② 见王力：《汉语史稿》中华书局2013年版，第119页。

③ 见高晓虹：北京话庄组字分化现象试析，《中国语文》，2002年第3期，第238页。

表 6-30　“益”字及其组成的谐声字组的语音演变

谐声字组	上古拟音	《广韵》	《中原音韵》	普通话
益	锡部影母[ɪek]	昔韵伊昔切梗摄开口三等影母入声［ɪɛk］	齐微入韵影母去声［i］	[i⁵¹]
隘	锡部影母[e：k]	卦韵乌懈切蟹摄开口二等影母去声［ai］	皆来韵影母去声［ai］	[ai⁵¹]

第七节　声符在上古月部的形声字组的演变分析

一、月部语音演变概述

上古的月部短入对应中古的月黠屑薛末曷鎋七韵。到魏晋时期，月部分化为屑（月屑薛黠）、曷（曷末鎋）两部，屑部又和质部的黠、屑合流，鎋韵字转入质部。南北朝时期，屑部所含月韵字转入没部。孙玉文认为，月部长入最晚到两汉，丢失塞音尾，变成阴声韵部祭部。① 三国时期，祭部分化为祭泰两部。祭部包括祭霁，泰部包括泰夬废。段玉裁将其上古音归入第十五部。

月部在《中原音韵》中多在齐微韵、皆来韵、车遮韵、家麻韵和歌戈韵。

上古月部的拟音为［at］，包括开合口一等、开合口二等、开合口三等六种。其演变历程如下：

开口一等（曷）：［at］（A）→［ɑt］（B）→［at］→［ɔ］（C）→［ə］（D）

（害）：［a：t］（A）→［ɑi］（B）→［ai］（C-D）

（大）：［a：t］（A）→［ɑi］（B）→［ai］（C）→［a］（D）

合口一等（阔）：［ua：t］（A）→［uɑt］（B）→［uat］→［uɔ］（C）→［uo］（D）

（兑）：［ua：t］（A）→［uɑi］（B）→［uai］→［uəi］（C-D）

（外）：［ua：t］（A）→［uɑi］（B）→［uai］（C-D）

开口二等（鎋）：［eat］（A）→［eɑt］→［at］（B）→［eat］→［ĭa］（C-D）

① 见《汉语史讲义》第 182 页，未出版。

(黠)：［eat］(A) → ［eɑt］ → ［æt］(B) → ［a］(C-D)
(败迈)：［ea：t］(A) → ［eɑ：t］ → ［eæi］(B) → ［ai］(C-D)
(拜)：［ea：t］(A) → ［eɑ：t］ → ［eɐi］(B) → ［ai］(C-D)
合口二等 (刮)：［oat］(A) → ［oɑt］ → ［uat］(B) → ［oat］ → ［ua］(C-D)
(夬)：［oa：t］(A) → ［oɑ：t］ → ［oæi］(B) → ［uai］ → ［oai］ → ［uai］(C-D)
(话)：［oa：t］(A) → ［oɑ：t］ → ［oæi］(B) → ［uai］ → ［oai］ → ［ua］(C-D)
开口三等 (桀)：［ĭat］(A) → ［ĭɑt］ → ［ĭɛt］(B) → ［ĭæ］(C) → ［ĭe］(D)
(舌)：［ĭat］(A) → ［ĭɑt］ → ［ĭat］(B) → ［ĭæ］(C) → ［ĭe］ → ［ə］(D)
(厉)：［ĭa：t］(A) → ［ĭɑ：t］ → ［ĭɛi］(B) → ［i］(C-D)
(世)：［ĭa：t］(A) → ［ĭɑ：t］ → ［ĭɛi］(B) → ［i］(C) → ［ʅ］(D)
合口三等 (月)：［ĭwat］(A) → ［ĭwɑt］ → ［ĭwɐt］(B) → ［ĭwæt］ → ［yæ］(C) → ［ye］(D)

月部短入一等中古时进入曷末韵，二等进入黠鎋韵，三等进入月薛屑韵。长入一等中古时进入泰韵，二等进入夬怪韵，三等进入祭韵，四等进入废霁韵。

二、声符在上古月部的分布以及构成的谐声字组

声符在月部的有：祭、㡀、世、大、贝、曳、会、介、夬、兑、带、月、叕、伐、杀、列、末、折、市，共 19 个，共构成谐声字 37 个，其中，与声符相同的有 23 个，不同的有 14 个（见表 6-31）。

表 6-31　上古月部声符及组成的谐声字组

上古在月部的声符	构字量	由声符构成的谐声字组
祭	1	察
㡀	1	敝
世	2	泄屉

续表

上古在月部的声符	构字量	由声符构成的谐声字组
大	2	达驮
贝	2	坝狈
曳		
会	1	绘
月		
夬	5	缺块快决诀
兑	5	锐税阅悦脱
介	2	界阶
带	1	滞
叕	1	缀
伐	1	阀
杀	1	刹
列	4	例烈裂咧
末	3	沫抹袜
折	4	逝誓哲浙
市	1	柿

三、谐声字与声符韵母发音不同的演变情况及分析

（一）受同部不同等或者长短音的影响

“祭”与“察”，“带”与“滞”，“夬”与“缺”“决”“诀”“块”，“兑”与“说”“阅”“悦”“脱”都同在月部，但是谐声字与声符不同等或者长短音不同。

段玉裁将二者上古音归在十五部。王力将“祭”的上古音归在三等长入，有［ĭ］介音，在汉之前丢失辅音韵尾，进入祭韵；因其韵母为舌尖前音［ts］，所以在近现代高化为［i］。“察”归在二等短入，有［e］介音，中古在黠韵，《中原音韵》中韵尾失落，与麻韵合流，进入家麻韵，近现代读［a］（见表6-32）。

表 6-32　“祭”字及其组成的谐声字组的语音演变

谐声字组	上古拟音	《广韵》	《中原音韵》	普通话
祭	月部精母[tsĭa：t]	祭韵子例切蟹摄开口三等精母去声［tsĭɛi］	齐微韵精母去声［tsi］	[tɕi^{51}]
察	月部初母[tʃ'eat]	黠韵初八切山摄开口二等初母入声［tʃ'æt］	家麻入韵彻穿母上声［tʃ'a］	[tʂ'a^{35}]

段玉裁将二者归在十五部。王力将“带”归在开口一等长入，“滞”为开口三等长入。“滞”到《广韵》中进入祭韵，应该是受［ĭ］介音的影响韵母高化为［ĭɛi］，又受声母为澄母的原因，到近现代声母为卷舌音，韵母变为舌尖前音［ʅ］。而“带”无介音所以主元音音位较低，只是变成复合元音［ai］（见表 6-33）。

表 6-33　“带”字及其组成的谐声字组的语音演变

谐声字组	上古拟音	《广韵》	《中原音韵》	普通话
带	月部端母[ta：t]	泰韵当盖切蟹摄开口一等端母去声［tɑi］	皆来韵端母去声［tai］	[tai^{51}]
滞	月部定母[dĭa：t]	祭韵直例切蟹摄开口三等澄母去声［ɖĭɛi］	齐微韵知照母去声［tʃi］	[tʂʅ^{51}]

段玉裁将“夬”“缺”“决”的古音归在十五部。“缺，缺，器破也。从缶，決省声。”（《说文》）段玉裁改为：“从缶，夬声。各本作決省声，今正。”“决，从水从夬。”（《说文》）段玉裁改为“夬声”并注：“引申为决断。”“诀，诀别也。从言，決省声。”（《说文新附》）从它的语音变化来看，与“决”相同，因此也应该是从言夬声。“块”的繁体字“塊”，段注：“依尔雅释文，俗凷字。”“块”字最早在 1935 年由 200 名社会知名人士制定的《手头字第一期字汇》中提出，是仿“快”字构拟简化而来。与“夬”不同源，但是从现代汉字的角度看，与声符字的现代读音一致，也定为以“夬”为声符的形声字。

王力将“夬”的上古音归为合口二等长入，“缺”“决”“诀”归在四等短入，声母都是舌根音见组。《广韵》中，“夬”进入怪韵，“缺”“决”“诀”进入屑韵，产生读音差别（见表 6-34）。

表 6-34 “夬”字及其组成的谐声字组的语音演变

谐声字组	上古拟音	《广韵》	《中原音韵》	普通话
夬	月部见母[koa：t]	夬韵古迈切蟹摄合口二等见母上声［kwæi］	皆来韵见母去声［kuai］	[kuai51]
缺	月部溪母[k'iwat]	屑韵苦穴切山摄合口四等溪母入声［k'iwet］	车遮入韵溪母上声［k'iuɛ］	[tɕ'yɛ55]
决（同 泱，俗“決”字，今“决”通行）	月部见母[kiwǎt]	屑韵古穴切山摄合口四等见母入声［kiwet］	车遮入韵见母上声［kiuɛ］	[tɕyɛ35]
诀	月部见母[kiwat]	屑韵古穴切山摄合口四等见母入声［kiwet］	车遮入韵见母上声［kiuɛ］	[tɕyɛ35]
块1（塊）	微部溪母[k'uəi]	队韵苦对切蟹摄合口一等溪母去声［k'uɒi］	齐微韵溪母去声［k'uai］	[k'uai51]
块2	物部溪母[k'oəi]	（集韵）怪韵苦怪切蟹摄合口二等溪母去声［k'wɐi］	皆来韵溪母去声［k'uai］	[k'uai51]

“兑，说也。”（《说文》）段注：“说者今之悦字。其义见易。”“传曰，兑，易值也，此引申之义。”“老子，塞其兑，闭其门。借为阅字。”因此，从字音、字义上来说，“兑”在上古和“悦”“阅”是相通的。“脱，从肉兑声。”（《说文》）

段玉裁归“兑”“悦”“阅”“脱”的古音都在十五部。王力归“兑”“脱”的古音在合口一等，“兑”为长入，“脱”为短入；“悦”“阅”在合口三等短入。“兑”在《广韵》中进入泰韵，《中原音韵》中在齐微韵；“脱”在中古时进入末韵，《中原音韵》中在歌戈韵。“悦”“阅”的声母为馀母，《中原音韵》中变为影母，韵母为［iuɛ］，现代变为［yɛ］（见表 6-35）。

表 6-35 “兑”字及其组成的谐声字组的语音演变

谐声字组	上古拟音	《广韵》	《中原音韵》	普通话
兑	月部定母[dua：t]	泰韵杜外切蟹摄合口一等定母去声［duɑi］	齐微韵端母去声［tuei］	[tuei51]

续表

谐声字组	上古拟音	《广韵》	《中原音韵》	普通话
阅	月部馀母[ʎiwat]	薛韵弋雪切山摄合口三等以母入声［jǐwɛt］	车遮入韵影母去声［iuɛ］	[yɛ51]
悦	月部馀母[ʎiwat]	薛韵弋雪切山摄合口三等以母入声［jǐwɛt］	车遮入韵影母去声［iuɛ］	[yɛ51]
脱	月部透母[t'uat]	末韵他括切山摄合口一等透母入声［t'uɑt］	歌戈入韵透母上声［t'uo］	[t'uo55]

段玉裁将“列”、“例”的古音归为十五部。王力归“列”为三等短入，“例”为三等长入。二者在之后的语音演变中主元音都受［ĭ］介音的影响高化，这一点由表 6-36 可以看出，但在《广韵》中，“列”未丢失［i］介音，进入薛韵；“例”丢失韵尾［t］进入祭韵。《中原音韵》中“列”失落辅音韵尾进入车遮韵保持到现在；“例”元音变为单元音［i］保持到现在（见表 6-36）。

表 6-36 “列”字及其组成的谐声字组的语音演变

谐声字组	上古拟音	《广韵》	《中原音韵》	普通话
列	月部来母[lĭat]	薛韵良薛切山摄开口三等来母入声［lĭɛt］	车遮入韵来母去声［liɛ］	[liɛ51]
例	月部来母[lĭa：t]	祭韵力制切蟹摄开口三等来母去声［lĭɛi］	齐微韵来母去声［li］	[li51]

段玉裁将“折”“誓”“逝”的古音归在十五部。王力都把它们的上古音归在三等，谐声字与声符字是长短入声的差别，声母都是知照组。“折”在《广韵》中在薛母，声母为章母，《中原音韵》中进入车遮韵，但近现代因声母变为卷舌音，韵母央化为［ɣ］。“誓”“逝”中古时进入祭韵，因声母是神母，近现代韵母变为［ʅ］（见表 6-37）。

表 6-37 “折”字及其组成的谐声字组的语音演变

谐声字组	上古拟音	《广韵》	《中原音韵》	普通话
折	月部照母[ȶĭat]	薛韵旨热切山摄开口三等章母入声［tɕĭɛt］	车遮入韵知照母上声［tʃiɛ］	[tʂɣ35]
誓	月部神母[ȡĭa：t]	祭韵时制切蟹摄开口三等禅母去声［ʑĭɛi］	齐微韵审母去声［ʃi］	[ʂʅ51]

续表

谐声字组	上古拟音	《广韵》	《中原音韵》	普通话
逝	月部神母[ȡĭa：t]	祭韵时制切蟹摄开口三等禅母去声［ʑĭɛi］	齐微韵审母去声[ʃi]	[ʂʅ51]

（二）谐声字是多音字的影响

"袜"是个多音字，原来的本音不是现在的常用音。

"袜"在现在普通话中的常用音不是"袜"本身的读音，而是"襪"的简写的读音（见表 6-38）。

表 6-38　"末"字及其组成的谐声字组的语音演变

谐声字组	上古拟音	《广韵》	《中原音韵》	普通话
末	月部明母[mǎt]	末韵莫拨切山摄合口一等明母入声［muɑt］	歌戈入韵明母去声[muo]	[mo51]
袜 1	月部明母[mǎt]	末韵莫拨切山摄合口一等明母入声［muɑt］	歌戈入韵明母去声[muo]	[mo51]
袜 2（襪）	月部明母[miǎt]	月韵望发切山摄合口三等微母入声[mĭwɐt]	家麻入韵微母去声[va]	[ua51]

（三）声符例外音变的影响

"大"到了近现代，没有遵循语音演变的规律变，导致它与谐声字韵母读音不同。

"驮，从马，大声。"（《说文新附》）段注其为"佗"的俗字，将"佗"的古音归在歌部。上古歌月两部主元音相同，阴入对转，"大"在广韵中进入箇韵，与"驮"韵母拟音相同。但到了近现代，"大"没有按照歌韵的一般规律发展为［uo］或［o］，而保留了原来的读音［a］。可能因为它是口语常用词，读音没有改变得那么快（见表 6-39）。

表 6-39　"大"字及其组成的谐声字组的语音演变

谐声字组	上古拟音	《广韵》	《中原音韵》	普通话
大	月部定母[da：t]	箇韵唐佐切果摄开口一等定母去声［dɑ］	歌戈韵端母去声[tuo]	[ta51]
驮	歌部定母[da]	歌韵徒河切果摄开口一等定母平声［dɑ］	歌戈韵透母平声阳[t′uo]	[t′uo35]

第八节　声符在上古质部的形声字组的演变分析

一、质部语音演变概述

上古质部短入对应中古的质屑术黠栉五韵。在汉代，上古质物两部的术韵合流，三国时期，质月两部的黠屑韵合流，是《广韵》黠屑两韵的雏形。质部只留有了中古的质术栉韵。段玉裁将质部的上古音归在十二部。《中原音韵》中归在车遮、家麻、支思、齐微、皆来、鱼模韵。

质部长入最晚到两汉归入支部。

上古质部的拟音为［et］，包括开口二等、开口三等、开合口四等五种。其演变历程如下：

开口二等（黠）：［et］（A）→［eɑt］→［æt］（B）→［eat］→［ĭa］（C-D）

（八）：［et］（A）→［eat］→［æt］（B）→［eat］→［a］（C-D）

（瑟）：［et］（A）→［it］→［ĭet］（B）→［it］→［ʅ］（C）→［ə］（D）

（届）：［e：t］（A）→［ɐi］（B）→［ai］→［ĭai］（C）→［ĭe］（D）

开口三等（室）：［ĭet］（A）→［ĭet］（B）→［ĭət］→［it］→［i］（C）→［ʅ］（D）

（吉）：［ĭet］（A）→［ĭĕt］（B）→［ĭət］→［it］→［i］（C-D）

（抑）：［ĭet］（A）→［ĭək］（B）→［it］→［i］（C-D）

（利）：［ĭe：t］（A）→［ĭei］（B）→［i］（C-D）

（四）：［ĭe：t］（A）→［ĭei］（B）→［i］→［ɿ］（C-D）

合口三等（恤）：［ĭwet］→［ĭwĕt］（B）→［iu］（C）→［y］（D）

开口四等（即）：［iet］（A）→［iət］→［ĭək］（B）→［it］→［i］（C-D）

（节）：［iet］（A）→［iæt］→［ĭet］（B）→［ĭæ］（C）→［ĭe］（D）

（棣）：［ie：t］（A）→［iei］（齐）→［i］（C-D）

合口四等（穴）：［iwet］（A）→［iwet］（B）→［yæ］（C）→［ye］

(D)

(惠)：[iwe：t](A)→[iwei](B)→[iui]→[yi]
(C)→[uəi](D)

短入开口二等喉唇音进入黠韵，齿音进入栉韵，长入进入皆韵；短入开口三等进入质术韵和职韵，长入进入脂韵；短入四等进入屑韵，长入进入齐韵。

二、声符在上古质部的分布以及构成的谐声字组

声符在质部的有：利、彗、至、必、乙、桼、血、疾、失，共9个，共构成谐声字16个，与声符读音相同的有13个，不同的有3个（见表6-40）。

表6-40 上古质部声符及组成的谐声字组

上古在质部的声符	构字量	由声符构成的谐声字组
利	1	梨
彗	1	慧
至	3	室致窒
必	2	秘泌
乙	2	亿艺
桼	2	膝漆
血	1	恤
疾	1	嫉
失	3	秩跌迭

三、谐声字与声符韵母发音不同的演变情况及分析

下面的声符字和谐声字都是同在质部但是等不同或者长短音不同，语音演变都符合规律。

段玉裁将二者的上古音归在十二部。王力将“血”的上古音归在四等，“恤”归在三等。中古“血”进入屑韵，近现代合口音变为[yɛ]。“恤”中古时进入术韵，声母为非知照系，近现代读[y]（见表6-41）。

表 6-41　“血”字及其组成的谐声字组的语音演变

谐声字组	上古拟音	《广韵》	《中原音韵》	普通话
血	质部晓母[xiwet]	屑韵呼决切山摄合口四等晓母入声［xiwet］	车遮入韵晓母上声［xiuɛ］	[ɕyɛ⁵¹]
恤	质部心母[sĭwet]	术韵辛聿切臻摄合口三等心母入声［sĭwĕt］	鱼模入韵心母上声［siu］	[ɕy⁵¹]

王力分古音“失”在三等，《广韵》中进入质韵，近现代受声母审母的影响，韵母变为舌尖元音。“跌”与“迭”的上古音在四等，《广韵》中进入屑韵，《中原音韵》中失落辅音韵尾，近现代读［iɛ］（见表 6-42）。

表 6-42　“失”字及其组成的谐声字组的语音演变

谐声字组	上古拟音	《广韵》	《中原音韵》	普通话
失	质部书母[ɕĭet]	质韵式质切臻摄开口三等书母入声［ɕĭĕt］	齐微入韵审母上声［ʃi］	[ʂʅ⁵⁵]
跌	质部定母[diet]	屑韵徒结切山摄开口四等定母入声［diet］	车遮入韵端母平声阳［tiɛ］	[tiɛ⁵⁵]
迭	质部定母[diet]	屑韵徒结切山摄开口四等定母入声［diet］	车遮入韵端母平声阳［tiɛ］	[tiɛ⁵⁵]

第九节　声符在上古物部的形声字组的演变分析

一、物部语音演变概述

上古物部短入对应中古时的物术迄痕入①没六韵。王力认为，物部与质部的关系就像微部和脂部的关系一样，物部以合口呼为主，质部以开口呼为主。三国时质部的黠、质物两部的屑和元部的屑薛黠合流为一部，叫作屑部，包括月屑薛黠。痕入、没迄物术自成一部，成为新的物部。晋时，物部的没韵独立为没部。孙玉文认为，最晚到了两汉，物部长入并入微部。② 段玉裁将物部古音归在第十五部。

《中原音韵》中，物部多在支思、齐微、皆来、歌戈、鱼模、家麻、车

① 痕韵入声少，《广韵》中放入没韵。

② 见《汉语史讲义》第 84 页，未出版。

遮韵。

上古物部的拟音为［ət］，包括开合口一等、开合口三等四种。其从先秦到现在的演变历程如下：

开口一等（纥）：［ət］（A-B）→［ɐt］→［ɔ］（C）→［ə］（D）

（爱）：［əː t］（A）→［ɐt］→［ɒi］（B）→［ai］（C-D）

合口一等（忽）：［uət］（A-B）→［uɐt］→［u］（C-D）

（没）：［uət］（A-B）→［uɐt］→［u］→［uɔ］（C）→［uo］（D）

（退）：［uəː t］（A）→［uɐi］→［uɒi］（B）→［uɐi］→［uəi］（C-D）

（内）：［uəː t］（A）→［uɐi］→［uɒi］（B）→［uɐi］→［uəi］（C）→［əi］（D）

开口三等（乞）：［ĭət］（A-B）→［ĭɐt］→［it］→［i］（C-D）

（气）：［ĭəː t］（A）→［ĭəi］（B）→［i］（C-D）

合口三等（弗）：［ĭwət］（A-B）→［ĭwit］→［u］（C-D）

（聿）：［ĭwət］（A）→［ĭwĕt］→［y］（C-D）

（出）：［ĭwət］（A）→［ĭwit］→［y］（C）→［u］（D）

（贵）：［ĭwəː t］（A）→［ĭwəi］→［ĭwi］（B）→［yi］（C）→［uəi］（D）

（费）：［ĭwəː t］（A）→［ĭwəi］→［ĭwi］（B）→［yi］（C）→［əi］（D）

（位遂）：［ĭwəː t］（A）→［ĭwei］→［ĭwi］（B）→［yi］（C）→［uəi］（D）

短入一等中古时进入痕入没韵，三等进入迄物术韵，长入一等进入代队韵，三等进入未至韵。

二、声符在上古物部的分布以及构成的谐声字组

声符在物部的有：出、尉、弗、殳、勿、气、卒、未、隶、率、退、术、内、孛、聿、乞、骨、八、圣，共 19 个，共构成谐声字 36 个，与声符相同的有 21 个，与声符不同的有 15 个（见表 6-43）。

表 6-43　上古物部声符及组成的谐声字组

上古在物部的声符	构字量	由声符构成的谐声字组
出	3	础屈拙

续表

上古在物部的声符	构字量	由声符构成的谐声字组
尉	1	慰
弗	3	费沸佛
殳	2	股投
勿	3	忽物吻
气	1	汽
卒	4	翠粹碎醉
未	3	妹魅味
隶	1	逮
率	1	摔
退	1	腿
术	1	述
内	1	纳
孛	2	脖勃
聿	1	律
乞	2	吃迄
骨	2	滑猾
八	3	扒叭趴
圣	1	怪

三、谐声字与声符韵母发音不同的演变情况及分析

（一）声符与谐声字不同等，或者受声母的影响，韵母差别大

“出”与“屈”同在物部，但是不同等，声母发音部位不同，因此中古时进入的韵也不同；“拙”的语音演变似乎与别的物部的字不同。

“屈，从尾，出声。”（《说文》）“拙，从手，出声。”（《说文》）段玉裁将“出”“屈”“拙”归在第十五部。王力将“出”“屈”“拙”的上古音归在短入合口三等。

“出”因为声母是昌母，属于知照系，所以中古时进入术韵，《中原音韵》中丢失韵尾，进入鱼模韵，现代韵母读［u］。

“屈”的声母是喉音，中古时进入物韵，物韵非知照系、非轻唇音的现代读［y］。

“拙”似乎是个特例，在王力（《汉语史稿》）语音演变规律的归纳中，物部字没有进入薛韵的，但是“拙”为一例。因为是合口三等山摄韵，《中原音韵》中进入车遮韵，因为声母是知照系，现代韵母变为卷舌音，韵母［iuɛ］变为现代的［uo］（见表 6-44）。

表 6-44　“出”字及其组成的谐声字组的语音演变

谐声字组	上古拟音	《广韵》	《中原音韵》	普通话
出	物部昌母［ȶ'iwət］	术韵赤律切臻摄合口三等昌母入声［tɕ'iwĕt］	鱼模入韵穿母上声［tɕ'u］	［tʂ'u⁵⁵］
屈	物部见母［kĭwət］	物韵九物切臻摄合口三等见母入声［kĭuət］	鱼模入韵见母上声［kiu］	［tɕ'y⁵⁵］
拙	物部章母［ȶĭwət］	薛韵职悦切山摄合口三等章母入声［tɕĭwɛt］	车遮入韵知照母上声［ʧiuɛ］	［tʂuo⁵⁵］

（二）谐声字是多音字或长短音的影响

“佛”是多音字，其中一个现代读音与声符相同；“费”“沸”与声符长短音不同，演变轨迹不同。

段玉裁将表 6-45 中的谐声字归在十五部。王力归“弗”“佛”在短入合口三等，“费”“沸”在长入合口三等，声母为唇音帮组。

“弗”“佛”中古时进入物韵，物韵轻唇音在《中原音韵》中已读［u］。“佛”在《中原音韵》中进入歌戈部，是一个例外。现代“佛”产生了两个读音，其中一个与声符相同，另一个与声符不同，代表不同的意义，都为常用读音。“沸”与“费”因为是长入，在中古时进入微韵，裂化为复元音［ei］（见表 6-45）。

表 6-45　“弗”字及其组成的谐声字组的语音演变

谐声字组	上古拟音	《广韵》	《中原音韵》	普通话
弗	物部帮母［pĭət］	物韵分勿切臻摄合口三等帮母入声［pĭwət］	鱼模入韵帮母上声［fu］	［fu³⁵］

续表

谐声字组	上古拟音	《广韵》	《中原音韵》	普通话
佛$_1$	物部并母[bǐwət]	物韵符弗切臻摄合口三等并母入声[bǐwət]	歌戈入韵非母平声阳［fo］	[fo^{35}]
佛$_2$	物部并母[bǐwət]	物韵符弗切臻摄合口三等并母入声[bǐwət]	歌戈入韵非母平声阳［fo］	[fu^{35}]
沸	物部帮母[pǐə：t]	微韵方味切止摄合口三等非母去声[pǐwəi]	齐微韵非母去声[fei]	[fei^{51}]
费	物部滂母[p'ǐə：t]	微韵芳未切止摄合口三等滂母去声[p'ǐwəi]	齐微韵非母去声[fei]	[fei^{51}]

（三）上古音即不同部的影响

“勿”与“吻”上古音的韵部既已分化。

“吻，从口，勿声。”（《说文》）段注将其上古音归在十三部，将“勿”归在十五部，“合韵也”。王力将“勿”归在物部，“吻”在文部。上古音文物阳入对转，王力将其同分在八类（微文物），可见它们的紧密关系。“勿”为入声韵，中古时进入物韵轻唇音，在《中原音韵》中失掉辅音韵尾，韵母高化为单韵母［u］，保持到现在。“吻”为阳声韵，声母的演变规律为：明母→微母→零声母，因此到现代读音为［uən］（见表6-46）。

表6-46　“勿”字及其组成的谐声字组的语音演变

谐声字组	上古拟音	《广韵》	《中原音韵》	普通话
勿	物部明母[mǐwət]	物韵文弗切臻摄合口三等微母入声[mǐuət]	鱼模入韵微母去声[vu]	[u^{51}]
吻	文部明母[miwən]	吻韵武粉切臻摄合口三等微母上声[mǐwən]	真文韵微母上声[vuən]	[uən^{214}]

（四）声母与谐声字长短音不同

“卒”是多音字，也是物部短入音，而谐声字“倅”“粹”“碎”“醉”是物部长音。

“翠”“粹”“碎”“醉”都是以“卒”为声符的谐声字，但是归于物部长音，所以中古时进入阴声韵脂韵和灰韵，《中原音韵》中都进入齐微韵读[uei]，保持到现在。而“卒”上古时为多音字，归于物部短入，中古时分别进入没韵和术韵，现代都读[u]（见表6-47）。

表6-47　“卒”字及其组成的谐声字组的语音演变

谐声字组	上古拟音	《广韵》	《中原音韵》	普通话
卒$_1$	物部精母[tsuət]	没韵臧没切臻摄合口一等精母入声[tsuət]	鱼模入韵精母上声[tsu]	[tsu^{35}]
卒$_2$（常假借为“猝”）	物部清母[ts'uət]	没韵仓没切臻摄合口一等清母入声[ts'uət]	鱼模入韵清母上声[ts'u]	[$ts'u^{51}$]
卒$_3$	物部精母[tsuət]	术韵子聿切臻摄合口三等精母入声[tsuət]	鱼模入韵精母上声[tsu]	[tsu^{35}]
翠	物部清母[ts'uə：t]	至韵七醉切止摄合口三等清母去声[ts'wi]	齐微韵清母去声[ts'uei]	[$ts'uei^{51}$]
粹	物部心母[suə：t]	至韵虽遂切止摄合口三等心母去声[swi]	齐微韵心母去声[suei]	[$ts'uei^{51}$]
碎	物部心母[suə：t]	队韵苏内切蟹摄合口一等心母去声[suɒi]	齐微韵心母去声[suei]	[$suei^{51}$]
醉	物部精母[tsuə：t]	至韵虽遂切止摄合口三等精母去声[tswi]	齐微韵心母去声[tsuei]	[$tsuei^{51}$]

（五）声符是多音字的影响

声符字“隶”“内”是多音字，但现在的常用音与谐声字读音不同。

现代读音的“隶”字是截取“隸”字有特征性的部分而构成的简化字。《说文》中“隶，及也”，是“逮”的本字，音[tai^{51}]。因为在实际生活中从古汉语到现代汉语很少用到这个字了，所以简化字用“隶”的字形来代“隸”的字音和意义。而“逮”是以“隶（[tai^{51}]）”为声符造的字（见表6-48）。

表 6-48 “隶”字及其组成的谐声字组的语音演变

谐声字组	上古拟音	《广韵》	《中原音韵》	普通话
隶$_1$	微部馀母[ʎĭəi]	至韵羊至切止摄开口三等以母去声［ji］	齐微韵影母去声［ji］	［tai^{51}］
隶$_2$（隸）	物部来母[liət]	霁韵郎计切蟹摄开口四等来母去声［liei］	齐微韵来母去声［li］	［li^{51}］
逮	物部定母[dəːt]	代韵徒耐切蟹摄开口一等定母去声［dɒi］	皆来韵端母去声［tai］	［tai^{51}］

“纳，从纟，内声。”（《说文》）段玉裁将“内”与“纳”都归在十五部。王力将“内”的上古音归在物部，“纳”归在缉部。王力在《汉语史稿》中说：“‘内’字本身有两个音，也可以读‘纳’。可见，‘内纳’上古音相近，甚至更古的时候凡从‘内’得声的字都收-p。”① 王力将物部上古拟音为［ət］，缉部为［əp］，应该到了先秦时代因为主元音相同，邻近韵部之间语音互转。“内”中古时进入队韵，［t］韵尾失落，近现代韵母高化为［ei］，因为声母为唇音，所以去掉了介音［u］。“纳”中古时进入合韵，《中原音韵》进入家麻韵，现代韵母读音为［a］（见表 6-49）。

表 6-49 “内”字及其组成的谐声字组的语音演变

谐声字组	上古拟音	《广韵》	《中原音韵》	普通话
内$_1$	物部泥母［nuəːt］	队韵奴对切蟹摄合口一等泥母去声［nuɒi］	齐微韵泥母去声［nuei］	［nei^{51}］
内$_2$（纳的古字）	缉部泥母[nəp]	合韵奴答切咸摄开口一等泥母入声［nɒp］	家麻入韵泥母去声［na］	［na^{51}］
纳	缉部泥母[nəp]	合韵奴答切咸摄开口一等泥母入声［nɒp］	家麻入韵泥母去声［na］	［na^{51}］

（六）声符与谐声字不同等的影响

“骨”与“滑”“猾”，“圣”与“怪”同在物部但是等不同，语音演变也不同。

王力将表 6-50 中的谐声字上古音划在不同等，“骨”为合口一等，“滑”“猾”为合口二等。“骨”中古时进入没韵，“滑”“猾”进入黠韵，语音差别

① 见王力：《汉语史稿》，中华书局 2013 年版，第 90 页。

加大（见表 6-50）。

表 6-50　“骨”字及其组成的谐声字组的语音演变

谐声字组	上古拟音	《广韵》	《中原音韵》	普通话
骨	物部见母[kuət]	没韵古忽切臻摄合口一等见母入声［kuət］	鱼模入韵见母上声［ku］	[ku²¹⁴]
滑	物部匣母[ɤoət]	黠韵户八切山摄合口二等匣母入声［ɤwæt］	家麻入韵晓母平声阳［xua］	[xua³⁵]
猾	物部匣母[ɤoət]	黠韵户八切山摄合口二等匣母入声［ɤwæt］	家麻入韵晓母平声阳［xua］	[xua³⁵]

“怪”“圣”在上古时韵母拟音便不同，中古时“圣”进入没韵，没韵舌喉齿音近现代读［u］，韵母辅韵尾和央元音失落。“怪”中古时进入怪韵，《中原音韵》中进入皆来韵，韵母读［uai］，保持到现在（见表 6-51）。

表 6-51　“圣”字及其组成的谐声字组的语音演变

谐声字组	上古拟音	《广韵》	《中原音韵》	普通话
圣	物部溪母[k′uət]	没韵苦骨切臻摄合口一等溪母入声［k′uət］	鱼模入韵溪母上声［k′u］	[k′u⁵¹]
怪	物部见母[koət]	怪韵古坏切蟹摄合口二等见母去声［kwɐt］	皆来韵见母去声［kuai］	[kuai⁵¹]

第十节　声符在上古缉部的形声字组的演变分析

一、缉部语音演变概述

上古缉部对应中古的合洽缉三韵。周祖谟认为，洽韵在魏晋以后陆续进入叶部，跟叶部中的洽韵字合流。魏晋宋时期，缉合分为两部，已不再相混。段玉裁将缉部古音归在第七部。

上古缉部的拟音为［əp］，包括开合口一等、开口二等开合口三等五种。其从先秦到现在的演变历程如下：

开口一等（合）：［əp］（A）→［ɒp］（B）→［ap］→［ɔ］（C）→［ə］（D）

（杂）：［əp］（A）→［ɒp］（B）→［ap］→［a］（C–D）

合口一等（纳）：［uəp］（A）→［ə］p→［ɒp］（B）→［ap］→［a］（C–D）

开口二等（洽）：［eəp］（A）→［eɑp］→［ɐp］（B）→［eap］→［ĭa］（C–D）

开口三等（及）：［ĭəp］（A）→［iĕp］（B）→［i］（C–D）

（湿）：［ĭəp］（A）→［iɒp］（B）→［i］（C）→［ʅ］（D）（合）

（入）：［ĭəp］（A）→［iĕp］（B）→［ĭu］（C）→［u］（D）

合口三等（立）：［ĭwəp］（A）→［ĭəp］→［iĕp］（B）→［i］（C–D）

一等韵中古时进入合韵，二等进入洽韵，三等进入缉韵。《中原音韵》中多在家麻韵和齐微韵。

二、声符在上古缉部的分布以及构成的谐声字组

声符在缉部的有：咠、合、立、及、十、沓、执，共 7 个，共构成谐声字 23 个，与声符相同的有 14 个，不同的有 9 个（见表 6–52）。

表 6–52　上古缉部声符及组成的谐声字组

上古在缉部的声符	构字量	由声符构成的谐声字组
咠	2	辑缉
合	8	鸽给哈答盒洽恰拾
立	4	粒泣垃拉
及	3	级极圾
十	2	什汁
沓	1	踏
执	3	垫势挚

三、谐声字与声符韵母发音不同的演变情况及分析

（一）韵母上古音开合口不同

“拉，从手，立声。”（《说文》）“垃，后起形声字。楷书从土，立声。”

（《源流字典》）

王力将“立”的上古音归在开口三等，中古时进入三等缉韵，非知照系缉韵《中原音韵》中在齐微韵，韵母高化为［i］；“拉”进入一等合韵，声母是来母，属于舌齿音，《中原音韵》中进入家麻韵，韵母为［a］。“垃”为后起字，现代韵母为［a］（见表6-53）。

表6-53　“立”字及其组成的谐声字组的语音演变

谐声字组	上古拟音	《广韵》	《中原音韵》	普通话
立	缉部来母［lǐwəp］	缉韵力入切深摄开口三等来母入声［liěp］	齐微入韵来母去声［li］	$[li^{51}]$
拉	缉部来母［lǐəp］	合韵盧合切咸摄开口一等来母入声［lɒp］	家麻入韵来母去声［la］	$[la^{55}]$
垃		宋代方见用例。《龙龛手鉴》郎合切［lap］		$[la^{55}]$

（二）不同等或者受声母等因素的影响

以“合”为声符的谐声字演变轨迹较为复杂，“给”在现代有两个音，常用音是白话音，与中古文言音的演变规律不同；“答”与“合”同等，但因声母不同中古时入韵也不同；“哈”近现代的演变有些特别；“洽”“恰”“拾”的上古音即与“合”不同。

“哈”为后起字，《说文》中无。“鱼动口貌。”（《正字通》）“恰”，《说文新附》：“用心也，从心，合声。”清郑珍《说文新附考·恰》：“六朝以前书无此字。唐人诗乃常用之义为适当，齐梁以来俗语也。”（《常用汉字溯源词典》）

王力将“合”“答”的上古音归在开口一等；“恰”“洽”在开口二等；“给”“拾”在开口三等。《广韵》中“合”“哈”“答”归在合韵一等，“合”的声母属于喉音，一般来说，开口喉音合韵现代主元音央化为［ɣ］。但是，“哈”也属于开口一等喉音，《中原音韵》中进入却歌戈韵，似乎是个例外。而且到了现代读［a］。“答”的声母为端母，属于舌齿音，《中原音韵》中进入家麻韵，保持韵母读音到现在。

“给”“拾”归在缉韵，《中原音韵》中进入齐微韵，“给”的文言音读［tɕi］，是正常变化。但是，白话音［ki］保留了舌根音［k］，依据北京话的语音系统，［k］不能在［i］前存在，所以，韵母变为了开口呼［ei］。$[kei^{214}]$现在是常用音。“拾”因为声母现代变为卷舌音［ʂ］，所以韵母也变成了舌尖音。

"恰""洽"的上古音是二等音，声母分别为溪母和匣母，中古时进入洽韵，《中原音韵》中丢失辅音韵尾，进入家麻韵，因为是二等韵，增生了［i］介音，声母都变为［tɕ］（见表6-54）。

表6-54 "合"字及其组成的谐声字组的语音演变

谐声字组	上古拟音	《广韵》	《中原音韵》	普通话
合	缉部匣母［ɣəp］	合韵侯阁切咸摄开口一等匣母入声［ɣɒp］	歌戈入韵晓母平声阳［xo］	［xɣ³⁵］
给	缉部见母［kĭwəp］	缉韵居立切深摄开口重纽三等见母入声［kĭĕp］	齐微入韵见母上声［ki］	［tɕi²¹⁴］
哈		合韵五合切咸摄开口一等疑母入声［ŋɒp］	歌戈入韵疑母去声［ŋo］	［xa⁵⁵］
恰		洽韵苦洽切咸摄开口二等溪母入声［k'ɐp］	家麻入韵溪母上声［k'ia］	［tɕ'ia⁵¹］
洽	缉部匣母［ɣeəp］	洽韵侯夹切咸摄开口二等匣母入声［ɣɐp］	家麻入韵晓母平声阳［xa］	［tɕ'ia⁵¹］
拾	缉部禅母［ʑĭwəp］	缉韵是执切深摄开口三等禅母入声［ʑĭĕp］	齐微入韵审母平声阳［ʃi］	［ʂʅ³⁵］
答	缉部端母［təp］	合韵都合切咸摄开口一等端母入声［tɒp］	家麻入韵端母上声［ta］	［ta³⁵］

段玉裁将二者归在第七部，《汉字古音手册》中"垫"只有端母侵部一个古音。《说文》和《说文解字注》也都只标注"垫"只有"都念切"一个读音。《现代汉语词典》中也只有［tian⁵¹］一个读音。但是《汉语大字典》中"垫"有两个读音："垫，《广韵》都念切，去掭端。又徒协切，侵部。"侵部和缉部上古音中应该是主元音相同，因此"垫"与"执"的上古音已阳入互转，进入了不同的韵部（见表6-55）。

表6-55 "执"字及其组成的谐声字组的语音演变

谐声字组	上古拟音	《广韵》	《中原音韵》	普通话
执	缉部照母［ȶĭət］	缉韵之入切深摄开口三等章母入声［tɕĭĕp］	齐微入韵知照母上声［tʃi］	［tʂʅ³⁵］

续表

谐声字组	上古拟音	《广韵》	《中原音韵》	普通话
垫$_1$	缉部定母[diəp]	帖韵徒协切咸摄开口四等定母入声［diep］	家麻入韵透母平声阳［t'iɛ］	
垫$_2$	侵部端母[tiəm]	添韵都念切咸摄开口四等端母去声［tiem］	廉纤韵端母去声［tiem］	［tian^{51}］

第十一节　声符在上古叶部的形声字组的演变分析

一、叶部语音演变概述

上古叶部对应中古的盍洽狎叶业帖乏七韵。三国时，叶部分化为盍（盍狎）、叶（叶贴业乏）两部。《中原音韵》中多在家麻和车遮。段玉裁将其古音归在第七部。

上古叶部拟音为［ɑp］，包括开口一等、开口二等、开合口三等、开口四等五种。其从先秦到现在的演变历程为：

开口一等（盍）：［ɑp］（A）→［æp］→［ɑp］（B）→［ap］→［ɔ］（C）→［ə］（D）

（腊）：［ɑp］（A）→［æp］→［ɑp］（B）→［a］（C-D）

开口二等（甲）：［eɑp］（A）→［eæp］→［ap］（B）→［eap］→［ĭa］（C-D）

（夹）：［eɑp］（A）→［ɐp］（B）→［ia］（C-D）

开口三等（叶）：［ĭɑp］（A）→［ĭɛp］（B）→［ĭæ］（C）→［ĭe］（D）

（业）：［ĭɑp］（A）→［ĭɐp］（B）→［ĭæp］→［ĭæ］（C）→［ĭe］（D）

合口三等（法）：［ĭwɑp］（A）→［ĭwɐp］（B）→［ĭwæp］→［ap］→［a］（C）

开口四等（协）：［iɑp］（A）→［iæp］→［iep］（B）→［ĭæ］（C）→［ĭe］（D）

一等中古时进入盍韵，二等进入狎洽韵，三等进入业叶乏韵，四等进入帖韵。

二、声符在上古叶部的分布以及构成的谐声字组

声符在叶部的有：枼、甲、妾、夹、塌的右边、臿，乏，共 7 个，共构成谐声字 14 个，与声符相同的有 11 个，不同的有 3 个（见表 6-56）。

表 6-56　上古叶部声符及组成的谐声字组

上古在叶部的声符	构字量	由声符构成的谐声字组
枼	2	碟谍
甲	3	闸押鸭
妾	1	接
夹	3	峡狭颊
塌的右边	1	塌
臿	1	插
乏	3	眨泛贬

三、谐声字与声符韵母发音不同的演变情况及分析

（一）谐声字是多音字

"闸"是多音字。

表 6-57 中二字现代读音的发音差别在于谐声字"闸"的现代读音不是它原本的读音，而是宋之后"牐"的训读音，所以从现代汉字的角度看，它们的发音差别大（见表 6-57）。

表 6-57　"甲"字及其组成的谐声字组的语音演变

谐声字组	上古拟音	《广韵》	《中原音韵》	普通话
甲	叶部见母[keap]	狎韵古狎切咸摄开口二等见母入声［kap］	家麻入韵见母上声[kja]	[ʨia²¹⁴]
闸₁	叶部见母[kap]	盍韵古盍切咸摄开口一等见母入声［kɑp］	歌戈入韵见母上声[ko]	[kɣ⁵⁵]
闸₂	叶部影母[ʔap]	狎韵乌甲切咸摄开口二等影母入声［ʔap］	家麻入韵影母去声[a]	[ia⁵⁵]
闸₃（宋来训读为"牐"）	叶部床母[ʤeap]	洽韵士洽切咸摄开口二等崇母入声［ʤɐp］	家麻入韵知照母平声阳［ʧa］	[tʂa⁵⁵]

（二）声符与谐声字上古音不同部

“乏”和“贬”“泛”的上古音不同部，“乏”在叶部，“泛”“贬”在谈部。

从表6-58来看，谐声字“泛”“贬”与声符字“乏”在上古的韵部已经不同，但是这两部的主元音都为［a］，所以可以阳入互转。

中古“乏”进入咸摄入声韵乏韵，“泛”中古时进入对应的阳声韵凡韵。“贬”进入琰韵，三者属同一摄。《中原音韵》中“乏”失掉辅音韵尾，因为声母是唇音，韵母变为单元音［a］，“泛”“贬”辅音韵尾由［m］变为［n］，韵母高化为［ε］，保持到现代（见表6-58）。

表6-58　“乏”字及其组成的谐声字组的语音演变

谐声字组	上古拟音	《广韵》	《中原音韵》	普通话
乏	叶部并母［bǐwap］	乏韵房法切咸摄合口三等奉母入声［bǐɐp］	家麻入韵非母平声阳［fa］	［fa³⁵］
泛	谈部滂母［p'iwam］	梵韵孚梵切咸摄合口三等敷母去声［p'ǐɐm］	寒山韵非母去声［fan］	［fan⁵¹］
贬	谈部帮母［pǐam］	琰韵方敛切咸摄开口重纽三等帮母上声［pǐεm］	先天韵帮母上声［pian］	［pian²¹⁴］

第七章　对外汉语常用形声字的历时演变机制及在对外汉语教学中的应用

一、本书常用形声字的韵部演变概述

对外汉语常用形声字上古音在阴声韵的声符有 157 个，由它们构成的形声字有 473 个，和声符韵母相同的有 354 个，占总谐声字的 74.1%，不同的有 119 个，占 25.9%。

上古音在阳声韵的声符有 178 个，构成的形声字有 495 个，和声符韵母相同的有 397 个，占总谐声字的 80.1%，不同的有 98 个，占 19.9%。

上古音在入声韵的声符有 120 个，构成的形声字有 271 个，和声符韵母相同的有 175 个，占总谐声字的 63.5%，不同的有 96 个，占 36.5%。

阴声韵、阳声韵、入声韵合起来所统计的声符一共有 455 个，构成的形声字有 1239 个，与声符韵母读音相同的有 926 个，占 76.2%，与声符韵母读音不同的有 313 个，占 23.8%（见表 7-1、表 7-2、表 7-3）。

表 7-1　形声字声符在上古阴声韵的分布、数量及构成的形声字

形声字声符上古所在的阴声部	形声字声符	构成的形声字	声符与形声字韵母相同	声符与形声字韵母不同
之部	22	62	44	18
幽部	24	56	36	20
宵部	20	60	53	7
侯部	20	60	44	16
鱼部	36	108	73	35
支部	11	37	25	12
歌部	22	57	24	32
脂部	14	27	26	1
微部	12	35	29	6
总计	157	473	354	119

表 7-2　形声字声符在上古阳声韵的分布、数量及构成的形声字

形声字声符上古所在的阳声部	形声字声符	构成的形声字	声符与形声字韵母相同	声符与形声字韵母不同
蒸部	11	19	18	1
冬部	7	14	13	1
东部	12	40	34	6
阳部	34	97	81	16
耕部	14	52	44	8
元部	45	108	91	17
真部	16	28	22	6
文部	24	73	52	21
侵部	11	19	10	9
谈部	11	45	32	13
总计	178	495	397	98

表 7-3　形声字声符在上古入声韵的分布、数量及构成的形声字

形声字声符上古所在的入声部	形声字声符	构成的形声字	声符与形声字韵母相同	声符与形声字韵母不同
职部	16	34	32	2
觉部	8	13	10	3
药部	9	18	6	12
屋部	7	15	12	3
铎部	12	41	14	27
锡部	7	19	17	2
月部	19	39	25	14
质部	10	16	13	3
物部	19	39	21	18
缉部	7	23	14	9
叶部	6	14	11	3
总计	120	271	175	96

结合形声字和声符的总量统计，对外汉语常用形声字的声符总量为 804 个，常用形声字总量为 1895 个。其中，按照上古韵部统计的声符有 457 个，占总声符的 56. 8%，由统计的声符构成的形声字占对外汉语总形声字量的 65. 3%。也就是说，本书大约对对外汉语总形声字量的三分之二做了统计和

分析，几乎包含了所有的高频声符以及由其构成的形声字（见表 7-4）。

表 7-4　对外汉语常用形声字与声符的韵母同与不同的数量

类别	声符	所构成的形声字	声符与形声字韵母相同	声符与形声字韵母不同
数量	157	473	354	119
	178	495	397	98
	120	271	175	96
总计	455	1239	926	313

二、语音演变规律小结

形声字与其声符读音相同或相近，是由其造字原则和起源方式决定的，大多数形声字与其声符是谐韵部，即韵母的读音相同或相近。但是，声符的读音与形声字的读音在语音演变中为什么越来越不同了呢？通过对前面几章形声字组的语音演变进行的总结，笔者认为有以下几种影响因素。

（一）形声字与声符上古音已经不同部

从历史演变来说，造字时代谐声字组的语音应当相同或相近，但是，到了上古时代已经发生了巨大的变化。有些谐声字组之间已经分化，比如韵部不相同，比如同部不同等。韵部不同的情况主要有对转和旁转。比如“亥”与“刻”，“亥”在之部，“刻”在职部，主元音相同，是阴入互转；又如“疑”和“凝”，“疑”在之部，“凝”在蒸部，主元音相同，是阴阳互转；再如“其”与“斯”，“其”在之部，“斯”在支部，它们的元音发音部位相近，是语音旁转。

（二）形声字与声符上古音同部不同等

虽然上古音是根据中古的音系拟推出来的，但是，王力、唐作藩、郭锡良根据《诗经》《楚辞》等文献材料等认为很多同在一部的形声字与声符之间已有介音的差别。我们通过对常用形声字的语音演变分析发现，上古音“同部不同等”导致的韵母读音差别占演变原因的最大比重。比如“吴”与“娱”，上古声母同为疑母，“吴”韵母在一等，“娱”在三等。中古时“吴”进入模韵，韵母读［u］，保持到现在；“娱”中古时在虞韵，韵母拟音为［ǐu］，近现代变为［y］，与“吴”的现代读音不同。

（三）受声母的影响，声符或形声字读音出现不同

声母是谐声字组音变的重要条件。在上古、中古的音系中，声母大体分为喉牙舌齿唇五类，这五类声母对韵母的读音形成一定的影响，造成形声字与声符字韵母读音不同。比如，阴声韵之部，开口一等喉舌齿音中古时进入

咍韵，唇音进入侯韵，合口一等喉唇音进入灰韵，开口三等喉舌齿音进入之韵，唇音进入脂部，合口三等喉唇音进入尤韵。

因为语言的方便原则，不同部位的声母读音尽量要求韵母读音位置相近，使韵母发生音变；或者因为异化作用，一个音节中不能有过多的同部位的读音，也会使韵母读音趋向不同。不同发音部位和方法的声母使读音有了不同的走向。

比如，知照组声母近现代对韵母的影响。知照组声母到了近现代，大多变为卷舌音，不能再与［i］相拼，因此导致韵母改变，比如："丑""臭"，《中原音韵》中都在尤侯韵，有［i］介音，但是近现代之后，［i］失落，读为［tʂhəu］。"少"与"秒""妙"在《中原音韵》中韵母拟音相同，"少"的声母为审母，"妙""秒"的声母为明母，近现代之后，"少"变为卷舌音，韵母读［au］，而"妙""秒"拟音未变，仍读［iau］。

唇音有圆唇的功能，因为异化作用，近现代唇音后面韵母中的［u］大多脱落，比如："门""徘""陪""赔"，《中原音韵》中都有［u］介音，是合口呼，到了现代都丢失［u］，变成了开口呼。

（四）声符为多音多义字导致与形声字常用读音之间产生差别

形声字是以声符的读音为参照的。有一些声符是多音字，多音字也往往意味着多义。以声符的不同音义造出的形声字之间读音往往不同。比如"台"和以"台"为声符的形声字。"台"在上古即有四个读音：［$thai^{55}$］（"胚胎"义）、［$thai^{35}$］（"敬辞"）、［yi^{35}］（"喜悦"义）、［$tʂi^{214}$］（"开始"义）。"胎"是注形形声字，是以"台"的本义为声符；"怡"是以"台"的引申义的音［yi^{35}］为声符造的字，"始"是以［$tʂi^{214}$］的音义造的字，而"抬"又是以［$thai^{35}$］的音义造的字，所以"胎""怡""始""抬"四个谐声字读音互不相同。

而且，在古代是多音字的声符，很多到现代变成了单音字。这样来，形声字如果是以声符的现代非常用音造出的汉字，那么其与声符的读音在现代必然不同。比如"怡""始"两字的读音不同于"台"现在的常用音。又如"够""狗"与"句"的现代读音的韵母不同。

（五）形声字是多音字或后起假借字与声符产生读音差别

同理，有一些形声字在造字之初与声符韵母读音相同，但是，在之后的历史演变中，音义出现了新的发展变成多音字。而现代的常用音不是造字之初的本音，这就形成了与声符的读音差异。比如，"仇"字的本音是［$tɕhiəu^{35}$］，义为配偶或姓，现在音义都不再用；现在的常用音是［$tʂəu^{35}$］，产生于中古之后，义为"仇敌""仇恨"，是"雠"字的训读。

（六）方言或少数民族语言对形声字读音的影响

中国是一个多民族的国家，又是一个多区域的国家。因此，在历史演变中，汉语受到了少数民族语言的影响，有些汉字吸收了少数民族的语音，比如，“爹”这个字的读音来自少数民族。“爹”在《广韵》中有两个音：一是“徒可切，北方人呼父”；二是“羌人呼父也，陟邪切”。现在［tiɛ⁵⁵］的读音就是从“陟邪切”发展而来。另外，还有“搞”“尴尬”都不符合北京音的音变规律，这是因为“搞”是从长江一带传过来的，“尴尬”是从吴语区传过来的，不能按北京音的音变规律衡量。

（七）受声符字读音的影响

一些形声字在演变过程中，发音与声符字读音已经有了很大差异。但是，在之后的某个历史阶段因为某种特殊原因又与声符字的读音趋同，改变了正常的演变轨迹和规律。比如“剧”和“居”在上古时已经分属不同韵部：“剧”在铎韵见母，“居”在之部见母，入阴有别；在中古时“剧”属于陌韵，《中原音韵》中属于齐微部的入声，读去声［i］，符合音变规律；“居”属于鱼韵，《中原音韵》中在鱼模韵，韵母读音差别依然很大。但是今天韵母都读［y］，应该是“剧”受到的汉字偏旁“居”的影响。又如“鲸”字，中古是群母三等庚韵，《中原音韵》中是溪母庚青韵字，声母读［k′］。但是，到了现代，“鲸”与“京”同音，应该是受“京”的影响而产生的例外音变。

（八）一类韵母读音整体的特殊变化

比如，一些中古见组、影组二等韵字的韵母到了近现代在主元音前增加了［i］介音。比如，蟹摄开口二等字“佳”“厓”，山摄开口二等字“眼”“限”，洽韵开口二等字“洽”“恰”，等。

（九）到了近现代，白话音替代文言音成了现代的常用音

白话音又称为白读，文言音又称为书面语音、文读。在《中原音韵》及之后，尤其是一些入声字产生了文白异读，主要是宕江摄、曾摄、梗摄中的一些字。因此，有些声符、形声字就改变了演变轨迹的走向，选取了白话音作为它的常用音，成为例外音变。比如，“给”的文言音读［tɕi］，是正常变化。但是，白话音［ki］保留了舌根音［k］，依据北京话的语音系统，［k］不能在［i］前存在，所以，韵母变为开口呼［ei］。［kei²¹⁴］现在是常用音。又如“窄”，中古时在陌韵，韵母为［ɐk］，按照音变规律，近现代应为［ɣ］，但是《中原音韵》中读［ai］，这应该是白话音。

（十）因为口语常用音使用频率高，所以没有随着规律发生音变

一些词因为是日常生活中的常用口语词，使用频率高，近现代没有按照演变规律变化，保留了中古的读音［a］，发音演变滞后。比如：“它”“我”

"那""大"。

从上面的分析归纳中我们可以看出，形声字的语音演变蕴含着多种方式和规律，甚至有些还没有被我们发掘出来，这也是形声字示音能力减弱的原因所在。

三、形声字历时演变研究在对外汉语教学中的应用

形声字的声符携带的语音信息可分为两种：显性语音信息和隐性语音信息。显性指声符能直接体现形声字的读音，二者声韵调相同或者声韵读音相似，而隐性语音信息指声符不能直接显示形声字的读音信息，表面看起来相差较大，这正是历时音变研究中着重解决、回答的问题。

在对外汉语教学中，显性语音信息是我们在可以直接利用的，尤其对于初学者而言，这可以帮助他们"因声求字"，利用声符归纳形声字组，提高认字、记字的速度和效率。但是，形声字声符中隐藏的隐性语音信息则需要对外汉语教师通过讲解让学生了解和掌握。

首先，对外汉语教师应该对教学中常用的声符及形声字的历史演变了然于心。对外汉语教师是教学活动的组织者，是连接教学内容和教学对象的重要一环。因此，对外汉语教师应该具备深厚的语言专业知识。但是，目前许多对外汉语教师擅长语言的结构的训练和教学技能的操练，对许多语言现象知其然而不知其所以然，致使他们在语言现象的解释、规律的阐述上捉襟见肘，比如：形声字中声符与整字的读音为什么有的相同，有的不同？不同的原因是什么？因此，在形声字语音教学方面，我们应该使教师对每一个形声字与声符的语音关系都了解清楚，先加强教师的专业知识的积淀，提供备课和教学中文献资料的参考，才能使他们在教学中游刃有余，灵活运用。

其次，对留学生适当讲解一些形声字与声符的语音知识和演变规律，有助于他们了解汉字的特点和汉语的个性，在形声字与学习者之间架起一道理解和认知的桥梁。对于初中级的留学生，我们可以借助外语解释这些知识和规律，因为绝大部分的留学生都是成人，他们具备了相当的分析能力和逻辑思维能力，有能力借助母语理解和掌握这些汉字语音知识。对于高年级的留学生来说，随着汉字量的增加和对中国语言文化的了解，我们可以开设专门的汉字语音课来讲解，或者在汉字的识记和复习中归纳总结，这样的做法顺应了很多国家的留学生"因音求字"的思维定式，加强了他们汉字阅读理解、其他专业汉语深入学习的能力。

在教学中，在形声字语音方面，向留学生强调以下几点。

（一）声符与形声字的规律性

声符的表音能力在现代是有限的，但是声符与形声字的语音演变从上古

到现在是有规律可循的。比如很多形声字与声符之间只是介音的差别，例如："少"和"秒""妙"，"仓"和"抢""枪""呛"，"爰"和"暖""缓"等。

（二）形声字具有内在的音理

比如，"狗""够"现在不读［tɕy］，是因为古代"句"与"勾"通用，"句"的本音应该读［kou］。而"够""狗"是在古代以［kou］音造出的字。又如，"伯""舶""泊"不读［pai］，是因为在近代"白"字有两个读音［pai］和［po］，到了现代，［pai］音占了优势，成为普通话中"白"的唯一读音，但是一些北方方言中"白"还读［po］。这些语音知识的讲解将增强他们对汉字的兴趣和学习的信心。

（三）形声字的学习要举一反三，这样能掌握一系列类似规律的汉字

比如，教师将常见的现代形声字中存在介音差别的汉字列成一张表格，可以帮助留学生更好地理解、学习、类推汉字。这样，他们就可以根据一个形声字推知未学习的其他形声字或声符的可能读音。比如，通过已学习的"高""敲"推知"搞""膏"的读音，通过"跳""逃"推知"兆"的读音。又如，告诉他们在北京话中有一些读［au］的字在近现代又读［o］（［uo］），这样的字有"勺""药""脚""角""薄"，有的现在只留下一个读音，比如"勺""药""角"，有一些两个音都读，比如"角""薄"，但表示不同意思。

（四）掌握适度原则

引导学生发现形声字语音的演变规律，有助于学生对形声字的学习和对汉字整体面貌的认识，但是在教学过程中，也要告诉学生，规律只适用于大部分形声字，还有一些例外，不能一概而论。声符示音规律在教学中是形声字学习的一种手段，但是不是唯一手段，应该结合一些其他的方法和策略进行教学。

第八章 结 语

形声字语音教学是对外汉字教学的重中之重，也是教学中的难点。如何进行深入研究是对外汉语教学的一个重要课题。本书从对外汉语的教学特点出发，抓住形声字声符示音的基本原则，从声符与整字的语音关系入手，封闭性地对对外汉语所用的形声字的具体语音特点和规律进行定量、定性研究，试图达到完善形声字教学理论、促进对外汉语教学的目的。同时，详细解析具体形声字的共时、历时特点，为对外汉语教师提供可资参考的文献资料，也可间接服务于对外汉语教学。本书所做的工作和结论分为以下几方面。

一、分析了对外汉语形声字声符与整字的共时特点和关系

首先，本书对《等级划分》中的汉字进行了全面的筛查，选取其中的形声字作为研究的对象。因为《等级划分》运用了最新的技术手段，以对话体动态语料库为选材依据，因此，更符合对外汉语教学“以汉语进行交际”的目的。通过排除多音字，得到《等级划分》中的汉字一共有 2860 个。参考《说文》《字汇》等形声字和声符标准，确立了 1895 个形声字和 804 个声符。其中，形声字占汉字总量的比例为 66.26%，与学界一致认为的现代汉字中的形声字比例相近。

其次，本书从两个角度划分和考察了形声字的声符：①成字声符和非成字声符。成字声符有 66 个，占总声符的 82.09%；非成字声符有 144 个，占总声符的 17.91%。②高频声符和低频声符。构字能力在 5 个和以上汉字的高频声符有 96 个，占总声符量的 11.82%，共构成 647 个汉字，占形声字总量的 33.14%。低频声符有 675 个，共构成形声字的个数为 1204 个。可见，仅占 10%的高频声符却构成了三分之一的形声字。这是在对外汉语教学中可资利用的结果。

同时，我们发现，96 个高频声符字中最为常用的普及化等级中有 57 个成字声符，占总高频声符的 59.38%，也就是说，我们在对外汉语教学的第一个学期里，会学到这 57 个高频字符，那么，利用这些声符然后归纳由它们构成声符的形声字势必会取得事半功倍的效果。

最后，本书从结构和读音两方面考察了形声字声符与形声字整字的关系：①声符与整字的结构关系可分为“声符在右”等7种，其中，“声符在右”的形声字占形声字总量的67.18%，是形声字中最多的结构；“声符在外”和“声在一角”的情况极少，分别仅占1.32%和1.48%。“声符在右”这一结构在形声字中占绝大多数的情况为留学生辨认、识记汉字提供了方便。②声符与整字的读音关系按声韵调是否相同可分为8种情况。其中，声符与形声字读音完全相同占形声字总量的30.80%，声符与形声字读音部分相同占42.98%，声符与形声字读音完全不同（包括只有声调同，声韵不同）占26.22%。这些结果显示，有将近三分之一的形声字声符是完全表音，可以直接推理出来的。有69.2%的形声字与声符的关系是需要从历时演变中看出它们的语音关系和演变规律的。

二、展现、总结了对外汉语形声字与声符的历时语音演变情况、特点、原因和规律

对外汉语是应用语言学，音韵学是基础语言学。一般来说，音韵学主要研究各个历史时期声韵调的系统和发展规律。但是，鉴于音韵学一般侧重于宏观规律的概括，而且包含在历史各个时期出现的所有汉字，本书的主要研究对象是对外汉语教学中常用的1895个形声字，针对具体的形声字的重要历史时期的语音情况加以展示和分析。

如何对形声字的历时演变进行分类研究是本书的一个重点和难点。本书主要研究形声字与声符韵母系统的历时演变规律。如果全部论述声母、韵母、声调的变化，篇幅过大，笔者精力和时间不够。本书以声符所在的上古韵部为分类，以声符系联的谐声字组为研究内容，分为阴声韵（9部）、阳声韵（10部）、入声韵（11部）进行具体研究，并用国际音标标示上古、中古、近代、现代的读音，以便能够更直观地展示每个字的读音。

在具体论述中，本书韵部的每一个韵部的形声字分析分为三个方面：①韵部历史演变概述；②在本韵部的对外汉语中涉及的声符以及由此声符构成的形声字的数量、特点；③与声符读音相异的形声字的历时演变分析。因为本书面向的是对外汉语教学和教师，所以从现代汉字的读音出发，以现代形声字与其声符的韵母读音为主。

本书以《古韵通晓》中的汉字分韵为指导，对对外汉语形声字和声符进行排查，得出上古分在阴声韵、阳声韵、入声韵的一共有455个声符，由它们系联得到的形声字有1239个。在对形声字与声符的韵母读音关系进行分析后发现，完全相同的有926个，因为对留学生学习形成的障碍小，本书不进行历时演变的详细分析；二者韵母有差异的有313个，本书加以具体的演变

分析。首先，选取上古（先秦拟音）、中古（《广韵》拟音）、近代（《中原音韵》拟音）、现代（普通话）四个重要历史阶段的读音作为分析的依据，通过它们的演变过程归纳总结形声字与声符、形声字之间产生差异的时间和原因，以及演变规律。本书文认为，影响形声字与声符现代韵母读音差异的原因主要有九个方面：①形声字与声符上古音已经不同部；②上古音同部不同等；③声母不同影响二者现代韵母读音出现不同；④声符或者形声字一字多音；⑤方言或少数民族语言对形声字读音的影响；⑥受声符字读音改变的影响；⑦一类读音整体的特殊变化影响形声字读音的变化；⑧近现代，白话音代替文言音成为一些形声字的现代读音；⑨口语常用音使用频率高，保留了中古的读音。

本书认为，这些影响因素导致了形声字与声符现代韵母读音之间的差异，也是形声字声符示音能力减弱的重要原因。

三、形声字语音特点研究在对外汉语教学中的应用

形声字是汉字中的优势结构，也是汉字发展的趋势。它“半主音、半主形”的特点及多产性的特点，能适应语言现代化的古老而常新的要求，也是教学中我们应该加以利用的地方。

本书认为，形声字声符携带的语音信息可分为显性和隐性两方面。显性信息，指形声字与声符声韵调完全相同或相似，这样的形声字和声符我们可以在教学中直接归类、类推，加以利用。比如利用声符系联出来的声韵一致的谐声字组进行整体教学，举一反三，事半功倍；先学习高频字符，然后再学习形声字；利用形声字声符的类推能力学习形声字、利用声符与形声字的结构关系识记汉字等。

隐性信息指形声字与声符声韵调差异比较大，这部分需要深层次的学习和理解。首先，我们对外汉语教师应该先了解它们产生差异的原因，历时演变的过程，将类似的情况归纳总结，灵活运用在对外汉语教学中，比如可以将只有介音不同的形声字与声符列表介绍，培养学生自己推断汉字读音的能力；了解形声字历时演变中的规律以及读音的影响要素，增长对汉字的知识，培养对汉字文化的兴趣等。总之，对于形声字的语音特点，既知其然，也知其所以然，能更好地深化对外汉语教学研究，扩展对外汉语教学的方法和策略。

然而，由于笔者学术研究刚刚起步，学术修养还不够，时间上也比较仓促，本书对形声字历时演变分析的深度和对规律的概括不够充分，在对外汉语教学中的应用也有待补充，可以研究得更全面。总之，本书研究结构较为

粗疏，也不免有一些错误之处，很多地方还有待进一步探讨。希望在以后的学习研究中，能够不断加强理论修养，提高古汉语方面的专业知识和学术能力，将本研究课题继续深入下去。

参考文献

一、古籍及工具书、资料汇编

[1] 陈彭年．宋本广韵 [M]．影印巾箱本．南京：江苏教育出版社，2002.

[2] 辞海编纂委员会．辞海 [M]．缩印本．上海：上海辞书出版社，1999.

[3] 丁度．宋刻集韵 [M]．影印宋刻本．北京：中华书局，2005.

[4] 丁声树，李荣．古今字音对照手册 [M]．北京：中华书局，1981.

[5] 段玉裁．说文解字注 [M]．北京：中华书局，2013.

[6] 古汉语常用字字典编写组．古汉语常用字字典 [M]．北京：商务印书馆，1998.

[7] 谷衍奎．汉字源流字典 [M]．北京：华夏出版社，2006.

[8] 郭锡良．汉字古音手册 [M]．北京：商务印书馆，2010.

[9] 汉语大辞典编撰处．汉语大词典 [M]．北京：汉语大词典出版社，1993.

[10] 汉语大字典编撰委员会．汉语大字典 [M]．缩印本．武汉：湖北辞书出版社，四川辞书出版社，1995.

[11] 汉语国际教育用音节汉字词汇等级划分编委会．汉语国际教育用音节汉字词汇等级划分编委会 [M]．北京：北京语言大学出版社，2010.

[12] 汉字形音义演变大字典编辑委员会．汉字字音演变大字典 [M]．南昌：江西教育出版社，2012.

[13] 李乐毅．汉字演变 500 例 [M]．北京：北京语言大学出版社，2007.

[14] 马志伟．十三辙新韵书 [M]．北京：商务印书馆，2007.

[15] 社科院语言研究所．现代汉语词典 [M]．修订本．北京：商务印书馆，2005.

[16] 社科院语言研究所．新华字典 [M]．北京：商务印书馆，2004.

［17］唐作藩．上古音手册［M］．北京：中华书局，2013.
［18］王 力．王力古汉语字典［M］．北京：中华书局，2000.
［19］吴小如，吴同宾．中国文史工具资料书举要［M］．天津：天津古籍出版社，2002.
［20］新字典编委会．新字典［M］．北京：商务印书馆影印本，2007.
［21］许慎．说文解字［M］．影印宋雍熙三年国子监雕本．北京：中华书局，2007.
［22］杨敦伟．现代常用汉字溯源字典［M］．长沙：湖南人民出版社，2012.
［23］张玉来，耿 军．中原音韵校本［M］．北京：中华书局，2013.
［24］周德清．中原音韵［M］．影印讷菴本．上海：中华书局，1978.
［25］朱骏生．说文通训定声［M］．影印本．北京：中华书局，2011.

二、专著

［1］陈复华，何九盈．古韵通晓［M］．北京：中国社会科学出版社，1987.
［2］符淮青．现代汉语词汇［M］．北京：北京大学出版社，1985.
［3］高家莺，范可育，费锦昌．现代汉字学［M］．北京：高等教育出版社，1993.
［4］何大安．规律与方向［M］．北京：北京大学出版社，2004.
［5］何九盈．中国古代语言学史［M］．广州：广东教育出版社，2005.
［6］何九盈．中国现代语言学史［M］．北京：商务印书馆，2008.
［7］胡朴安．中国文字史［M］．北京：商务印书馆，1937.
［8］黄德宽．开启中华文明的管钥：汉字的释读与探索［M］．北京：北京师范大学出版社，2012.
［9］李国英．小篆形声字研究［M］．北京：北京师范大学出版社，1996.
［10］李乐毅．简化字源［M］．南宁：广西教育出版社，1999.
［11］帕默尔．语言学概论［M］．李荣，等译，吕叔湘，校．北京：商务印书馆，1984.
［12］李荣．音韵存稿［M］．北京：商务印书馆，1982.
［13］李长仁．汉字的发展及其规范化［M］．长春：吉林人民出版社，2004.
［14］林焘，王理嘉．语音学教程［M］．北京：北京大学出版社，2014.

［15］刘坚．二十世纪的中国语言学［M］．北京：北京大学出版社，2004.

［16］刘晓楠．汉语音韵研究教程［M］．北京：北京大学出版社，2007.

［17］罗常培，周祖谟．汉魏晋南北朝韵部演变研究［M］．北京：中华书局，2007.

［18］罗卫东．春秋金文构形系统研究［M］．上海：上海教育出版社，2005.

［19］吕叔湘．吕叔湘语文论集［M］．北京：商务印书馆，1983.

［20］吕叔湘．语文常谈［M］．北京：生活·读书·新知三联书店，2006.

［21］裘锡圭．文字学概要［M］．北京：商务印书馆，1988.

［22］沈括．梦溪笔谈［M］．北京：中华书局，2009.

［23］沈兼士．沈兼士学术论文集［M］．北京：中华书局，1986.

［24］苏培成．现代汉字学纲要［M］．北京：北京大学出版社，2001.

［25］孙德金．对外汉语语音及语音教学研究［M］．北京：商务印书馆，2006.

［26］孙玉文．汉语史讲义（未出版）．

［27］唐兰．中国文字学［M］．上海：上海古籍出版社，2001.

［28］唐作藩．汉语语音史教程［M］．北京：北京大学出版社，2011.

［29］唐作藩．音韵学教程［M］．北京：北京大学出版社，2009.

［30］王凤阳．汉字学［M］．长春：吉林文史出版社，1989

［31］王骏．字本位与对外汉语教学［M］．上海：上海交通大学出版社，2009.

［32］王力．汉语史稿［M］．北京：中华书局，2012.

［33］王力．汉语语音史［M］．北京：商务印书馆，2008.

［34］王力．诗经韵读·楚辞韵读［M］．北京：中华书局，2014.

［35］王力．汉语音韵［M］．北京：中华书局，2008.

［36］王力．中国语言学史［M］．上海：复旦大学出版社，2006.

［37］万业馨．万业馨汉字与汉字教学研究论文集［G］．北京：北京语言大学出版社，2012.

［38］吴棫．韵补［M］．北京：中华书局，1987.

［39］邢福义．现代汉语［M］．北京：高等教育出版社，1998.

［40］杨耐思．近代汉语音论［M］．北京：商务印书馆，2012.

［41］叶宝奎．明清官话音系［M］．厦门：厦门大学出版社，2001.

［42］张民权．清代前期古音学研究［M］．北京：北京广播学院出版社，2002.

［43］钟焕懈．形声字谱［M］．北京：中国物资出版社，2010.

［44］钟明立．汉字例外音变研究［M］．广州：广东高等教育出版社，2008.

［45］周有光．汉字声旁读音便查［M］．长春：吉林人民出版社，1980.

［46］周质平．现代人物与文化反思［M］．北京：九州出版社，2013.

［47］周祖谟．周祖谟语言学论文集［M］．北京：商务印书馆，2007.

［48］朱晓农．教我如何不想她：语音的故事［M］．北京：商务印书馆，2013.

［49］朱晓农．音韵研究［M］．北京：商务印书馆，2008.

［50］朱晓农．语音学［M］．北京：商务印书馆，2013.

三、单篇论文

［1］陈慧，王魁京．外国学生识别形声字的实验研究［J］．世界汉语教学，2001（2）：75-80.

［2］陈慧．外国学生识别形声字错误类型小析［J］．语言教学与研究，2001（2）：16-20.

［3］丁西林．现代汉字及其改革的途径［J］．中国语文［J］，1952（8）．

［4］董国华．古音学源流及谐声与古音学研究的历史演进［J］．西华大学学报（哲学社会科学版），2013（3）：46-51

［5］冯丽萍．对外汉语教学用2905汉字的语音状况分析［J］．北京师范大学学报（社会科学版），1998，（6）：94-101.

［6］冯丽萍．汉字认知规律研究综述［J］．世界汉语教学，1998（3）：97-103.

［7］冯丽萍．外国留学生汉字语音的识别规律与汉字教学原则［J］．唐山师范学院学报，2002（4）：4-7.

［8］高晓虹．北京话入声字文白异读的历史层次［J］．语文研究，2001（2）：38-43.

［9］高晓虹．北京话庄组字分化现象试析［J］．中国语文，2002（3）：234-238.

［10］胡韧奋，曹冰，杜健一．现代汉字形声字声符在普通话中的表音度测查［J］．中文信息学报，2013（2）：41-46

［11］胡晓新，金理新．谐声本质探微［J］．温州师范学院学报，2001（1）：9-12.

［12］黄爱霞．谐声与上古声母研究综述［J］．牡丹江大学学报，2008（8）：37-39.

［13］黄德宽．古汉字形声结构声符初探［J］．安徽大学学报（哲学社会科学版），1989（3）．

［14］黄文龙．汉字声旁表意性问题研究［J］．河南师范大学学报（哲学社会科学版），2003（3）：57-59.

［15］黄易青．论“谐声”的鉴别及声符的历史音变［J］．古汉语研究，2005（3）：22-28.

［16］江新．外国学生形声字表音线索意识的实验研究［J］．世界汉语教学，2001（2）：68-74.

［17］李 燕，康加深，魏 励．现代汉语形声字研究［J］．语言文字应用，1992（1）：74-83.

［18］李俊红．声符对于形声字意义认知的效应：DSICP 学生声符与形声字意义认知自主联结测查报告［J］．语言教学与研究，2009（1）：17-24.

［19］李燕，康加深．现代汉语形声字声符研究［J］．语言文字应用研究论文集，1995，29-36.

［20］李毅夫．上古韵宵部的历史演变［J］．齐鲁学刊，1985（4）：107-115

［21］李运富．汉字的特点与对外汉字教学［J］．世界汉语教学，2014（3）：356-366.

［22］李运富．字理与字理教学［J］．吉首大学学报（社会科学版），2005（3）：129-134.

［23］练春招．语音演变的例外与教学［J］．语文月刊，2000（9）：30-31.

［24］陆从兰．现当代关于形声字声符功能研究综述［J］．现代语文，2010（7）：11-12.

［25］石定果，万业馨．对外汉字教学的调查报告［J］．语言教学与研究．1998（1）：36-47.

［26］唐作藩．普通话语音史话［J］．语文建设，1985-1987.

［27］万业馨．略论形声字声旁和对外汉字教学［J］．世界汉语教学，2000（1）：62-69.

［28］王卫东，梁兵．“你我他”的语音演变［J］．河北北方学院学报，

2010（1）：41-44.

［29］王小宁．从形声字声旁的表音度看现代汉字的性质［J］．清华大学学报（哲学社会科学版），1999（1）：66-69.

［30］伍巍．对外汉语教学中的汉字教学探讨［J］．广州大学学报（社会科学版），2004（7）：35-39.

［31］文亮．从笔记看古人对例外音变的探索［J］．西南交通大学学报（社会科学版），2011（1）：52-65.

［32］项菊．3500常用汉字中声旁的表音功能［J］．黄冈师专学报，1995（5）：63-66.

［33］熊婷，王玲娟．认知心理学在对外汉语形声字教学中的应用研究［J］．齐齐哈尔师范高等专科学校学报，2009（1）：14-16.

［34］俞敏．北京音系的成长和它受的周围影响［J］．方言，1984（4）：272-277.

［35］张民权．万光泰《经韵谐声》校注［J］．励耘学刊，2006（1）：63-125.

［36］张民权．万光泰《经韵谐声》古韵十九部韵字表考释［J］．南大语言学，（3）：39-72.

［37］张民权．吴棫《韵补》音系与早期官话音特点（二）：《韵补》阳声韵及其音系特点讨论［J］．哈尔滨师范大学社会科学学报，2011（1）：72-79.

［38］张民权．吴棫《韵补》音系与早期官话音特点（三）：《韵补》入声韵及其音系特点讨论［J］．哈尔滨师范大学社会科学学报，2011（2）：59-71.

［39］张民权．吴棫《韵补》音系与早期官话音特点（一）：《韵补》音释体例与阴声韵问题［J］．哈尔滨师范大学社会科学学报，2010（1）：44-51.

［40］张树铮．语音演变的类型及其规律［J］．文史哲，2005（6）：107-111.

［41］张熙昌．论形声字声旁在汉字教学中的作用［J］．语言教学与研究，2007（2）：21-28.

［42］周有光．现代汉字学发凡［J］．语文现代化，1980（2）．

四、学位论文

［1］桂亮．基于对外汉语教学的形声字研究：以《高等学校外国留学生

汉语教学大纲（长期进修）》汉字表为例［D］. 兰州：兰州大学，2007.

［2］郭玲 . 汉字构形阐释与对外汉字教学策略探讨：基于《汉字等级大纲》汉字的动态演变研究［D］. 合肥：安徽大学，2012.

［3］宁宁 . 现代常用形声字声符系统研究［D］. 天津：天津师范大学，2007.

［4］任晓威 . 形声字研究综述［D］. 长春：吉林大学，2008.

［5］张海媚 . 现代汉字形声字声符研究［D］. 兰州：兰州大学，2007.